Os Rosários dos Angolas

Irmandades de africanos e crioulos
na Bahia Setecentista

Copyright © 2011 by Lucilene Reginaldo

Publishers: Joana Monteleone/Haroldo Ceravolo Sereza/Roberto Cosso
Edição: Joana Monteleone
Editor assistente: Vitor Rodrigo Donofrio Arruda
Assistente editorial: Patrícia Jatobá U. de Oliveira
Assistente de produção: João Paulo Putini
Projeto gráfico, capa e diagramação: Patrícia Jatobá U. de Oliveira
Revisão: João Paulo Putini
Imagem da capa: Vista de Luanda em 1755, por Guilherme Paes de Menezes/ Salvador em 1699, por Froger.

CIP-BRASIL. CATALOGAÇÃO-NA-FONTE
SINDICATO NACIONAL DOS EDITORES DE LIVROS, RJ

R262r

Reginaldo, Lucilene
OS ROSÁRIOS DOS ANGOLAS: IRMANDADES DE AFRICANOS E CRIOULOS NA BAHIA SETECENTISTA
Lucilene Reginaldo
São Paulo: Alameda, 2011.
416p.

Inclui bibliografia
ISBN 978-85-7939-082-1

1. Escravidão – Salvador (BA) –História. 2. Escravos – Salvador (BA) – Religião. 3. Negros – Salvador (BA) – Religião. 3. Irmandades – Bahia – História. 4. Escravidão e a Igreja – Brasil – História – Século XVIII. 5. Irmandades – Brasil – História – Século XVIII. I. Título.

11-1106.   CDD: 981.421
            CDU: 94(813.81)

                                                024817

ALAMEDA CASA EDITORIAL
Rua Conselheiro Ramalho, 694 – Bela Vista
CEP 01325-000 – São Paulo – SP
Tel. (11) 3012-2400
www.alamedaeditorial.com.br

Lucilene Reginaldo

Os Rosários dos Angolas

Irmandades de africanos e crioulos
na Bahia Setecentista

Para meus pais Jesus e Laurinda.

Sumário

Prefácio	9
Introdução	13
Capítulo I Devoções e Irmandades da gente de cor no Reino e nas Conquistas d'África	27
Capítulo II Na Bahia "não há lugar aonde esta gente não tenha Igreja sua"	97
Capítulo III Os Rosários dos Angolas	165
Capítulo IV Outros africanos: os angolas da Bahia	243
Capítulo V Irmãos e Irmãs do Rosário das Portas do Carmo	315
Considerações finais	357
Tabelas	365
Abreviaturas	367
Fontes e bibliografia	369
Agradecimentos	395

Prefácio

O que é uma irmandade? Segundo o Vocabulário Raphael Bluteau, publicado entre 1712 e 1728, a definição é bem simples: uma "sociedade de pessoas que em virtude de um compromisso e debaixo da invocação de um santo se obrigam a fazer alguns exercícios espirituais". Bastante populares no período colonial, essas agremiações leigas, organizadas em torno da devoção a um santo padroeiro, constituíam um poderoso incentivo à conversão e à difusão do catolicismo. Há, entretanto, mais que sentimento religioso e proselitismo católico na história das irmandades. Quais os motivos que levavam certas pessoas a se reunir sob a invocação de um determinado santo? Por que eram tão populares? O que essa forma de associação significava em suas vidas? Muitos historiadores já se dedicaram a responder essas questões – uma tarefa nada fácil, pois envolve considerar vários aspectos e pontos de vista. A empresa se torna ainda mais difícil e complexa quando se trata de irmandades que reuniam homens e mulheres escravizados na África e transportados através do Atlântico para viverem como escravos no Brasil, e seus descendentes, também cativos, ou libertos e livres.

Desde os estudos clássicos de Julita Scarano e Caio Boschi, a bibliografia tem discutido se essas agremiações constituíam instrumentos do domínio colonial ou espaços de resistência das comunidades negras no Novo Mundo. Certamente eram as duas coisas ao mesmo tempo, amortecendo tensões mas também servindo como canal de identidades e solidariedades entre homens e mulheres africanos e afro-descendentes. Instituições organizadas e dirigidas por eles, como lembrou A. J. R. Russell-Wood, as irmandades tornaram-se (juntamente com os terços de pardos e negros) porta-vozes das aspirações e demandas dos negros e mulatos escravos, libertos e livres. Numa sociedade escravista, eram um importante canal de preservação e expressão de seus valores e anseios religiosos, sociais e políticos. Além das atividades devocionais, elas também cuidavam de seus membros em diversas situações, prestando ajuda material e espiritual: enterravam os mortos, rezavam missas pelas almas dos irmãos, assistiam aos doentes, ofereciam apoio em casos legais, emprestavam dinheiro em várias situações, inclusive como forma de auxílio na compra de alforrias.

Nos últimos anos, o tema tornou-se um rico campo de pesquisa sobre as devoções, as cerimônias e festas promovidas pelos irmãos, sobre os significados da associação entre escravos libertos e livres, bem como sobre os processos de construção de identidades étnicas. Não por acaso, dentre todas as irmandades negras, as dedicadas à Nossa Senhora do Rosário são as mais estudadas: em Minas, Pernambuco, Rio, Bahia e tantos outros lugares, elas eram as preferidas pelos escravos e libertos – e por isso mesmo também pelos historiadores.

O livro de Lucilene Reginaldo destaca-se nesse conjunto de estudos por vários motivos. Em primeiro lugar por trilhar um caminho original. Ao focalizar a Irmandade de Nossa Senhora do Rosário das Portas do Carmo, conhecida na atualidade como Irmandade do Rosário dos Pretos do Pelourinho, em Salvador, a historiadora tinha diante de si uma associação composta por um grupo de africanos e crioulos relativamente homogêneo, já que desde sua fundação no final do século XVII até meados do XIX ela reunia africanos vindos de Angola e seus descendentes. Entretanto, ao invés de mergulhar nos temas que tradicionalmente têm marcado as pesquisas sobre o assunto, Lucilene trocou as lentes e resolveu olhar mais longe: para outras irmandades que também reuniam gente procedente da África Central, primeiro em Lisboa e depois na própria África, mais precisamente em Luanda. Como resultado, a pesquisa teve que lidar com dois temas importantes: o da presença dos africanos em Portugal e o da presença do catolicismo na África Central. Ou seja: teve que entender como os valores centro-africanos e católicos interagiram em contextos diametralmente opostos. Recorrendo a fontes portuguesas e angolanas, Lucilene enfrentou o desafio e os resultados levaram-na a interpretar de maneira diferente a história das irmandades negras na Bahia setecentista.

Assim, o percurso original produziu uma interpretação inovadora: a história das irmandades negras na Bahia deixou de ser apenas "baiana" para ser atlântica. Passou, portanto, a incorporar algo essencial na experiência dos escravos e libertos que viviam na Bahia no século XVIII: suas referências culturais e identitárias africanas. No caso das irmandades do Rosário, elas eram especificamente *centro*-africanas. Na região Congo-Angola, o catolicismo esteve presente desde o final do século XV e ali os mecanismos do tráfico de escravos operavam de modo diverso do que se desenvolvia na África Ocidental. Ao invés de opor esquematicamente África e Europa, como se ambas fossem entidades culturais puras e unívocas, a pesquisa lidou com contextos históricos específicos, em que culturas diversas se enfrentavam e se combinavam para formar um catolicismo bastante particular, moldado pela experiência da diáspora. Por isso, mais que um livro sobre as irmandades, o texto que o leitor tem em mãos é também uma contribuição importante para um dos debates mais instigantes nos atuais estudos sobre a história da escravidão: aquele a respeito do modo como os referenciais africanos marcaram a experiência e a vida dos escravos no Novo Mundo.

Ao mesmo tempo, esse é também um livro profundamente baiano. Trocando de lente várias vezes, a pesquisa também se desenvolveu perscrutando com detalhes as irmandades do Recôncavo e, a partir de fontes raras, guardadas com zelo pelos irmãos do Rosário dos Pretos do Pelourinho, esmiuçou as características de um importante contingente populacional da Bahia no século XVIII: os angolas e seus descendentes. O lugar desses homens e mulheres oriundos da África Central na sociedade baiana e o modo como se relacionavam com outros grupos étnicos ou raciais no interior de uma das mais antigas e tradicionais irmandades negras da Bahia são iluminados com sagacidade e perspicácia. Eis outra grande contribuição desse livro: o de revelar uma face um tanto esquecida da história da escravidão na Bahia colonial.

As páginas que se seguem trazem assim respostas originais e instigantes para as perguntas formuladas no início. Não vou contar nem muito menos resumir aqui quais são. O leitor pode ter certeza de que sairá satisfeito – e ainda terá o prazer de ler um livro bem escrito, envolvente e inteligente. E muito bem documentado: usando com desenvoltura fontes manuscritas e impressas guardadas por arquivos e bibliotecas de Portugal, Brasil e Angola, Lucilene tempera com sabedoria e elegância a análise de um tema fulcral para a compreensão da experiência de escravos e libertos na Bahia dos séculos XVIII e meados do XIX.

Uma bela obra de história.

Silvia Hunold Lara
(Depto. História – IFCH – Unicamp)

Introdução

> Tem a Paróquia de Nossa Senhora da Conceição da Praia várias capelas, porque além das duas colaterais, tem outras no corpo da igreja; a primeira delas é a que fica mais próxima à colateral da Epístola, é dedicada a Nossa Senhora do Rosário (...) Esta Capela foi feita à custa dos pretos Angolas e crioulos da terra, os quais concorrem com muita liberalidade e grandeza, para todos os gastose& despesas, que é muito para admirar, que sendo pobres e andando nus, ou quase despidos, para servirem sua Senhora são ricos.
>
> Frei Agostinho de Santa Maria, 1722

No dia 06 de dezembro de 1754, José da Silva Azevedo, escrivão da Confraria de N. S. do Rosário e São Benedito da cidade do Porto, registrou no livro do inventário e assento das esmolas a oferta de 3200 réis, doação feita pela irmã Esperança do Rosário.[1] O gesto piedoso

---

1 Livro do Inventário e assentos das esmolas que se recebeu na confraria da Senhora do Rosário e São Benedito da Igreja de São Francisco, IAN/TT,

poderia passar despercebido se a irmã Esperança não fosse moradora na cidade do Rio de Janeiro e estivesse fazendo sua doação pelas mãos de um portador, Veríssimo Nunes da Fonseca. Não encontrei nenhuma informação sobre a irmã Esperança, especialmente sobre sua origem e condição, se era ou não mulher de cor, cativa ou liberta, natural da África, de Portugal ou das Américas. Sobre a irmandade de N. S. do Rosário e São Benedito do Porto, não há duvida de que, na segunda metade do século XVIII, tratava-se de uma associação da gente de cor naquela cidade. A devoção ao Rosário e ao Santo preto de Palermo, em todo o Portugal setecentista, estava identificada especialmente com as associações de escravos e libertos. A irmandade do Porto reunia as duas invocações e, além disso, deixou vários registros da presença e liderança da gente de cor. Embora seu compromisso reformado em 1781 indicasse que os cargos de escrivão e tesoureiro fossem ocupados por brancos, no ano de 1769, assinava como tesoureiro da irmandade Manuel Henriques Ferreira, homem preto e liberto.[2] Sabe-se ainda que, a mesma associação elegia reis e rainhas pretos, à semelhança de outras confrarias negras em Portugal e nas Américas.[3]

A doação de Esperança do Rosário à Irmandade do Rosário e São Benedito do Porto é mais um testemunho de que homens e mulheres de cor, membros de irmandades em diferentes regiões do Império, partilhavam e construíam coletivamente experiências e visões de mundo.

Conventos, Província de Portugal de São Francisco do Porto, livro 9, fl. 30.

2   Adição e reforma feita aos capítulos do Compromisso da Irmandade de N. S. do Rosário e São Benedito sita no Convento do São Francisco da Cidade do Porto, 1781, IAN/TT, Conventos, Província de Portugal de São Francisco do Porto, livro 3.

3   Livro do Inventário e assentos das esmolas que se recebeu na confraria da Senhora do Rosário e São Benedito da Igreja de São Francisco, fl. 55.

Esta compreensão é uma das ideias chaves deste livro, cujo tema central é a história das irmandades de cor na Bahia colonial e sua particular relação com a história de um grupo de africanos, genericamente chamados angolas. Dentre as várias invocações da preferência dos homens e mulheres de cor, uma foi especialmente cara aos angolas. As irmandades do Rosário na Bahia, desde as primeiras fundações em meados do século XVII, até quase o final do século XIX foram, em sua maioria absoluta, controladas por africanos angolas e seus parceiros crioulos. Sustento que a identificação com as confrarias católicas sugere o reconhecimento da presença do catolicismo na África Central e, ao mesmo tempo, ressalta este elemento como fundamental na constituição de uma identidade particular dentro da comunidade escrava e da sociedade baiana em geral. Por fim, sugiro uma perspectiva de investigação da expansão da devoção ao Rosário e das confrarias negras ao longo do século XVIII e circulando por três continentes. Desse modo, atribuo valor fundamental aos processos de constituição de um catolicismo negro na diáspora e não focado num único centro irradiador.[4]

Num artigo publicado em 1997, João José Reis sugeria que as irmandades ofereciam "um ângulo privilegiado para entender a dinâmica de alteridade no interior da comunidade negra no Brasil escravocrata". Nesse sentido, "a recriação, no seio das confrarias negras, de identidades étnicas trazidas da África" apresentava-se como um dos aspectos mais ricos, ainda que pouquíssimo estudado até então.[5] Seduzida pelas novas possibilidades de enquadramento das pesquisas sobre irmandades negras no Brasil, para além do binômio resis-

---

4 Paulo Gilroy, *O Atlântico Negro – Modernidade e Dupla Consciência*. Rio de Janeiro: Editora 34/UCAM – Centro de Estudos Afro-Asiáticos, 2002.

5 João José Reis, "Identidade e diversidade nas irmandades no tempo da escravidão". *Tempo*, vol. 2, n. 3, 1997, p. 12.

tência/acomodação, que durante décadas delimitou os estudos sobre estas associações, interessei-me pelas análises que privilegiavam as irmandades negras como espaços de expressão da diversidade na comunidade escrava e liberta. Assim, no tocante à diversidade étnica, buscava alternativas de análise que superassem as meras constatações da divisão das confrarias com base nas origens africanas.[6] Nesse aspecto, alguns trabalhos foram fundamentais na formulação de minhas primeiras questões investigativas.

Creio que é possível considerar que essa discussão, ou seja, a consideração das irmandades negras como lugares de recriação de identidades étnicas, apoia-se na investigação mais geral sobre os processos de construção destas identidades. Neste aspecto, é justo reconhecer que no Brasil, no campo dos estudos históricos, esta discussão ganhou novos horizontes a partir dos trabalhos de Mary Karasch, Robert

---

6 Edison Carneiro foi um dos primeiros estudiosos a ressaltar a importância dos referenciais étnicos na organização das irmandades de cor. Apesar de serem todos negros (escravos ou ex-escravos), havia o reconhecimento, por parte do grupo, de uma diversidade interna definida, como entende o autor, pelo lugar de origem. Uma vez que, segundo o autor, "era em base tribal que se organizava a devoção, para os naturais da África". Carneiro, *Ladinos e Crioulos. Estudos sobre o negro no Brasil*. Rio de Janeiro: Civilização Brasileira, 1964, p. 88. Também Pierre Verger escreveu que, em Salvador, a divisão étnica das confrarias foi, num primeiro momento, bastante rígida: angolas no Rosário das Portas do Carmo, os jejes em torno da devoção do Senhor Bom Jesus da Redenção dos Homens Pretos, e os nagôs organizados em duas associações, a de Nossa Senhora da Boa Morte, reservada às mulheres, e a de Nosso Senhor dos Martírios para os homens. Verger, *Notícias da Bahia, 1850*. São Paulo: Corrupio, 1999, p. 28

Slenes, Maria Inês Cortes de Oliveira, Marisa Soares e, mais recentemente, Nicolau Parés.[7]

Para Karasch, o reconhecimento da origem africana da maioria dos escravos da cidade do Rio de Janeiro – o Centro-Oeste africano – é fundamental para a compreensão da "formação e evolução da vida e da cultura escrava na cidade".[8] Ao sugerir esta perspectiva, a autora contribuiu decisivamente para uma nova historiografia da escravidão, agora mais atenta aos estudos africanistas. No tocante às nações africanas da cidade do Rio de Janeiro, Karasch observou a imprecisão dos termos que geralmente se referem a portos de exportação, vastas regiões geográficas ou etnias mais ou menos precisas. A preocupação principal da autora era demonstrar que, apesar da imprecisão, a maioria destas identificações remetia à África Central. Dessa forma os nomes de nação seriam pontos de partida que indicariam procedências regionais, grupos linguísticos, complexos culturais ou mesmo grupos étnicos mais específicos.

Maria Inês Cortes de Oliveira abordou os nomes de nação sob uma ótica que visava compreender sua construção histórica. Para esta

---

7 Mary Karasch, *Slave life in Rio de Janeiro (1808-1850)*. Wisconsin: Universidade de Wisconsin, 1972. (Diss. de Ph. D.); Robert Slenes, "'Malungu, ngoma vem!' África coberta e descoberta do Brasil. *Revista USP*, 12, 1991/92, p. 48-67; Maria Inês Cortes de Oliveira, *Retrouver une identité: jeux sociaux dês Africains de Bahia* (vers. 1750-1890). Paris: Université de Paris Sourbonne (Paris IV), 1992 (Thèse pour lê Doctorat em Histoire); Mariza de Carvalho Soares, *Devotos da cor: identidade étnica, religiosidade e escravidão no Rio de Janeiro, século XVIII*. Rio de Janeiro: Civilização Brasileira, 2000; Luís Nicolau Parés, *A formação do candomblé: história e ritual da nação jeje na Bahia*. Campinas: Editora da Unicamp, 2006.

8 Mary C. Karasch, *A vida dos escravos no Rio de Janeiro (1808-1850)*. São Paulo: Companhia das Letras, 2000, p. 36.

autora, deve-se reconhecer que as nações africanas "tal como ficaram conhecidas no Novo Mundo, não guardavam, nem no nome nem em sua composição social, uma correlação com as formas de autoadscrição correntes na África".[9] Ressalta, entretanto, que estas identificações atribuídas aos africanos no circuito do tráfico foram posteriormente assumidas por estes como identidades de origem, elemento central na organização de suas comunidades na diáspora. Nesse sentido, as nações africanas na Bahia podem ser entendidas como grupos étnicos na perspectiva adotada por Barth, onde a etnia não é mais entendida como essência, mas como sistema de classificação e relação social.[10]

Participando do debate sobre as identidades africanas na diáspora, Soares sugere um novo conceito, o de "grupos de procedência". "Esta noção, embora não elimine a importância da organização social e das culturas das populações escravizadas no ponto inicial do deslocamento, privilegia sua reorganização no ponto de chegada".[11] Embora adote um "novo conceito" como alternativa aos "nomes de nação", semelhante a Oliveira, a autora afirma sua filiação ao conceito de grupo étnico formulado por Barth.

A contribuição destes estudos para esta investigação foi fundamental. Estimulada por Karasch, despertei minha atenção para a importância dos estudos africanistas nas pesquisas sobre a população escrava baiana, ficando mais atenta às particularidades das vivências culturais de cada grupo. Matrizes culturais, embora não sejam imutáveis, são pontos de partida para novas identidades. Assim, relativizar

---

9 Maria Inês Cortes de Oliveira, "Viver e morrer no meio dos seus. Nações e comunidades africanas na Bahia do século XIX". *Revista USP*, 28, 1995/96, p. 175.

10 Maria Inês Cortes de Oliveira, *Retrouver une identité, op. cit.*, p. 11, 12.

11 Mariza de Carvalho Soares, *Devotos da Cor, op.cit.*, p. 116.

a importância das origens não significa a negação das mesmas, mas o reconhecimento da historicidade de toda e qualquer matriz cultural. Como afirma Robert Slenes,

> Não devemos subestimar as possibilidades dos africanos de manterem vivas suas identidades originais; contudo, na labuta diária, na luta contra os (des)mandos do senhor, na procura de parceiros para a vida afetiva, necessariamente eles haveriam de formar laços com pessoas de outras origens, redesenhando as fronteiras entre etnias.[12]

Inspirada nos trabalhos de Oliveira e Soares, adotei a perspectiva de abordar as identidades assumidas pelos africanos como experiências sociais dinâmicas em termos históricos. Ainda assim, desde o princípio da investigação pareceu-me sensato buscar um ponto de equilíbrio entre a importância dos referencias africanos e as transformações impostas pelo mundo do cativeiro, perspectiva evidenciada nas investigações de Slenes e Parés.

A periodização também merece ser destacada em razão das possibilidades abertas para a investigação. Nesse sentido, é importante ressaltar que os registros do século XVIII possibilitam uma visão bastante rica da construção e vivência das identidades étnicas dentro das confrarias de homens de cor. É certo que os estereótipos raciais reinantes no século XIX não estavam plenamente em vigor no século anterior. Nesse sentido, uma identificação mais "detalhista" dos africanos transparece através de listagens mais variadas de referências

---

12 Robert Slenes, "'Malungu, ngoma vem'", *op. cit.*, p. 57.

étnicas e procedências em inventários, testamentos, livros de assentos de irmandades etc.

A leitura da bibliografia africanista produzida nas últimas três décadas, particularmente sobre a África Central e identidades relacionadas a esta região, dentre as inúmeras identidades africanas construídas na Bahia do século XVIII, tornou-me mais atenta a uma delas, de modo especial. Publicado em 1976, o artigo de Craemer, Fox e Vansina sobre os movimentos religiosos na África Central tem, desde então, provocado debates e reflexões das mais instigantes.[13] O reconhecimento da importância de um núcleo de valores fundado no complexo ventura-desventura, unindo várias áreas culturais, sugere valorosos caminhos de interpretação para a adoção do catolicismo entre estes povos. Do mesmo modo, do ponto de vista da formação de novas identidades na diáspora, auxilia, e muito, na compreensão dos fatores de agregação dos novos grupos a partir de matrizes culturais comuns.[14]

Tendo em vista minha particular preocupação com as irmandades negras, foi imediato meu interesse pelos estudos concentrados nos significados da presença do catolicismo na África Central e, sobretudo, com os processos de adoção de práticas e visões de mundo católicas por parte dos centro-africanos. O debate em torno da formação de um cristianismo africano, defendido por Thornton, ou da incorporação, por parte dos africanos, de alguns elementos

---

13 Willy Craemer; Jan Vansina; Renée Fox, "Religious movements in Central Africa: a theoretical study". *Comparative Studies Society and History*, 18, 4, 1976, p. 458-75.

14 Inspirados nestes princípios teóricos, Slenes formula o conceito de proto-nação bantu no Sudeste brasileiro no século XIX. Slenes, "'Malungu, ngoma vem!'", *op. cit.*

do catolicismo às suas religiões tradicionais, sustentada por Sweet, transparece em vários momentos do livro.[15]

Em diferentes registros documentais setecentistas, destaca-se a presença de africanos de "nação angola" na cidade de Salvador e no Recôncavo da Bahia. Estes registros problematizavam um pressuposto cristalizado nos trabalhos de cunho histórico e antropológico consultados por mim na ocasião, qual seja, a pouca atenção dirigida aos centro-africanos na historiografia da escravidão e nos estudos sobre a presença negra na Bahia.[16] Os estudos inaugurais da antropologia na Bahia afirmavam a superioridade numérica e, sobretudo, o maior peso cultural dos povos oriundos da Costa da Mina e do Golfo do Benin – genericamente denominados sudaneses – e um nem sempre disfarçado "desprezo" pelos africanos do centro-oeste do continente – tam-

---

15 John Thornton, *A África e os africanos na formação do mundo atlântico (1400-1800)*. Rio de Janeiro: Editora Campus, 2004, p. 312-354; James Sweet, *Recreating Africa. Culture, Kinship, and Religion in the África-Portuguese World, 1441-1770*. Chapel Hill/Londres: The University of North Carolina Press, 2003.

16 Não se trata de ignorar os importantes trabalhos da historiografia sobre a escravidão na Bahia, que chamaram a atenção e reconheceram a importância dos africanos oriundos da África Central enquanto contingente numérico e grupo cultural. Faço referência e dialogo, no decorrer de todo o livro, com a maioria destes autores. Entretanto, vale dizer, ainda são poucos os trabalhos que focam sua investigação nas práticas sociais e modos de vida da comunidade escrava relacionados com a específica origem centro-africana. Duas exceções de destaque, entre outras, são os trabalhos de Luís Viana Filho, *O negro na Bahia: um ensaio clássico sobre a escravidão*. Rio de Janeiro: Nova Fronteira, 1988; Sara Oliveira Farias, *"Irmãos de cor, de caridade e de crença"*: *a Irmandade do Rosário do Pelourinho na Bahia do século XIX*. Salvador: Universidade Federal da Bahia, 1997.

bém genericamente denominados "bantos".[17] Em contraposição me deparava, sempre mais e mais, com inúmeras evidências da presença e importância dos chamados angolas nas irmandades baianas. Passei a acreditar que uma investigação minuciosa destes indícios poderia de alguma forma suscitar novas perspectivas de investigação.

O primeiro capítulo do livro trata da importância das devoções católicas e da participação em irmandades e confrarias na constituição da experiência escrava no Império português. Uma breve exposição sobre a conversão do Reino do Congo e o movimento de expansão do catolicismo na África Central prepara para uma discussão mais específica sobre a constituição, importância e significado das irmandades e devoções negras no Reino de Angola, mais especificamente, na Luanda setecentista. As fontes que fundamentaram esta discussão foram de caráter variado. Trata-se de correspondências internas entre autoridades civis e eclesiásticas do Reino de Angola e também para a Metrópole; relatos de civis e missionários, incluindo neste rol manuscritos inéditos e textos impressos e provisões eclesiásticas do Bispado de Angola e Congo. Na segunda parte do capítulo, faço um pequeno histórico da presença negra em Portugal, especialmente na Lisboa do século XVIII, chamando a atenção para a importância das devoções e confrarias católicas no cotidiano da comunidade escrava. Além de permitir uma privilegiada visibilidade pública, as irmandades tiveram um papel político destacado na defesa dos escravos em Portugal. Sugiro neste capítulo que as identificações dos africanos e seus descendentes com determinadas devoções foram se construindo na experiência cotidiana da escravidão e, ao mesmo tempo, em

---

17 Refiro-me aos estudos de Nina Rodrigues e alguns de seus discípulos. Voltarei ao tema, com mais vagar, no capítulo quatro.

diferentes partes do Império. Nestes espaços, as irmandades tiveram um papel fundamental na defesa dos interesses das populações escravas e libertas. Por outro lado, a manutenção destes espaços permitiu a criação de práticas e vivências do catolicismo imbuídas de valores e representações africanas. Manuscritos e impressos sobre a vida religiosa em Portugal permitiram a localização e constatação da presença das irmandades negras em várias partes do país. As petições e requerimentos enviados por estas associações à Mesa do Desembargo do Paço deram visibilidade a suas lutas em prol dos irmãos.

No capítulo de número dois, procuro introduzir a história das irmandades negras no cenário baiano setecentista, sobretudo na cidade de Salvador e seu Recôncavo. Situo as irmandades da gente de cor num panorama mais geral das confrarias religiosas, chamando a atenção para os critérios de pertença e a importância dos vínculos associativos em vigor naquela sociedade. Identifico as devoções privilegiadas pelas irmandades negras e procuro sugerir possíveis mecanismos de apropriação, por parte deste segmento, das devoções católicas. Por fim, tomo como gancho as devoções específicas para introduzir o tema das confrarias negras como lugares de expressão e, ao mesmo tempo, de produção das identidades negras no Setecentos. A divisão das associações, sobretudo por meio de invocações particulares, revela a complexidade das relações entre pretos e pardos, bem como as diferenças internas dentro dos dois grupos. Os pardos, em torno da condição jurídica, e os pretos, em termos de procedências nacionais e africanas. Uma série bastante significativa de compromissos constituiu o esqueleto documental mais importante deste capítulo. Através desta documentação foi possível a localização espacial das irmandades de negros na cidade de Salvador e seu Recôncavo, as preferências e a identificação das principais devoções, além dos critérios de pertença definidos para entrada de novos membros.

O terceiro capítulo tem como foco privilegiado as irmandades dedicadas ao culto do Rosário de Nossa Senhora e a particular identificação dos angolas com as confrarias desta invocação. A discussão inicial sobre os mecanismos internos de poder dentro destas associações permite entender a manutenção da hegemonia dos angolas nos cargos diretivos, mesmo quando haviam deixado de ser maioria entre os irmãos assentados. As festividades patrocinadas pelos irmãos do Rosário expressam tradições centro-africanas profundamente arraigadas neste grupo. Desse modo, os reinados africanos na Bahia dão mostras do vigor das leituras católicas centro-africanas que cruzaram o Atlântico, além de colaborar com a manutenção do poder e identidade de um grupo que, no século XVIII, já era minoria entre a população escrava baiana. A convivência harmoniosa dos angolas com os crioulos e os "altos e baixos" nas relações com os jejes é interpretada como mecanismo fundamental na construção da identidade angola na Bahia. Por outro lado, as relações com as autoridades civis e eclesiásticas revelam outro polo da construção da identidade grupal. Demarcar espaço e posição, mais que um sinal de força, era um desejo de preservação do grupo. Mais uma vez os compromissos, juntamente com as petições e requerimentos enviados pelas irmandades baianas à metrópole, permitiram a compreensão de aspectos fundamentais da organização das confrarias, bem como suas dinâmicas internas e relações com outras irmandades e com as autoridades constituídas.

Se o terceiro capítulo é dedicado a demonstrar como e por que os angolas se fizeram visíveis na história das irmandades do Rosário, no capítulo de número quatro, a questão chave é buscar sua presença na população escrava e liberta na Bahia dos séculos XVIII até meados do XIX e analisar seus significados. Discuto, primeiramente, as representações criadas sobre os angolas, ao longo dos séculos, por viajantes, traficantes e proprietários de escravos. Tomo como gancho estas representações e busco relacioná-las com os estudos contemporâneos sobre a história da escravidão e dos africanos na Bahia, especialmente os de cunho histórico e etnológico. Ainda neste capítulo, polemizo com os números tradicionalmente aceitos sobre a "absoluta minoria" centro-africana na população escrava baiana nos séculos XVIII e XIX. Em meio a tantas imagens forjadas durante séculos, procuro sugerir algumas respostas para uma pergunta fundamental: quem são os angolas da Bahia?

O quinto e último capítulo foi construído com base na análise de uma fonte privilegiada. Privilegiada pela sua importância e igualmente pelo volume de informações legadas. No acervo da Irmandade de N. S. do Rosário das Portas do Carmo, conhecida na atualidade como Irmandade do Rosário dos Pretos do Pelourinho, encontra-se um antigo livro de registros de associados – na verdade, este livro é uma compilação de vários livros desta natureza. Cobrindo um período de 107 anos, mais precisamente entre 1719 e 1826, este documento registra 5.058 assentos, entre homens e mulheres. O Livro de Irmãos da Irmandade do Rosário das Portas do Carmo informa, geralmente, o ano de ingresso, o nome do irmão ou irmã, sua etnia e/ou cor; a condição jurídica/social – quando escravos, eventualmente, o nome dos proprietários; os cargos ocupados e o controle da quitação anual dos débitos. Inicialmente, apresento um breve histórico desta que, certamente, foi e é a mais célebre irmandade negra da Bahia. Após uma apresentação mais objetiva da fonte, tendo em vista a preocupação central da pesquisa, centrei foco, sobretudo, na análise das variáveis sexo e condição jurídica em intersecção com os dados referentes a etnia e cor dos irmãos e irmãs. Assim, a presença, o lugar e a importância dos centro-africanos e suas relações com outros grupos étnicos ou raciais nesta tradicional irmandade de angolas e crioulos da Bahia, emerge como um dos focos centrais deste capítulo.

Feitas as devidas apresentações, espero ter suscitado no leitor o gosto, ou pelo menos a curiosidade pela leitura do restante. Para os que decidiram prosseguir, espero que a leitura deste livro seja tão estimulante quanto foi para mim seu processo de investigação e escrita.

Capítulo I

Devoções e Irmandades da gente de cor
no Reino e nas Conquistas d'África

E porque se não queixem os pretos que se passa por eles em silêncio, têm sua igreja particular muito linda e bem acabada, da invocação da Senhora do Rosário, mui bem ornada com bons frontais, púlpito, coro, sacristia. Tudo feito com perfeição (...) tendo além da imagem da Sr.ª do Rosário de vulto, outras, como são a de São Bento, São Domingos, nos altares colaterais; e no da mão esquerda o Santo que, ainda que preto nas cores, foi mui branco nas obras, da religião dos menores do Patriarca São Francisco, São Benedito de Palermo, cabeça do Reino da Sicília, onde floresceu em virtude e santidade: e não faltam autores que digam que foi natural da adusta Etiópia, que fora sua mãe natural desse reino de Angola, da província de Quissama e que o cativaram pequeno.

Antonio de Oliveira Cadornega, 1680

Conversão, irmandades e devoções na África Central

A Conversão do Congo

No ano de 1485, Diogo Cão desembarcou, pela segunda vez, no estuário do rio Zaire. O fidalgo navegador era o responsável por uma missão estratégica para o futuro do comércio português na costa africana. Estava encarregado de estabelecer relações amigáveis com os principais daquelas terras, garantindo, desse modo, futuros e rentáveis negócios para o comércio de Portugal. Suas recomendações eram claras: não incitar nem provocar aquelas gentes "mas, com toda a atenção e com agradáveis palavras, condu[zir] os ânimos daquelas pessoas a acreditar na fé de Cristo e a fazer amizade com o seu Rei. [1]

Desde os primeiros contatos entre portugueses e africanos, a religião foi um dos principais mediadores deste "diálogo de surdos".[2] A aceitação da "amizade" dos reis de Portugal supunha o reconhecimento de uma nova religião com novas práticas e novos ritos. A pequena mostra do poderio tecnológico dos recém-chegados, somadas às promessas de uma associação vantajosa em termos políticos e econômicos, avalizaram, de imediato, a religião trazida pelos brancos.

Por outro lado, a compreensão do impacto social causado pela chegada dos europeus no continente africano passa pelo reconhecimento,

---

1 Rui de Pina, *Relação do Reino do Congo* (1492). Lisboa: Comissão Nacional para as Comemorações dos descobrimentos portugueses, Imprensa Nacional/Casa da Moeda, 1992, p. 97.

2 Ver: Wyatt MacGaffey, "Dialogues of the deaf: Europeans on the Atlantic coast of Africa". In: Stuart Schwartz, *Implicit understandings. Observing, reporting, and reflecting on the encounters between Europeans and other peoples in the Early Modern Era*. Cambridge: Cambridge University Press, 1994.

por parte dos portugueses, de estruturas de poder fundadas em universos cosmológicos particulares e complexos. Ainda no ano de 1485, em razão da demora de seus mensageiros, enviados ao centro político e administrativo do reino do Congo, Diogo Cão partiu para Lisboa levando consigo alguns "negros que tinham entrado com segurança nos navios para verem as novidades das coisas".[3] Não tardou muito, uma nova expedição retornou à costa africana trazendo os nativos levados por Diogo Cão. O retorno dos congueses, "vestidos de dignos fatos" e "instruídos nos artigos da Santa Fé, nos costumes e na língua" dos portugueses, marcou o início de uma série de eventos decisivos para a conversão dos soberanos do Congo ao catolicismo.[4]

O olhar obtuso do cronista capta, por vezes, lances fundamentais para a compreensão da cultura centro-africana. Segundo a crônica de Rui de Souza, os retornados foram muito festejados e recebidos "como se fossem todos mortos e ressuscitados".[5] Esta calorosa recepção tinha um significado profundo à luz da cosmologia bakongo.

---

3 Pina, *Relação do Reino do Congo, op. cit.*, p. 99.

4 A *Relação do Reino do Congo* escrita por Rui de Pina é um dos mais preciosos documentos sobre os primeiros contatos entre portugueses e congueses. Foi redigida em 1492, logo após o retorno de Rui de Souza ao reino, por ordem do Rei de Portugal. Esta relação trata especialmente da expedição de Rui de Souza e dos fatos relacionados com a conversão dos soberanos do Congo ao catolicismo. Apesar dos filtros culturais, filosóficos e religiosos, os documentos registram pormenores importantes da cultura e organização social do Congo. Esse particular explica a importância atribuída a este registro pelos estudos mais recentes sobre a história do catolicismo na África Central. Utilizo como referência a edição do texto traduzido por Carmem Radulet a partir do Manuscrito inédito do "Códice Riccardiano 1919". Ver, entre outros: Carmem M. Radulet, *O cronista Rui de Pina e a "Relação do Reino do Congo"*. Lisboa: Imprensa Nacional, Casa da Moeda, 1992.

5 Pina, *Relação do Reino do Congo, op. cit.*, p. 101.

Para a maioria dos povos da África Central, o oceano "também significava a linha divisória, ou a 'superfície', que separava o mundo dos vivos daquele dos mortos, portanto, atravessar a kalunga – o oceano – significava 'morrer', se a pessoa vinha da vida, ou 'renascer', se o movimento fosse no outro sentido". Ainda nesta cosmovisão, a cor branca simbolizava a morte; uma vez que os homens eram pretos e os espíritos brancos, desse modo, "foi fácil para os bakongo identificar a terra dos brancos, Mputu, como a dos mortos".[6] Nesse sentido, o efeito psicológico da chegada dos portugueses foi estupendo. "Os brancos portugueses, vindos do mar, aparelhados de coisas nunca vistas e cuja eficácia foi logo comprovada, ofereciam insistentemente sua orientação na iniciação desse culto, que parecia ser mais poderoso dos que os até então conhecidos".[7]

Após ouvir os relatos maravilhosos dos homens que conheceram o mundo dos "espíritos brancos", e vangloriar-se dos presentes recebidos de além-mar, o Mani Congo decidiu enviar uma embaixada ao Rei de Portugal para manifestar sua disposição em aceitar a nova religião. Juntamente com os presentes que encaminhava a D. João II, solicitava o envio de religiosos, artesãos, carpinteiros, mestres de pedraria, trabalhadores da terra, animais de tração, pastores etc. Enfim, o Mani Congo estava disposto não apenas a aceitar a religião dos portugueses, mas também em obter acesso às inúmeras maravilhas tecnológicas dos homens brancos.

O batismo cristão foi entendido, pelas elites do Congo, como uma espécie de iniciação à nova religião, que abria as portas para uma série

---

6 Robert Slenes, "'Malungu, ngoma vem!' África coberta e descoberta no Brasil", *Revista USP*, 12, 1991-92, p. 53-54.

7 Marina de Mello e Souza, *Reis Negros no Brasil Escravista, História da Festa de Coroação do Rei Congo*. Belo Horizonte: Editora da UFMG, 2002, p. 65.

de segredos e privilégios em termos sociais e políticos. Mani Soyo, senhor da província do Soyo e primeira autoridade a manter contato com os portugueses na costa do Congo, entrou para a história como primeiro conguês a ser batizado em solo natal. Nas palavras do cronista português, malgrado a impressionante opacidade com relação à cultura do outro, discretamente ecoavam as interpretações conguesas do batismo.

Segundo o cronista, o senhor do Soyo "quis que só ele e seu filho fossem batizados".[8] Justificou o privilégio baseado em sua posição de chefe de uma linhagem poderosa ligada diretamente ao Mani Congo por laços de parentesco.[9] Foi batizado Manuel, em honra ao Salvador do mundo, e seu filho recebeu o nome de Antônio, em devoção ao santo português. As restrições não acabaram aí: o senhor do Soyo não permitiu que seus "fidalgos" entrassem na igreja para prestigiar a cerimônia, e também proibiu que qualquer outro conguês recebesse o batismo antes do Mani do Congo, alegando que seria desrespeitoso não acatar a precedência. Na sequência dos eventos, convidado por Rui de Sousa a participar, juntamente com seu filho recém-batizado, de uma recepção a bordo de um dos navios portugueses, o Senhor do Soyo "ordenou que os restos da comida fossem entregues a seu filho e

---

8 Pina, *Relação do Reino do Congo, op. cit.*, p. 111.

9 Quando, no ano de 1483, os portugueses desembarcam pela primeira vez na foz do Rio Zaire, o Congo era um reino relativamente forte e estruturado. Era dividido em províncias, algumas administradas por membros de linhagens nobres fixadas em suas respectivas localidades desde muitas gerações, outras governadas por chefes locais escolhidos pelo rei. As linhagens nobres sustentavam sua relação com o Mani Congo por meio de alianças, principalmente por intermédio de casamentos. As províncias de Soyo, Mbata, Wandu e Nkusu eram províncias administradas por linhagens nobres. Mello e Souza, *Reis Negros no Brasil Escravista, op. cit.*, p. 45.

a nenhum outro infiel, apesar de príncipe, porque indignos de comer coisas em que os fiéis de Cristo tinham posto a boca".[10]

O Mani Congo recebeu o batismo no dia três de maio de 1491, juntamente com seis fidalgos de sua confiança. Recebeu o nome cristão de João, tal qual o rei de Portugal, seu novo e poderoso aliado. Assim como o ocorrido na província do Soyo, muitos poderosos de Mbanza Congo manifestaram o desejo de serem iniciados na nova religião. O senhor do Congo, entretanto, quis primeiro batizar sua família para depois estender a outros o rito cristão. Fica evidenciado assim que o batismo cristão, pelo seu poder de inserção ao novo contexto político e religioso, foi, num primeiro momento, manipulado pelas elites do Congo, como uma prerrogativa restrita aos nobres e soberanos da terra. Antes de permitir aos seus subordinados o acesso à iniciação dos brancos, as elites conguesas fizeram questão de garantir sua primazia e, portanto, autoridade sobre o novo culto. Por esta razão, "o batismo foi reservado aos maiores do reino, numa certa ordem de hierarquias".[11]

O entendimento do batismo como um rito de iniciação à nova religião se cristaliza na população do Congo através dos séculos.[12] No final do século XVIII, o missionário capuchinho Raimundo

---

10 Pina, *Relação do Reino do Congo, op. cit.*, p. 115.

11 Ronaldo Vainfas; Marina de Mello e Souza, "Catolicismo e poder no tempo do tráfico: o reino do Congo da conversão coroada ao movimento Antoniano, século XV-XVIII". *Tempo*, n. 6, Rio de Janeiro, 1998, p. 101.

12 Segundo Sweet, assim como outros rituais e práticas do cristianismo, o batismo foi interpretado pelos centro-africanos como um poderoso remédio contra os males temporais. Comer sal, como um ato de iniciação à religião cristã, era poder compartilhar da essência do poder espiritual dos "feiticeiros" europeus. James Sweet, *Recreating Africa. Culture, Kinship, and Religion in the Africa-Portuguese World, 1441-1770*. Chapel Hill/Londres: The University of North Carolina Press, 2003, p. 195-96.

Diacomano observou que os congueses "estimavam serem cristãos e se reputavam honrados sobre os que não o são que eles chamam gentios". Ao reconhecerem um missionário, "uma multidão de pessoas [oferecia] seus filhos para serem batizados, pedindo em voz alta Anamunga Batismo (sal bento)". O missionário que se recusasse a atender às súplicas da multidão imediatamente, querendo antes instrui-la na doutrina cristã, podia correr perigo de vida. Assim que alcançava seu objetivo, a multidão desaparecia, desprezando, sem o menor disfarce, a presença do missionário.[13]

Desde os primeiros tempos, os soberanos do Congo buscaram monopolizar a propagação do catolicismo e controlar a ação dos missionários. Movido por este espírito, D. Afonso I, segundo rei cristão do Congo, conseguiu a façanha diplomática de ver seu filho, D. Henrique, consagrado bispo em 1518, apesar da relutância do papa Leão X. Para infelicidade do soberano conguês, D. Henrique talvez tenha se habituado demasiadamente aos ares europeus. Faleceu dez anos após seu retorno à Mbanza Congo, queixando-se "de falta de saúde desde seu regresso à África e [expressando] seu desejo de voltar a Portugal".[14]

O envio de jovens da elite conguesa para Portugal, a fim de obterem educação formal e religiosa, foi uma constante durante os primeiros séculos de contato.[15] A formação de um clero indígena agradava, naquele momento, aos interesses portugueses e congueses – por razões diferentes, é claro. Enquanto aos primeiros interessava a expansão da

---

13 Informação do Reino do Congo. Frei Raimundo de Diacomano, missionário capuchinho Italiano da Província de Toscana, 1798. BNL, Manuscritos, Cód. 8554, fl. 2.

14 Charles Boxer, *A Igreja e a expansão ibérica*. Lisboa: Edições 70, 1989, p. 15.

15 Boxer, *A Igreja e a expansão ibérica, op. cit.*, p. 16

fé católica e o consequente domínio cultural e político da região, para os soberanos do Congo, um clero africano garantia acesso direto aos novos ritos e símbolos cristãos, independente da intermediação dos portugueses. A criação da diocese do Congo e Angola, em 1596, desmembrada da diocese de São Tomé, foi, em grande parte, resultado dos reclames e manobras diplomáticas dos soberanos do Congo. O que não deixou de ser mais uma jogada na estratégia de controle da expansão do catolicismo pelas elites conguesas.[16]

A nova religião, trazida de além-mar, sem desconsiderar seus atributos mágico-religiosos, foi reconhecida também por seus poderes temporais. Alguns dias após o seu batismo, o Mani Congo pode colocar a prova a força da nova religião. Com o intuito de disciplinar súditos rebeldes "que tinham certas ilhas ao pé do Rio Padrão", após o batismo de alguns membros de sua família, o Mani Congo partiu em marcha com seu exército.[17] Vencidos os rebeldes, o Mani Congo atribuiu sua vitória à ajuda do Rei de Portugal, e à proteção da cruz que levou consigo como bandeira.[18] Nesta e em outras batalhas futuras, seguindo os interesses da elite conguesa, a nova religião dava mostras de seu poder e eficácia.

---

16 Desde então, Mbanza Congo passou a chamar-se São Salvador, ganhando foros de cidade e tendo sua igreja paroquial elevada à catedral. Manuel Nunes Gabriel, *Angola: cinco séculos de cristianismo*. Luanda: Literal, s/d, p. 84.

17 Nos séculos XVI e XVII o direito do rei coletar impostos e tributos estaria ideologicamente fundamentado na conquista efetivada pelos antepassados das linhagens governantes, mas nem sempre era aceito com cordialidade. Eram frequentes as revoltas de algumas aldeias contra esta obrigação, principalmente as mais distantes da capital. Mello e Souza, *Reis Negros no Brasil Escravista, op. cit.*, p. 47.

18 Pina, *Relação do Reino do Congo, op. cit.*, p. 129.

Os soberanos do Congo acreditaram que os novos ritos e os novos objetos sagrados fortaleciam seus poderes. Portanto, garantir o acesso a eles e controlar sua propagação eram fundamentais. O insistente clamor dos reis do Congo pela presença de missionários se esclarece melhor se atentarmos, mais uma vez, para a cosmologia bakongo. Estes povos concebiam o mundo dividido entre os vivos e os mortos. A comunicação entre estes dois mundos era possível e necessária ao bem estar dos vivos. Alguns indivíduos eram capacitados e socialmente reconhecidos como intermediários entre eles, como os nganga.[19] Com o auxílio de minkisi (plural de nkinsi), "objetos mágicos indispensáveis à execução dos ritos religiosos", prestavam serviços privados ou, em determinadas situações, sociais e comunitários.[20] Nos primeiros catecismos e dicionários de kikongo, elaborados nos séculos XVI e XVII, os sacerdotes católicos também eram denominados ngangas e os objetos de culto cristão minkisi.[21] É possível que, por um lado, os sacerdotes quisessem assumir o lugar dos ngangas, de outra

---

19 Ver John Thornton, *A África e os africanos na formação do mundo atlântico, 1400-1800*. Rio de Janeiro: Editora Campus/Elsevier, 2004, p. 321-323.

20 Mello e Souza, *Reis Negros no Brasil Escravista, op. cit.*, p. 65.

21 Na primeira gramática conhecida de kimbundo (a língua de Angola), escrita pelo jesuíta Pedro Dias, o termo nganga é traduzido como padre/sacerdote católico, alimentando o debate sobre as complicadas imbricações culturais do cristianismo africano. Pedro Dias, *A Arte da Língua D'Angola*. Lisboa: Oficina de Miguel Deslandes, Impressor de Sua Majestade, 1697. Interessante acrescentar que o autor realizou o intento sem jamais haver pisado em terras angolanas. É provável que Dias tenha tido como informantes colegas missionários em Angola, e escravos falantes de kimbundo com os quais conviveu no Rio de Janeiro, Pernambuco e Bahia. Há uma pequena notícia sobre Pedro Dias e sua gramática em: Serafim Leite, "Padre Pedro Dias, autor da A Arte da Língua D'Angola, apóstolo dos negros do Brasil". *Portugal em África*, 6, 1947, p. 9-10.

perspectiva, também é preciso reconhecer que a informação primária, que permitia a tradução para os idiomas europeus, provinha dos próprios africanos. Assim, a busca de equivalências pode não apenas ter reforçado o mal entendido, mas também formulado uma nova versão do catolicismo à luz da cosmologia bakongo.[22]

Ainda no final do Setecentos, os soberanos do Congo insistiam na manutenção dos ritos católicos como legitimadores da ordem política. No ano de 1792, o governador de Angola Manoel de Almeida e Vasconcelos informava ao Ministro Martinho de Melo e Castro o atendimento de uma insistente solicitação do soberano do Congo. O então Rei do Congo, Dom Aleixo I, suplicava às autoridades de Luanda o envio de missionários, "uma vez que estando nomeado há tanto tempo, deixava de ocupar o governo e mesmo seu palácio por não ter Padre que o coroasse, sem o que não tinha poder algum".[23] A presença de sacerdotes era indispensável para a realização de alguns ritos fundamentais para legitimação pública do poder dos soberanos. Neste aspecto, os soberanos do Congo não escondiam sua preferência pelos

---

[22] MacGaffey desenvolve a interpretação de que catecismos, gramáticas e dicionários, como instrumentos mediadores do "diálogo de surdos", colaboram para propagação de traduções mal-entendidas da cultura centro-africana. Thornton, no entanto, sugere uma interpretação do mal-entendido das traduções culturais como uma criação na qual os africanos também tiveram papel ativo. MacGaffey, "Dialogues of deaf: Europens on the Atlantic cost of Africa", *op. cit.*; John Thornton, "On the trail of Vodoo: African Christianity in Africa in the Americas". *The Americas*, vol. 44, n. 3, 1988, p. 261-278.

[23] Carta do Governador de Angola [Manoel de Almeida e Vasconcelos] ao Ministro [Martinho de Melo e Castro], Luanda, 9 de setembro de 1792. AHNA, Ofícios para o Reino, Cód. 4, 1790-1797, fls. 58-58v.

barbadinhos, que, por esta razão, também ficaram conhecidos como "ngangas-reais".[24]

A aceitação do catolicismo não significou, de modo algum, o abandono das antigas crenças e dos costumes tradicionais. Os soberanos do Congo tinham seu próprio quadro de referências culturais, bem como interesses objetivos na adoção do cristianismo. Questões em torno da poligamia ou da prática de cultos tradicionais foram fontes inesgotáveis de conflitos entre os convertidos centro-africanos e missionários de várias épocas. Em 1552, os missionários jesuítas foram expulsos do Congo pelo Mani D. Diogo, sucessor de Afonso I, depois de uma série de conflitos envolvendo a prática da poligamia.[25] Embora cristão e batizado, D. Diogo se recusava a aceitar a monogamia imposta pela nova religião.[26]

O mesmo se pode dizer com relação às populações que, seguindo seus maiores, rapidamente aceitaram a nova religião. A permanência de alguns costumes tradicionais exemplifica bem o processo de filtragem elaborada pelos congueses com relação ao catolicismo. O sacramento do matrimônio, em contraposição ao do batismo, não foi mui-

---

24 Carta do Governador de Angola [Manoel de Almeida e Vasconcelos], Luanda, 31 de Março de 1792. AHNA, Ofícios para o Reino, Cód. 4, 1790-1797, fl. 52.

25 É importante afirmar que a poligamia não representava um simples capricho masculino – ou mesmo feminino, como no caso da poderosa rainha Nzinga. Nas sociedades centro-africanas, a extensa rede de solidariedades, mecanismo fundamental para sustentação do poder tradicional, era tecida especialmente através dos casamentos.

26 Carlos José Duarte Almeida, *A representação do africano na literatura missionária sobre o Reino do Kongo e Angola* (Meados do século XVI a meados do século XVII). Dissertação (Mestrado) – Universidade Nova de Lisboa, Lisboa, 1997, p. 69.

to apreciado pelas populações bakongo. Durante sua passagem pelo Congo, na última década do Setecentos, Frei Diacomano reconheceu que os bakongo, apesar de conhecerem o sacramento do matrimônio, não faziam a menor questão de recebê-lo. Ele próprio confessa não ter casado mais que dez ou doze escravos da Igreja, só quatro Fidalgos e um Príncipe, e julgou ainda que "o mesmo aconteceu com meus antecessores porque tendo batizado vinte e cinco mil e tantas almas não batizei [mais] que quarenta filhos de matrimônio".[27]

A expansão do catolicismo na África Central

Durante os séculos XVI e XVII, centenas de missionários alcançaram a costa e os sertões dos reinos do Congo e Angola. Efetivamente, quatro ordens religiosas participaram no movimento de propagação do catolicismo na África Central. A primazia coube aos soldados da Companhia de Jesus, seguidos pelos terceiros franciscanos, carmelitas descalços e capuchinhos. Jesuítas e capuchinhos, entretanto, foram os principais responsáveis pela penetração missionária na África Central.

A importância destas duas ordens na propagação do cristianismo na África central, e no ulterior desenvolvimento de um catolicismo centro-africano, fica evidente em seus intentos de tradução da mensagem evangélica para os idiomas locais.[28] Jesuítas e capuchi-

---

27 Informação do Reino do Congo. BNL, Manuscritos, Cód. 8554, fl. 4.

28 De um ponto de vista etnolinguístico os povos primeiramente contatados pelos portugueses na África Central, apesar das familiaridades entre si e com outros grupos vizinhos, se dividem em dois grandes grupos. A região limitada ao norte pelo rio Congo, ao sul pelo Dande e a leste pelo Nkisi era

nhos foram os pioneiros na elaboração de vocabulários, gramáticas e catecismos em kikongo e kimbundu.[29] A cronologia destes textos testemunha a antiguidade e importância dos jesuítas no trabalho missionário nos reinos do Congo e Angola, bem como a posterior ocupação deste espaço pelos capuchinhos. O grande número de publicações durante o século XVII também corrobora a força do movimento missionário neste período.

Em 1624, foi publicada a *Doutrina Cristã*, "traduzida para a língua do Congo pelos melhores mestres indígenas que havia em São Salvador, devido aos cuidados do jesuíta padre Mateus Cardoso".[30] Duas décadas depois, foi impresso em Lisboa o primeiro catecismo

---

habitada pelos bakongo, falantes da língua kikongo. Ao sul do rio Dande, mais precisamente em torno da bacia do Cuanza, concentravam-se os povos mbundos, falantes do kimbundu.

29 Conjunturas históricas distintas e específicas foram responsáveis pela expansão geográfica destas duas línguas que, a propósito, guardam entre si uma proximidade muito maior do que em relação a qualquer outra falada por grupos vizinhos. Antes da presença portuguesa na costa africana, o kikongo alcançou uma área de influência muito além dos limites geográficos do Reino do Congo, dada a importância de suas redes comerciais e políticas. A expansão territorial do Congo alcançou os limites da ilha de Luanda. Neste importante senhorio do Mani Congo eram coletados os zimbos, espécie de pequeno búzio que constituía a moeda mais corrente no reino. Quanto à expansão do kimbundu, a partir do século XVII, a intensificação do tráfico de escravos levou à concentração de grande contigente de falantes desta língua na região de Luanda, o que definiu um padrão linguístico definitivo na cidade e suas imediações. Ver Ilídio do Amaral, *O Reino do Congo, os Mbundu (ou Ambundos), o Reino dos "Ngola" (ou de Angola) e a presença portuguesa, de finais do século XV a meados do século XVI*. Lisboa: Instituto de Investigação Científica Tropical, 1996.

30 Eduardo dos Santos, *As religiões de Angola*. Lisboa: Junta de Investigações do Ultramar, 1969, p. 46.

em kimbundu e português. *Gentio de Angola suficientemente instruído nos mistérios de nossa santa fé*, obra póstuma do também jesuíta Padre Francisco Pacconio.[31] Em 1650 o capuchinho Jacinto Vetralla recebeu licença para publicar uma nova edição ampliada do catecismo de Mateus Cardoso. Na nova edição, a Doutrina era apresentada em quatro línguas (kikongo, português, latim e italiano). Vetralla, à frente da Prefeitura Apóstolica do Congo, também publicou em 1659 uma gramática kikongo. Poucos anos depois, mais precisamente em 1661, o missionário capuchinho Antonio do Monte Prandone elaborou e publicou uma edição ampliada do catecismo elaborado pelo jesuíta Padre Pacconio.[32] A primeira gramática de kimbundo, publicada em Lisboa no ano de 1697, foi escrita na Bahia pelo jesuíta Pedro Dias.[33]

Os esforços de tradução da mensagem cristã para os idiomas indígenas estiveram longe de constituir uma abertura à cultura do outro. O interesse maior era a difusão da mensagem cristã e, por conseguinte, da cultura europeia dominante. Nestes termos, a conformação das línguas nativas num sistema linguístico coerente, tendo por base a gramática latina era, por si só, um ato de poder.[34]

Entretanto, não se deve desconsiderar o papel ativo dos africanos na elaboração dos sistemas de normatização das línguas nativas. Muitos textos doutrinários, a exemplo daquele organizado pelo padre Mateus Cardoso em 1624, foram traduzidos para o kikongo e o kimbundo por

---

31 Francisco Pacconio, *Gentio de Angola suficientemente instruído nos mystérios de nossa Santa Fé*. Obra póstuma. Lisboa: Lopes Rosa, 1644.

32 Santos, *As religiões de Angola*, op. cit., p. 49-50.

33 Pedro Dias, *A Arte da Língua D'Angola*, op. cit.

34 Vicente Rafael, "Confession, Conversion, and reciprocity in early Tagalog Colonial Society". *Comparative Studies in Society and History*, n. 29, 1986, p. 70.

"mestres indígenas". Estes mestres, muitos dos quais instruídos em Portugal na função de catequistas, foram os verdadeiros propagadores da doutrina cristã e os principais informantes para a elaboração de catecismos e gramáticas. Assim, a doutrina cristã ensinada por estes catequistas passava, necessariamente, por um filtro centro-africano.[35] A tradução da cultura centro-africana elaborada pelos europeus, sem deixar de ser um ato de poder, também expressou as interpretações africanas das equivalências.

Os "soldados" da Companhia de Jesus enviados para os reinos do Congo e Angola foram, na sua maioria, portugueses e castelhanos. A nacionalidade dos religiosos foi fator importante para a sintonia de suas ações com as políticas de conversão e conquista dos reinos ibéricos. No dia 20 de maio de 1548, chegaram à Mbanza Congo os padres jesuítas Jorge Vaz, como superior, Cristóvão Ribeiro e Jácome Dias, e o irmão auxiliar e mestre-escola Diogo Soveral.[36] Antes deste evento, religiosos de outras ordens haviam sido enviados ao Congo como missionários, resultando a experiência, no entanto, em total fracasso. A primeira missão da Companhia de Jesus no Congo teve o mesmo destino. Denúncias de súbito enriquecimento dos padres, supostamente envolvidos no tráfico de escravos e outras atividades igualmente alheias aos seus objetivos missionários, puseram um ponto final rápido e drástico neste primeiro intento.[37]

---

35 Sobre a importância dos catequistas africanos ver: John Thornton, "On the trail of Voodoo: African Christianity in Africa". *The Americas*, vol. 44, n. 3, 1988, especialmente p. 270-273.

36 Santos, *As religiões de Angola, op. cit.*, p. 50-51.

37 Carta do Padre Inácio de Azevedo a Santo Inácio de Loyola, 7 de Dezembro de1553. *Momumenta Missionária Africana*, Vol XV, Doc. 70, p. 167-172.

A segunda missão, enviada no ano de 1552, também não obteve grande sucesso. A resistência do Mani Congo, D. Diogo I, em aceitar o casamento monogâmico, levou à expulsão da missão jesuíta. Após os dois intentos fracassados, os jesuítas afastaram-se do Congo por algumas décadas, retornando, formalmente, apenas em 1618 para, logo a seguir, fundar um colégio em Mbanza Congo, então batizada de São Salvador.[38]

No período em que se manteve afastada do Congo, a Companhia de Jesus havia canalizado seu ímpeto missionário para mais ao sul daquele reino. Desde a primeira viagem de Paulo Dias Novais em 1559, os jesuítas foram uma presença marcante no movimento de conquista e penetração militar dos portugueses ao longo do rio Cuanza. Neste tempo, o reino do Ndongo, potentado localizado na zona central mbundu, atravessava um período de disputas e alternâncias entre as linhagens dominantes.[39] Desde as primeiras notícias sobre o reino dos

---

38 No ano de 1596, o Papa Clemente VIII, pela bula *Super specula militantis Ecclesiae*, erigiu o bispado do Congo e Angola, tendo como primeira sede a capital do Reino de Congo, elevada à cidade sob a invocação de São Salvador. "Notas para uma cronologia eclesiástica e missionária do Congo Angola", *Arquivos de Angola*, 2ª Série, vol. 1, número especial, 1944, p. 43.

39 Ngola era o título do chefe político e militar do Ndongo. Localizado na zona central mbundu, este potentado mantivera raros contatos com a costa até a presença dos portugueses. O Ndongo intentava, naquele momento, a consolidação de um poder político centralizado fundado na hierarquia de linhagens mbundu, ligadas entre si pelos símbolos ngola, estabelecidas naquela região. Ver Joseph Miller, *Poder político e parentesco: os antigos estados mbundu em Angola*. Luanda: Arquivo Histórico Nacional/Ministério da Cultura, 1995. Embora Ndongo fosse a estrutura política e Ngola o título, a partir do século XVI o termo Angola, como passaram a grafar os portugueses, passou a identificar o território do Ndongo, da Matamba e, por extensão, toda a região kimbundu falante. Vatomene Kukanda, "À

Ngola, embora buscasse relevar a importância da cristianização do soberano do Ndongo e seus súditos, a coroa portuguesa não escondeu que seu interesse primeiro era o tráfico de escravos e a obtenção de minerais preciosos.[40]

Quando regressou à Angola em 1575, já na posição de donatário, governador e capitão-general da conquista, Paulo Dias Novais trazia orientações precisas para ocupação da nova capitania criada por D. Sebastião. As ordens eram: ocupar e colonizar de modo a criar condições para o estabelecimento de uma colônia agrícola para os europeus, encontrar os caminhos para as minas de prata do interior, controlar o circuito comercial ao sul do Ndongo e estabelecer uma comunidade cristã ao sul do continente.[41]

"A ação dos padres jesuítas não se confinou ao espiritual. Fizeram-se soldados quando o desânimo tomava as tropas portuguesas".[42] Os religiosos da Companhia foram muito bem recompensados pelo seu empenho missionário e conquistador. Em 1588, Paulo Dias de Novais concedeu aos jesuítas os tributos provenientes de alguns sobas avassalados. O tributo era pago em escravos.[43] Em 1593, os jesuítas tomaram

---

procura do significado de Angola". *Actas do II Seminário Internacional sobre a História de Angola. Construindo o passado angolano: as fontes e sua interpretação*. Luanda: Comissão Nacional para as comemorações dos descobrimentos portugueses, 2000, p. 293.

40 Ilídio do Amaral, *O Reino do Congo, os Mbundu (ou Ambundos), o Reino dos "Ngola" (ou de Angola) e a presença portuguesa, op. cit.*, p. 14.

41 David Birmingham, *Central Africa*. Cambridge: Cambridge University Press, 1977, p. 36-37.

42 Santos, *As religiões de Angola, op. cit.*, p. 62.

43 Segundo Manuel Nunes Gabriel, "era costume dos sobas terem na 'corte' do rei do Dongo um procurador que lhes tratava dos assuntos junto

posse das propriedades doadas pelo mesmo governador: os terrenos da cidade alta – onde se construiu mais tarde a residência, igreja e colégio da ordem –, cerca de "2.500 braças de terreno ao longo do mar e duas léguas pela terra dentro; outras terras no interior, entre os rios Lucala e Zenza; ainda outras ao sul do Cuanza".[44]

No início do século XVI a Companhia de Jesus já sofria críticas no tocante ao seu empenho nos negócios temporais em detrimento das atividades religiosas. Como justificativa do abandono das missões do interior, a Companhia queixava-se frequentemente da escassez de recursos para a manutenção das mesmas.

> Sem embargo, a extensão das explorações agrícolas e das atividades econômicas assumia, desde há muito um

---

do mesmo rei, ao qual pagavam tributo. Quando os sobas se avassalaram ao Governador de Angola, passaram a pagar o tributo a este e a ter em Luanda um português que lhes servisse de procurador. Paulo Dias Novais fez doação de nove sobas aos jesuítas para que lhes servissem de procuradores. Os rendimentos que dali vinham deviam ser aplicados aos três colégios que o Governador queria que fundassem. Tinham ainda mais dois sobas que pessoas particulares lhes haviam deixado em testamento. (…) Do tributo dos sobas recebiam os jesuítas uns trezentos escravos anualmente, vendendo aqueles que não necessitavam para os seus trabalhos". Manuel Nunes Gabriel, *Os Jesuítas na Primeira Evangelização de Angola*. Lisboa: Conferência Episcopal Portuguesa, s/d, p. 35-37. É provável que esta doação tenha sido o pontapé inicial para o futuro envolvimento da Companhia de Jesus com o tráfico de escravos. Sobre a "teoria negreira" dos jesuítas na justificação da escravidão e do tráfico, ver: Luís Filipe Alencastro, *O trato dos viventes: formação do Brasil no Atlântico Sul*. São Paulo: Companhia das Letras, 2000, especialmente páginas 168-180.

44 Manuel Nunes Gabriel, *Os Jesuítas na Primeira Evangelização de Angola*, op. cit., p. 34-35.

peso esmagador na vida do Colégio de Luanda. (...) E em 1665, o então reitor do mesmo colégio admitiria que as preocupações com o desenvolvimento das atividades econômicas nos espaços controlados pela Companhia era de tal modo que desviava a atenção dos religiosos da sua verdadeira e essencial função.[45]

Em meio a denúncias de secularização da Companhia de Jesus e da ocupação holandesa em Luanda, a Ordem dos Frades Menores iniciou seu trabalho de catequese nos reinos do Congo e Angola. Começou então um novo período da era missionária na África Central. A presença dos capuchinhos pôs fim à hegemonia dos jesuítas. Até o final do século XVIII, os missionários capuchinhos foram os preferidos das autoridades portuguesas e das elites africanas. Não pairavam sobre "os barbadinhos" denúncias de corrupção dos costumes e enriquecimento ilícito. Para as autoridades do Reino de Angola os melhores missionários "e os unicamente úteis à Conquista são os que entram e saem com seu Breviário".[46]

Em maio de 1645 a primeira missão dos capuchinhos chegou ao porto de Mpinda. Uma parte do grupo permaneceu no Soyo e a outra seguiu para São Salvador. Estes e os futuros missionários capuchinhos nos reinos do Congo e Angola eram, em sua maioria, italianos e espanhóis. A presença da Ordem dos Frades Menores, nesta região

---

45 Carlos José Duarte Almeida, *A representação do africano na literatura missionária sobre o Reino do Kongo e Angola*, op. cit., p. 74.

46 Informações prestadas por Francisco Inocêncio de Souza Coutinho sobre o Governo de Angola ao seu sucessor D. Antonio de Lencastre, 26 de Novembro de 1772. In: Alfredo Felner de Albuquerque, *Angola: apontamentos sobre a colonização dos planaltos e litoral do sul de Angola, extraído de documentos históricos*. Lisboa: Agência Geral das Colônias, 1940, p. 205.

da África, fez parte de uma estratégia do Papado de tomar para si a responsabilidade e o controle das missões católicas, expressa na criação da *Propaganda Fide*.⁴⁷ O objetivo final era "retirar" de Portugal e Espanha a prerrogativa de protagonistas na expansão do catolicismo. Portugal, em particular, fazendo valer a instituição do Padroado Régio, criou inúmeros obstáculos à presença de missionários estrangeiros em suas conquistas.⁴⁸

---

47 Ver Richard Gray, *Black Christians and White Missionaries*. New Haven/Londres: Yale University Press, 1990, especialmente capítulo 2. Charles R. Boxer, *O Império Marítimo Português. 1415-1825*. São Paulo: Companhia das Letras, 2002, especialmente capítulo 10.

48 Ao contrário de seus antecessores, os papas seiscentistas decidiram trazer as missões ultramarinas para o controle de Roma. Nessa altura, o papado passou a questionar os privilégios, por ele mesmo concedidos, ao Padroado português e ao Patronato espanhol por considerá-los então "inconvenientes e subversivos para a autoridade papal". Praticamente nada pôde ser feito contra o Patronato dos reis de Castela, respaldado pelo bom êxito da missionação na América. Em relação a Portugal, entretanto, enfraquecido após a derrocada de seu monopólio na África e Ásia, em decorrência das investidas vitoriosas de ingleses e holandeses, o papado agiu de forma enérgica. "O papa Inocêncio X insistia, portanto, como haviam feito seus três predecessores imediatos, na ideia de que o monopólio missionário português não era eficaz, estava ultrapassado e que missionários de outros países europeus deveriam ser autorizados a partir para a África e para a Ásia sem nenhuma interferência dos portugueses". Os monarcas de Bragança reagiram com energia na defesa dos seus direitos de padroado. Dentre outros episódios desta batalha política destaca-se a recusa do papado a reconhecer a independência e consagrar bispos portugueses entre 1640-1668. A Propaganda Fide, criada justamente neste período de grandes embates entre Roma e a coroa portuguesa, durante séculos esteve no centro das tensões que envolveram o papado e os representantes do padroado português nas conquistas. Boxer, *O Império Marítimo Português, op. cit.*, p. 247-251.

Num clima bastante tenso, decorrente da presença holandesa em Luanda e dos "malabarismos políticos" do Mani Congo, que buscava fortalecer sua posição frente aos portugueses com a ajuda militar flamenga, o empenho missionário dos capuchinhos se enquadrava perfeitamente aos interesses do soberano conguês. O Mani Congo desejava desvincular a nova religião do controle português, sem colocar em risco a hegemonia construída e legitimada pelos ritos católicos. Nesse sentido, os missionários estrangeiros, diretamente ligados à Cúria Romana, com quem, a propósito, os soberanos do Congo tentaram tratar diretamente, por inúmeras vezes, eram perfeitos para o momento.

A harmonia, entretanto, não durou muito tempo. A relação entre o Mani Congo Garcia II e os capuchinhos polarizou-se no tocante à "permanência" de práticas e ritos africanos no cotidiano dos congueses formalmente convertidos ao catolicismo. Os capuchinhos acusaram o Rei de Congo de falta de colaboração. As populações do interior, por sua vez, revoltam-se contra o inflamado ardor missionário dos barbadinhos. As tensões acabaram desembocando no conhecido episódio do "martírio" de um padre belga, Georges de Gell, no interior do Congo.[49]

Após a batalha de Mbwila (Ambuíla, para os portugueses), em 1665, e a consequente fragmentação do antigo reino de Congo, o trabalho dos missionários tornou-se mais difícil naquela região. A marginalização política e religiosa do Congo levou à concentração dos esforços missionários em Angola, sobretudo em Luanda, centro político e administrativo da nova conquista.[50] Embora o Congo con-

---

49 Almeida, *A representação do africano na literatura missionária sobre o Reino do Kongo e Angola*, op. cit., p. 77.

50 A vitória em Ambuíla revelou e ao mesmo tempo coroou os novos rumos da política lusa com relação à África Central. Para Alencastro, essa nova

tinuasse formalmente como sede do bispado, desde 1628, o prelado responsável pelo governo da diocese de Congo e Angola passara a residir em Luanda. A jurisdição eclesiástica da diocese foi transferida para a capital do Reino de Angola tão somente em 1676.[51]

Os capuchinhos se estabelecem em Angola no ano de 1649. À semelhança da estratégia missionária levada a cabo no Congo, adentraram o sertão africano distribuindo sacramentos e espalhando símbolos cristãos. Empreenderam longas e penosas jornadas, alcançando as mais distantes zonas de controle e de interesse dos portugueses: Kissama, Massangano, Ndongo, Kassange, Matamba.

Um dos relatos mais conhecidos desta estratégia missionária dos capuchinhos foi a participação de Antonio de Gaeta na "segunda conversão" da Rainha Nzinga. No ano de 1656, este missionário da ordem dos Barbadinhos se dirigiu a Matamba a fim de intermediar um acordo de paz entre os portugueses e a Rainha Nzinga. Depois de prolongadas negociações, Nzinga, novamente D. Ana de Sousa, conforme seu batismo ocorrido em Luanda no ano de 1622, novamente aceitou a fé católica. O piedoso gesto também simbolizava o estabelecimento de nova aliança com os portugueses.[52] A segunda

---

política era incompatível com a presença de um soberano africano cristão reinando de forma independente e fazendo livre comércio com europeus diversos. Assim, "de certo modo, a batalha representava o choque das alternativas que se apresentavam à expansão portuguesa, a pilhagem e o comércio, a conquista militar e a política de governo indireto, Angola e Congo, Brasil e Índia". Alencastro, *O Trato dos viventes, op. cit.*, p. 293.

51 Notas para uma cronologia eclesiástica e missionária do Congo Angola. *Arquivos de Angola*, p. 46, 53.

52 Antonio de Gaeta, *La Maravigliosa Conversione alla Fede di Cristi della Regina Singa e Del Suo Regno di Matamba*. Napoli: Per Giacinto Passaro, 1669, p. 387. Agradeço a Carlos J. Duarte a cópia deste precioso documento.

conversão de D. Ana de Sousa testemunha, mais uma vez, o reconhecimento, por parte dos africanos, dos vínculos entre catolicismo e integração à nova conjuntura política.

Ainda nos sertões de Matamba, o capuchinho Antonio de Gaeta fundou uma confraria dedicada a Nossa Senhora do Rosário. Infelizmente, não encontrei qualquer outra informação sobre esta lendária confraria do Rosário de Matamba, além do breve registro de sua fundação. Ainda que sumária, a menção atesta a presença, no interior de Angola, no início do século XVII, da mais importante invocação entre as confrarias negras na diáspora. Sem nunca terem alcançado a importância de suas congêneres em Portugal e nas Américas, as irmandades africanas, sobretudo aquelas cujos patronos foram popularizados no Reino e nas colônias como santos de devoção dos negros, revelam histórias de laços e identificações construídos simultaneamente nos três continentes. Em meio a outras práticas devotas, as confrarias auxiliavam na expansão dos ritos, símbolos e doutrinas do catolicismo, colaborando, desse modo, para a reelaboração destes elementos à luz das visões de mundo centro-africanas.

As irmandades em Luanda e os Rosários dos pretos

Fundada em 1576, a vila de São Paulo de Assunção de Luanda foi elevada à categoria de cidade no ano de 1605. Primeira fundação urbana europeia no ocidente africano, seu estabelecimento foi estratégico para os objetivos da coroa portuguesa na região. A excelente localização geográfica oferecia a necessária segurança para o futuro centro político-administrativo e militar da conquista. As ótimas condições proporcionadas pelo seu porto natural e a posição privilegiada para o movimento de penetração pelo interior, através do rio Kuanza, asseguravam o fornecimento e o tráfico atlântico de escravos, bem como o acesso às lendárias minas de prata de Cambambe.[53]

Após a restauração portuguesa em 1648, em decorrência da intensificação do tráfico de escravos para a América, Luanda cresceu vertiginosamente, tornando-se "o maior porto negreiro do Atlântico".[54] Desde então, sua conformação urbanística ganhou definições mais precisas. No século XVIII, a cidade estava dividida em centro e periferia. O centro, por sua vez, subdividia-se em duas zonas, uma administrativa – cidade alta – e uma zona comercial – cidade baixa. Na cidade alta se concentrou o centro dos poderes político, militar e religioso da conquista: o palácio do governo, a residência episcopal, a matriz da Freguesia da Sé (Nossa Senhora da Conceição), a Santa Casa de Misericórdia e a maioria dos conventos da cidade.

A cidade baixa abrangia a zona comercial e a periferia da cidade.[55] A maioria de seus moradores era direta ou indiretamente ligada ao tráfico de escravos. "Era constituída, sobretudo, por quintais, onde eram instalados os escravos que aguardavam embarque e pelas palhotas dos escravos que trabalhavam em Luanda." A maior parte da periferia e da zona comercial pertencia à Freguesia de Nossa Senhora dos Remédios.[56]

Em 1773, a população civil, distribuída pelas duas freguesias, assim se apresentava:

---

53 José Carlos Venâncio, *A economia de Luanda e Hinterland no seculo XVIII: um estudo de sociologia histórica*. Lisboa: Editorial Estampa, 1996, p. 27.

54 Alencastro, *O Trato dos viventes, op. cit.*, p. 288.

55 A periferia era constituída pelo grupo de ilhas localizadas em frente à cidade, além da região oriente e norte da zona comercial.

56 Venâncio, *A economia de Luanda e hinterland no século XVIII, op. cit.*, p. 32-37.

pessoas brancas 251 (214 do sexo masculino e 37 do feminino), com 787 escravos; pessoas pardas 138 (106 do sexo masculino e 32 do sexo feminino) com 187 escravos; pessoas pretas livres 147 (143 do sexo masculino e 4 do feminino) com 9 escravos".[57]

Observe-se que a soma dos civis "de cor" (pardos e pretos), superava o número de civis brancos. Estes números chamam a atenção para a importância da população "de cor" na vida social, política e econômica de Angola. Para a década seguinte, também temos dados referentes à cor da população escrava de Luanda. Na cidade baixa habitavam 1004 brancos, 1103 pardos livres, 137 pardos escravos, 864 negros livres e 3592 negros escravos. Na cidade alta os brancos somavam 512 indivíduos, 313 pardos livres, 217 pardos escravos, 382 negros livres e 1737 negros escravos.[58] Salta aos olhos o grande número de pardos livres.

---

57 Carlos Couto, *Os Capitães-Mores em Angola no Século XVIII*. Luanda: Instituto de Investigação Científica de Luanda, 1972, p. 109.

58 Venâncio, *A economia de Luanda e Hinterland no século XVIII, op. cit.*, p. 212. A partir do último quartel do século XVIII começaram a ser produzidas estatísticas mais abrangentes sobre a população de Luanda. Este empreendimento é resultante da preocupação do governo de Pombal por informações quantitativas mais precisas sobre os residentes nos territórios portugueses ultramarinos. "Para se preparar para os perigos associados à crescente presença de poderes imperiais estrangeiros e para determinar a quantia de impostos que poderiam ser cobrados dos habitantes sob domínio efetivo ou nominal de Portugal, Pombal decidiu implementar um censo em Angola". Mesmo após o fim da "Era Pombal", a mesma postura foi mantida pelas autoridades portuguesas. Além deste primeiro censo realizado em 1772, outros 5 censos foram realizados na cidade de Luanda nos últimos decênios do século XVIII (1781, 1796, 1797, 1798, 1799). José C. Curto e Raymond R.

Os pardos, também chamados de fuscos ou mulatos civilizados, constituíam a maioria da população civil.[59] Estes indivíduos estavam envolvidos com o grande comércio escravista, eram prestadores de serviços, funcionários da administração local, militares de baixa patente e até mesmo sacerdotes. A condição de pardo nesta sociedade implicava, sobretudo, uma maior integração à sociedade europeia. O fator mais relevante na definição do grupo não era o distanciamento da escravidão, como ocorria na América Portuguesa, mas seu maior grau de integração ao mundo branco.[60] É possível que o extrato mais importante desta camada sequer tenha vivido a experiência da escravidão.[61] No caso angolano, mais que mestiço filho de europeu e afri-

---

Gervais, "A dinâmica demográfica de Luanda no contexto do tráfico de escravos do Atlântico Sul, 1781-1844". *Topoi*, n. 4, 2002, p. 86, 87, 110, 111.

59 Elias Alexandre da Silva Corrêa, *História de Angola (1787-1799)*. Lisboa, 1937, p. 83.

60 Na América Portuguesa, segundo Hebe Mattos, "a emergência de uma população livre de ascendência africana, não necessariamente mestiça, mas necessariamente dissociada por algumas gerações da experiência mais direta do cativeiro, consolidou a categoria 'pardo livre', sem que recaísse sobre ela o estigma da escravidão, mas também sem que se perdesse a memória dela e das restrições civis que implicava". Hebe Mattos, "A escravidão moderna no quadro do Império Português: O Antigo Regime em perspectiva atlântica". In: João Fragoso; Maria Fernanda Bicalho; Maria de Fátima Gouvêa (orgs.), *O Antigo Regime nos trópicos: a dinâmica imperial portuguesa (séculos XVI-XVIII)*. Rio de Janeiro: Civilização Brasileira, 2001, p. 155.

61 Silvia Lara apresenta uma análise muito instigante sobre a historicidade das categorias de cor na América Portuguesa ao longo do século XVIII. Segundo a autora "a identificação entre cor da pele e condição social não caminhava de modo direto, mas transversal, passando por zonas em que os dois aspectos pareciam estar confusos, em que critérios díspares de identificação social estavam superpostos". Silvia Hunold Lara, *Fragmentos*

cana, o pardo ou luso-africano era, sobretudo, um mestiço cultural. Embora seus hábitos cotidianos estivessem mais próximos das mães africanas, sua inserção social na nova ordem, seja na posição de "abomináveis" pombeiros ou de "ilustres" capitães-mores, os colocava ao lado dos pais europeus.[62] Desse modo, apesar do "defeito mecânico", podiam assumir cargos e funções de destaque na sociedade local. É muito provável que, no século XVIII, a maioria do clero nativo fosse composta de homens pardos.

No Antigo Regime, o lugar que cada indivíduo ocupava na sociedade se baseava na linhagem; assim, as honras ou as mazelas derivadas do nascimento eram transmitidas de geração em geração. Em Portugal, para o acesso a qualquer cargo ou honraria, fosse civil ou eclesiástico, o candidato era submetido a um processo de *genere*.[63]

Setecentistas: Escravidão, Cultura e Poder na América Portuguesa. Tese (Livre Docência) – Unicamp, Campinas, 2004, p. 147.

62 Esse fenômeno foi bastante presente em Angola, como demonstra Dias em seu estudo sobre os descendentes de mães africanas e pais portugueses na região de Ambaca. Este grupo teve um papel fundamental no tráfico de escravos ao longo do século XVIII. Jill Dias, "Novas identidades africanas em Angola no contexto do comércio atlântico". In: Cristina Bastos; Miguel Vale de Almeida; Bela Feldman-Bianco (orgs.), *Trânsitos coloniais: diálogos críticos luso-brasileiros*. Lisboa: Editora Imprensa de Ciências Sociais, 2002, p. 293-320. Ainda que pensada sobre um outro contexto, me parece bastante sugestiva a análise elaborada por Darci Ribeiro sobre os mestiços brasilíndios (filhos de pais europeus e mães índias). Ribeiro sugere que a manutenção de hábitos, costumes e até mesmo o idioma materno não era contraditório ao engajamento deste grupo ao projeto conquistador e/ou colonizador. Darci Ribeiro, *O Povo brasileiro. A formação e o sentido do Brasil*. São Paulo: Companhia das Letras, 1996, p. 106-113.

63 Júnia Ferreira Furtado, *Chica da Silva e o contratador de diamantes. O outro lado do mito*. São Paulo: Companhia das Letras, 2003, p. 58, 59. Os processos

Os processos e sentenças de *genere* demonstram a vigência de marcas hierárquicas do Antigo Regime, em detrimento de uma representação racializada das relações sociais.⁶⁴ Domingos Gonçalves Lemos, "filho natural de pai e de Joana Maria, preta forra natural do gentio do Reino de Angola [foi] dispensado nos defeitos da ilegitimidade e descendência de pretos" para "subir à perfeição sacerdotal". A dispensa lhe permitia "ser admitido a Ordem até de Presbítero, e promovido nelas, [para] livre e licitamente ministrar todos os ministérios do altar não obstante os ditos defeitos (...)". A dispensa tirava do candidato "toda mácula ou nota de inabilidade", não obstante as leis do Império e da igreja que determinavam o contrário. Desse modo, o estigma baseado na ascendência reconhecia brechas para a limpeza do "defeito de origem".⁶⁵ Segundo Mattos, "o espaço colonial especialmente em situação de conquista, possibilitava a 'limpeza' do sangue por serviços prestados à Coroa, abrindo caminho às honrarias e mercês". Isto se passou com o negro Henrique Dias que,

---

de averiguação de *genere* eram indispensáveis para obtenção de determinados títulos, como por exemplo, a habilitação à Ordem de Cristo, e cargos públicos mais elevados. A habilitação ao sacerdócio também requeria este tipo de averiguação.

64 Há um número significativo de processos desta natureza registrados nos livros de provisões antigas no Arquivo do Bispado de Luanda. Todos os pedidos de dispensa de *genere* dizem respeito a homens pardos, filhos ilegítimos de portugueses e africanas. ABL, Cód. s/n, Provisões e sentenças, 1745-1746. Obs: As folhas não estão numeradas.

65 Para a discussão mais aprofundada do estatuto de ou "pureza de sangue" ou "limpeza de sangue", ver: C. L. Delacampgne, *L'Invention du racisme.: Antiqué et Moyen Age*. Paris: Fayard, 1983; Y. H. YerushalmI, "L'Antisemitisme racial est-il apparu au XXe siècle? De la limpieza de sangre espagnole au nazisme: continuités et ruptures". *Esprit*, mar.-abr. 1993, p. 5-35.

ao comandar um exército de escravos e forros, contribui decisivamente para a vitória portuguesa contra os holandeses em 1654.[66]

Como era de se esperar, os pretos, ou seja, os africanos, livres e escravos, formavam a grande massa da população. Vale a pena lembrar que os números da população escrava em Luanda eram sempre flutuantes, em razão das demandas e circunstâncias do tráfico. A maioria desta população, "durante sua permanência em Luanda, era contemplada pelas contagens estatísticas. Grande número destes escravos passava aos registros como moradores da Cidade Baixa e periferia, onde se encontravam seus acampamentos".[67]

Luanda, no século XVIII, era uma sociedade mestiça e para além das características físicas da população. Segundo Linda Heywood, a miscigenação entre europeus e mulheres africanas, livres e escravas, nos Reinos de Angola e Benguela, propiciou a crioulização dos portugueses e sua cultura. A interpenetração das sociedades portuguesa e africana foi evidente em termos culturais, a mestiçagem se revelava no cotidiano dos moradores da cidade.[68] O governo de Sousa Coutinho, em seu afã civilizador, reprimiu o quanto pôde práticas africanas plenamente incorporadas pela população de brancos e pardos livres. O

---

66 Mattos, "A escravidão moderna no quadro do Império Português", *op. cit.*, p. 149.

67 Venâncio, *A economia de Luanda e Hinterland no século XVIII, op. cit.*, p. 46.

68 Linda M. Heywood, "Portuguese into African: The Eighteenth-Century Central African Background to Atlantic Creole Cultures". In: Linda M. Heywood (ed.), *Central Africans and Cultural Transformations in the American Diaspora*. Cambridge: Cambridge University Press, 2002, p. 92-93. Para uma melhor caracterização de Luanda como uma sociedade luso-africana, ver também: Selma Pantoja, "Inquisição, Degredo e Mestiçagem em Angola no século XVIII". *Revista Portuguesa de Ciência das Religiões*, Lisboa, vol. 01, 2005, p. 117-136.

duro combate aos Entambes, cerimônias realizadas durante os funerais com lamentos "cantados pelas ruas no idioma do país por boca dos escravos dos defuntos", e que findava no oitavo dia "com uma missa aplicada pela alma do defunto, ou defunta", parece não ter alcançado resultados satisfatórios.[69] O idioma dominante era o kimbundo, entre os negros e também nas casas europeias, onde muitas senhoras brancas (ou quase brancas) demonstravam muito mais fluência na língua dos mbundu do que no idioma de Camões.[70]

As autoridades eclesiásticas instaladas na capital do Reino de Angola enfrentaram sérios problemas para a organização do culto católico no decorrer do século XVIII. No início do século, Luanda, sede do Bispado de Angola e Congo, possuía apenas duas freguesias – Nossa Senhora da Conceição e Nossa Senhora dos Remédios –, cerca de uma dezena de modestos templos e quatro casas religiosas. Falta de missionários, templos em ruína e a duvidosa honradez do clero eram temas frequentes nas correspondências entre as autoridades eclesiásticas e o Conselho

---

69 Em 1765, Sousa Coutinho faz publicar um Bando que proibia os entambes e outras práticas de origem africana. Duas décadas mais tarde, Alexandre da Silva Corrêa presencia em Luanda os mesmos funerais africanos proibidos por Souza Coutinho. *Bando que proíbe os entambes e vários indignos abusos*, AHU, Angola, cx. 49, doc. 4; Corrêa, *História de Angola, op. cit.*, p. 82, 88. Sobre o governo de Sousa Coutinho em Angola, ver: Antonio Brásio, "Descrição dos governos dos Ilm.ºs e Exm.ºs Sr.ºs Antonio de Vasconcelos e D. Francisco Innocêncio de Souza Coutinho". *Studia*, 41/42, 1979, p. 205-25; Ralph Delgado, "O governo de Sousa Coutinho em Angola". *Studia*, 6, 1960, p. 19-56; 7, 1961, p. 49-86; 10, 1962, p. 7-28; Mônica Tovo Soares Machado, *Angola no período pombalino: o governo de Dom Francisco Inocência de Sousa Coutinho, 1764-1772*. Dissertação (Mestrado) – USP, São Paulo, 1998.

70 Corrêa, *História de Angola, op. cit.*, p. 83.

Ultramarino.⁷¹ Em 1732, o bispo de Angola, Frei Antonio do Desterro, pede providências acerca da falta de cadeia para clérigos delinquentes e aproveita a ocasião para também solicitar provimentos para a igreja da Sé, que se encontrava em "miserável estado de paramentos".⁷² Reclames desta natureza, com a mesma frequência e dramaticidade, persistem até o final do século XVIII.

Luanda foi o mais importante polo propagador da religião católica na África Central, embora os problemas decorrentes dos longos períodos de vacância nos altos cargos eclesiásticos, a carência crônica de sacerdotes e a pobreza de seus templos revelem uma estrutura eclesiástica bastante precária se comparada, por exemplo, à capital da América Portuguesa no mesmo período.⁷³

---

71 Ofício do Governador de Angola [Rodrigues de Meneses] ao Conselho Ultramarino sobre a falta de missionário no reino, 2 de março de 1735, AHU, Angola, cx. 28, doc. 3.

72 Ofício do Bispo de Angola ao Conselho Ultramarino acerca da falta de cadeia para os clérigos delinquentes, 23 de fevereiro de 1739; Ofício do Bispo de Angola ao Conselho Ultramarino sobre o miserável estado em que se encontravam os paramentos da Sé, 23 de fevereiro de 1739, AHU, Angola, cx. 31, docs. 7, 6.

73 Ver: D. Manuel Nunes Gabriel, *Padrões da Fé. As Igrejas antigas de Angola*. Luanda: Edições da Arquidiocese de Luanda, 1981, p. 7. A propósito, o Bispado de Angola esteve hierarquicamente vinculado ao Arcebispado da Bahia de 1676 até 1845. Miguel Oliveira, *História Eclesiástica de Portugal*. Lisboa: União Gráfica, 1940, p. 339. Por este motivo, o bispo sufragâneo de Angola esteve presente no sínodo diocesano realizado na Bahia em 1707, sendo este bispado também regido pela principal legislação eclesiástica da América Portuguesa no período Colonial. Luís dos Santos Vilhena, *A Bahia no século XVIII*. Salvador: Editora Itapuã, 1969, p. 441; Ronaldo Vainfas (dir.), *Dicionário do Brasil Colonial (1500-1808)*. Rio de Janeiro: Objetiva, p. 145.

Neste cenário, as irmandades e confrarias leigas também tiveram seu lugar. Seu número, importância e destaque social estiveram de acordo com a precariedade da igreja católica local. Meu interesse por estas associações, no entanto, recai, sobretudo, em dois aspectos particulares. Tendo em vista a importância dos referenciais de cor e origem nas confrarias leigas em Portugal e na América Portuguesa, me pergunto sobre o lugar destas referências numa sociedade crioula da costa africana. Na busca de uma história atlântica das confrarias de pretos, ainda que limitada por um reduzido número de registros, procuro identificar a presença e a importância das devoções negras na diáspora ainda em solo africano.

Embora escassas, as informações mais detalhadas sobre as irmandades angolanas nos remetem à cidade de São Paulo de Assunção de Luanda e suas imediações. As devoções marianas parecem ter sido muito populares. Pelo menos é o que apontam as escolhas das invocações de várias irmandades luandenses.[74] A maioria destas confrarias não possuía templo próprio, estando assim alocadas em igrejas seculares e conventos das ordens religiosas. A igreja do Colégio de Jesus

---

74 Uma irmandade dedicada a Nossa Senhora da Conceição, ereta na Sé e matriz de Nossa Senhora da Conceição, recebeu da Santa Sé Apostólica indulgência plenária nas quarenta horas de festividade de sua padroeira. Cópia de um Breve de Indulgência Plenária nas Quarenta horas de Festividade de Nossa Senhora da Conceição da Sé desta cidade, que a Irmandade da dita Senhora alcançou da Sé Apostólica, 28/11/1742. ABL, Provisões Antigas (1743-1745). Num dos altares do Convento de São José, residência dos franciscanos da terceira regra, segunda ordem a se estabelecer em Angola, estava sediada a confraria da Imaculada Conceição. Antonio de Oliveira Cadornega, *História Geral das Guerras Angolanas (1680)*. Lisboa: Agência Geral do Ultramar, 1972, t. III, p. 16.

abrigou diversas irmandades,[75] entre elas a confraria do Corpo de Deus, que congregava os cidadãos e moradores mais respeitosos da cidade; a confraria da Senhora do Socorro abrigava "quase toda gente branca da cidade"; e a irmandade de São Francisco Xavier tinha como irmãos

> a maior parte da gente [da] cidade. Por seu turno, a confraria do Rosário reunia negros forros e escravos e tinham sob sua responsabilidade uma capela particular onde [faziam] sua festividade acompanhando as confrarias dos brancos com seus pendões, tendo sermão, missa cantada, com Senhor exposto, com gasto de cera, danças dos mesmos pretos.[76]

Não bastasse uma, Luanda abrigou uma segunda irmandade do Rosário de devotos negros. Esta irmandade foi instituída pelo bispo D. Frei Francisco do Soveral, em 1628.[77] "A igreja desta invocação era uma

---

75 Os jesuítas finalizaram a construção de sua igreja numa das propriedades doadas por Paulo Dias de Novais, na cidade alta, no ano de 1623. O colégio anexo ficou pronto alguns anos mais tarde, em 1659. Santos, *As religiões de Angola, op. cit.*, p. 108, 114.

76 Petição da Irmandade de São Francisco Xavier, 1701, AHU, Angola, Cx 16, doc. 17; Cadornega, *História Geral das Guerras Angolanas, op. cit.*, p. 14-15.

77 José Carlos Venâncio afirma que se tratava de "uma capela dos jesuítas para servir, sobretudo seus escravos". Acredito que o autor tenha confundido esta igreja com a capela existente no colégio, uma vez que nenhum registro documental conhecido, até o momento, faz qualquer referência a estes vínculos. A instituição da confraria e "paróquia dos negros" pelo bispo Soveral, prova a subordinação da igreja dos pretos à diocese, o que se confirmou na consulta às provisões do século XVIII. Venâncio, *A Economia de Luanda e hinterland no século XVIII, op. cit.*, p. 39.

espécie de paróquia dos pretos; o capelão era obrigado a confessá-los e acompanhá-los à sepultura e a fazer a catequese na língua indígena".[78] A paróquia dos pretos estava localizada no bairro do Rosário, zona das Ingombotas, periferia da cidade. Este bairro foi, desde seu surgimento em meados do século XVII, uma espécie de acampamento de escravos.[79] No final do século XVII, segundo o cronista, esta igreja particular era "muito bem ornada com bons frontais, púlpito, coro e sacristia".[80] A provisão de 28 de janeiro de 1744, nomeando Manuel Ferreira Semedo sacristão da igreja do Rosário dos Pretos, faz menção aos altares e ornamentos do templo e confirma suas atividades até esta data.[81] Sobreviveu até, pelo menos, o final do século XVIII, pois neste período, o luso-brasileiro Alexandre da Silva Correa conheceu a Igreja do Rosário, afirmando ser ela "entretida por uma irmandade de Negros", embora poucas vezes tenha visto o templo aberto.[82]

As irmandades angolanas reproduziram a tônica atlântica. Critérios hierárquicos de origem social, geográfica e cor pautavam a constituição destas associações. Nesse sentido, as características físicas e as diferenças de cor eram conformadas dentro de uma lógica de exclusão e classificação dos povos convertidos.[83] A irmandade do Corpo de Deus,

---

78 Relatórios do governador Fernão de Sousa. Biblioteca da Ajuda, Cód. 51-VIII-31, fls. 19-29, vol. II. Apud Cadornega, *História Geral das Guerras Angolanas, op. cit.*, p. 28..

79 Venâncio, *A Economia de Luanda e hinterland no século XVIII, op. cit.*, p. 39.

80 Cadornega, *História Geral das Guerras Angolanas, op. cit.*, p. 26.

81 Provisões Antigas (1743-1745), ABL, Cód. s/n, fl. 25v.

82 Corrêa, *História de Angola, op. cit.*, p. 105.

83 Yerushalmi afirma que o estatuto de pureza de sangue, apesar de sua base religiosa, constituía uma estigmatização baseada na ascendência, de

uma das mais prestigiadas em todo o Império por sua posição de destaque na solene Procissão do Corpo de Deus, admitia apenas os "cidadãos mais respeitosos da cidade". A expressão designava os cidadãos de origem europeia "mais excelentes que os outros", possivelmente os que poderiam apresentar algum exame, ainda que forjado, de uma ascendência nobre.[84] A gente branca de pouco prestígio tinha seu lugar na confraria de Nossa Senhora do Socorro. É muito possível que os pardos – que, apesar de seu grande número e destaque social, não deixaram registro de nenhuma confraria de sua preferência – tenham se afiliado à irmandade de São Francisco Xavier, que congregava "a maior parte da gente da cidade".

A devoção ao Rosário em Luanda esteve associada especialmente aos negros cativos e forros. Tratava-se de uma devoção reservada aos africanos inseridos na experiência da escravidão, seja na condição de cativos ou de libertos. Nesse sentido, a devoção ao Rosário entre os negros nasceu vinculada às marcas da "conversão-cativeiro".

A ereção de uma irmandade do Rosário, porta adentro de uma instituição jesuíta, sugere uma catequese que buscava vincular esta devoção aos escravos. A colaboração dos jesuítas parece ter sido fundamental para a propagação da devoção ao Rosário entre os escravos negros nos dois lados do Atlântico. A gramática "da língua de Angola", de autoria do jesuíta Pedro Dias, foi "dedicada a Nossa Senhora do Rosário, Mãe e Senhora

---

caráter proto-racial – que, entretanto, era usada não para justificar a escravidão, mas antes para garantir os privilégios e a honra da nobreza, formada por cristãos velhos, no mundo dos homens livres. Y. H. Yerushalmi, "L'Antisemitisme racial est-il apparu au XXe siècle? De la limpieza de sangre espagnole au nazisme: continuités et ruptures", *op. cit.*, p. 14.

84 Raphael Bluteau, *Vocabulário portuguez e latino* [1712]. Rio de Janeiro, UERJ, 2000 (CD-ROM), verbete "respeitar".

dos mesmos pretos". A dedicatória sugere que a devoção ao Rosário foi elemento destacado na catequese jesuítica destinada aos africanos.[85]

A devoção ao Rosário, entretanto, não foi exclusiva dos negros. Os capuchinhos que passaram do Congo para Angola, em 1649, construíram um hospício em Luanda, anexo à ermida de Santo Antonio. Na igreja deste convento foi ereta uma irmandade do Rosário dos brancos, que fazia questão de marcar um distanciamento em relação à irmandade dos negros, fazendo sua festa no primeiro domingo de outubro.[86] A irmandade do Bairro do Rosário realizava a festividade de sua Senhora no segundo domingo do mês de outubro.[87]

A invocação à Virgem do Rosário se propagou pelo interior de Angola, sem estar necessariamente vinculada às devoções negras. Sua lembrança nas terras conquistadas pelos portugueses nos sertões africanos estava em perfeita harmonia com o significado oficial de seu título. Desde o século XVI, no espírito contrarreformista de luta contra os protestantes e infiéis, a Virgem Maria, com o especial título do Rosário, foi invocada nas batalhas contra os inimigos da fé católica. Mais adiante, farei uma exposição mais pormenorizada deste tema. Por ora, é importante destacar que Nossa Senhora

---

[85] Pedro Dias, *A Arte da Língua D'Angola*, op. cit. Ainda sobre a importância do Rosário na catequese jesuíta, particularmente nos sermões do Padre Vieira, ver: Carlos Alberto Seixas Maduro, *Sermonário Mariano de Vieira*: *Maria Rosa Mística*. Dissertação (Mestrado) – Universidade Católica, Braga, 1998.

[86] Juízo da Coroa. Autos de uma petição de recurso em questão que são partes: Recorrentes o Reverendíssimo Frei Sebastião de Taja, Prefeito das Missões dos reinos e conquistas de Angola e Congo; Recorrido o Reverendíssimo Cabido da Sede Vacante deste Reino (1768-1801), fl. 19, AHU, Angola, cx. 52, doc. 2.

[87] Cadornega, *História Geral das Guerras Angolanas*, op. cit., p. 16-17.

do Rosário foi orago de dois importantes presídios no interior de Angola, o de Cambembe, às margens do rio Cuanza, e Pundo Andongo, antiga capital do Reino do Ndongo. Na região, uma irmandade com o título do Rosário também foi ereta na matriz de Cambembe.[88] Conforme um requerimento de seu Juiz e irmãos, datado de 28 de dezembro de 1784, foi possível saber que possuía escravos "para cuidarem na limpeza interna e externa daquele templo e na lavagem de roupa" – mas os documentos consultados não oferecem elementos, entretanto, para saber se era uma irmandade de brancos, de pardos ou de negros.[89]

Devoções negras e o catolicismo centro-africano

Embora continuasse cara aos brancos, no decorrer dos séculos XVII e XVIII, o Rosário foi se constituindo numa devoção preferencialmente de negros, ainda em terras africanas. No final do século XVII, sob o patrocínio dos dominicanos, foi fundada uma confraria do Rosário na Ilha de Moçambique. Faziam parte desta irmandade portugueses e "cristãos da terra". No início do século XVIII, na Ilha do Príncipe, uma "fervorosa" irmandade de devotos pretos, dedicada ao Rosário de Nossa Senhora, instituía oficiais com os títulos de rei, rainha e príncipe.[90] Em São Tomé, os negros sentiam-se tão "donos" da devoção que fizeram o possível para impedir que uma

---

88 Gabriel, *Padrões da Fé, op. cit.*, p. 168, 172.

89 Ofícios para o interior, Ofício 212, AHNA, Cód. 82, fl. 108-108v.

90 Frei Agostinho de Santa Maria, *Santuário Mariano e história das imagens milagrosas de Nossa Senhora, e das milagrosamente aparecidas em graça dos pregadores & devotos da mesma Senhora*. Lisboa: Na Oficina de Antonio Pedrozo Galrão, 1707, t. I, p. 265-67; t. V, p. 445-46.

irmandade de brancos, também devotos da Senhora do Rosário, fosse ali instituída no início do século XVIII. A confraria dos brancos foi aprovada "sem embargo de ser muito impugnada e perseguida dos pretos da outra irmandade". A irmandade dos negros era bem mais antiga. Em 1526, em resposta a uma petição dos negros locais, "o rei D. João III (1521-1557) permitiu a fundação da Irmandade de Nossa Senhora do Rosário e deu liberdade a todos os seus membros".[91]

É possível que em Portugal e principalmente nas Américas, a devoção ao Rosário tenha se tornado uma ponte entre as tradições africanas e o catolicismo português. Elisabeth Kiddy, interpretando a tradição oral dos congadeiros de Minas Gerais à luz da cosmovisão centro-africana, sugere uma instigante interpretação sobre a aceitação inequívoca da devoção ao Rosário de Nossa Senhora pelos escravos e libertos negros. Conta a tradição dos congadeiros que, certo dia, Nossa Senhora apareceu no mar e, depois de várias tentativas frustradas de sacerdotes e músicos brancos, se deixou atrair até a praia pelos tambores africanos. Segundo a autora, a importância do oceano, assim como a influência dos espíritos das águas na cosmologia centro-africana, estabeleceria uma ponte com a crença medieval que associava Nossa Senhora às águas do mar.[92] Kiddy, no entanto, reconhece que uma explicação mais convincente para a identidade entre a devoção ao Rosário e os negros exige a consideração de outros aspectos do problema.[93] A importância do

---

91 Frei Agostinho de Santa Maria, *Santuário Mariano*, op. cit., t. V, p. 436.

92 No século XV, Nossa Senhora sustentava os títulos de Míriam Hebreia e Slella Maris. Elisabeth Kiddy, "Congados, Calunga, Candombe: Our Lady of the Rosary in Minas Gerais, Brazil". *Luso-Brasilien Review*, 37/1, 2000, p. 47-61.

93 Sweet, por exemplo, sugere que o próprio rosário pode ter se transformado, para os africanos e seus descendentes, num talismã, ou seja, num

Rosário na catequese ministrada aos negros e, sobretudo, a experiência das irmandades negras na diáspora podem oferecer novas e necessárias luzes à discussão, como veremos mais adiante.

Além da Senhora do Rosário, outras devoções caras aos negros na diáspora marcaram presença na África Central. São Benedito nasceu na Sicília em 1524, de pais escravos mouros. No início do século XVII, algumas décadas após sua morte, ocorrida em Palermo em 1589, sua devoção já havia se tornado popular em Portugal. As primeiras notícias de sua devoção em Angola datam do final do século XVII. Num dos altares da Igreja do Rosário de Luanda, na periferia da cidade, havia um altar dedicado ao santo preto de Palermo.[94] No presídio de Massangano, ele foi homenageado com uma igreja própria. No início do século XVIII, a igreja de São Benedito de Massangano, que "era de pretos, tinha seu capelão".[95] No ano de 1744, passou-se ao padre João Cristiano Ramos a provisão de vigário da igreja de São Benedito do dito presídio, privilégio gozado por pouquíssimos templos do Bispado àquela época.[96] A "lenda" de que a mãe de São Benedito era, na verdade, natural de Kissama, no Reino de Angola, sugere um caminho para a identificação com o santo, além daquela em decorrência da semelhança física.[97] As características físicas também podem ter sido

---

objeto detentor de poderes mágicos à exemplo de outros símbolos do cristianismo. Sweet, *Recreating África, op. cit.*, p. 207.

94 Cardonega, *História Geral das Guerras Angolanas, op. cit.*, p. 27.

95 Notícias das igrejas do Bispado de Angola e relação da gente que tem cada Freguesia. São relações pedidas aos párocos pelo Bispo de Angola D. Luís Simões Brandão em 1704. Biblioteca Pública de Évora, Cód. CXVI – 2-15, n. 16.

96 Provisões Antigas (1743-45), ABL, Cód. s/n, fl. 33.

97 Cardonega, *História Geral das Guerras Angolanas, op. cit.*, p. 27.

relevantes na identificação com os santos pretos carmelitas Elesbão e Ifigênia. Na segunda metade do século XVIII havia em Luanda uma pequena capela dedicada à Santa Ifigênia.[98] Nesta capela também havia um altar dedicado a Santo Elesbão. Os carmelitas, ao que tudo indica, foram os maiores responsáveis pela propagação destas devoções também na Península Ibérica e nas Américas.[99]

Entretanto, quero acreditar que, na popularização das devoções negras, a identificação física não foi o elemento mais importante. No ano de 1768, Dom Francisco de Souza Coutinho, então governador e capitão general do Reino de Angola, remeteu ao Brasil, para ser reformada, uma imagem de Nossa Senhora da Conceição, evidentemente branca, "que se havia achado confundida com os ídolos dos gentios Moçosos e Maungos".[100] As ressignificações dos símbolos cristãos, incluindo neste rol as imagens de santos, não se limitaram à aparência das coisas. A analogia podia se dar em termos mais abstratos. O comércio de objetos sagrados do catolicismo, tais como crucifixos, rosários e imagens de santos, foi prática comum desde o início da presença portuguesa no Congo. Nos séculos XVI e XVII, objetos religiosos

---

98 Ilídio do Amaral, "Descrição de Luanda oitocentista, vista através de uma planta do ano de 1755". *Garcia de Orta*, vol. 9, 3, 1961, p. 409-420.

99 Sobre a história das devoções negras carmelitas, ver: Anderson José Machado de Oliveira, "*Os Santos Pretos Carmelitas*": *o culto aos santos, catequese e devoção negra no Brasil colonial*. Tese (Doutorado) – Universidade Federal Fluminense, Niterói, 2002.

100 Ofício do Governador Geral de Angola [Francisco Inocêncio de Sousa Coutinho] ao Conselho Ultramarino remetendo uma imagem de Nossa Senhora da Conceição que se havia achado confundida entre os ídolos dos gentios. Luanda, 03 de Abril de 1767, AHU, Angola, cx. 51, doc. 19.

cristãos eram "usados em todo Congo da mesma maneira que outros 'nkisi-fetiches', considerados fontes de poder espiritual.[101]

Nesse sentido, James Sweet sugere que o Deus cristão e os santos católicos foram incorporados ao panteão das divindades locais centro-africanas. Assim como os espíritos dos ancestrais, os santos podiam socorrer os africanos na solução de problemas temporais específicos. Portanto, os santos foram importantes pontos de conexão entre as crenças africanas e o catolicismo. Para Sweet, no entanto, os símbolos católicos foram transformados e integrados às religiões e às visões de mundo africanas e não o contrário. Dessa forma, o autor defende o argumento de que as crenças africanas não foram destruídas pelas influências do cristianismo ocidental. Nesses termos, as crenças africanas absorveram e reinterpretaram ritos, práticas e visões de mundo católicas, mas não foram suplantadas por estas. Apesar das conexões criadas pelos africanos e europeus, afirma as profundas diferenças entre os dois universos religiosos.[102] Segundo John Thornton, as analogias eram possíveis porque o catolicismo tinha efetivos canais de comunicação com a antiga tradição centro-africana. Sem estes canais de comunicação seria impossível o desenvolvimento de um cristianismo africano. Apesar das distâncias, algumas realidades fundamentais da religião eram compartilhadas por portugueses e centro-africanos.[103] Por exemplo, ambas as culturas aceitavam as revelações como formas

---

101 José da Silva Horta, "Africanos e Portugueses na documentação inquisitorial de Luanda e Mbanza Kongo". In: *Actas do Seminário: Encontro de Povos e Culturas em Angola*. Lisboa: Comissão Nacional para as comemorações dos descobrimentos portugueses, 1997, p. 301-321.

102 Sweet, *Recreating Africa, op. cit.*, p. 103, 194, 205.

103 John Thornton, *Africa and Africans in the Making of the Atlantic World, 1400-1800*. Cambridge: Cambridge University Press, 1988; Do mesmo

de contato entre o mundo dos vivos e o "outro mundo". Ainda na corte do Mani Congo, alguns dias após seu batismo e de membros da família real, vários nobres receberam a honra da imersão sagrada dos católicos. Um deles, chamado Jorge, após a iniciação cristã, mais precisamente na noite que se seguiu a esta, teve uma revelação. Viu "uma belíssima mulher que luzia como um fulgor e estrela do céu". Com "palavras elegantíssimas", a senhora dos céus anunciou uma mensagem exortando o Mani Congo a permanecer fiel à fé de Cristo, pois desse modo alcançaria grandes graças para si e para seu reino.[104] As aparições da Virgem Maria para os batizados da corte do Mani Congo foram reconhecidas por missionários e congueses como verdadeiras revelações do outro mundo – ainda que interpretadas de maneira diferenciada por cada um dos interessados.

No extremo, as apropriações africanas do catolicismo ocidental produziram movimentos religiosos que, embora "heréticos" do ponto de vista da igreja católica, foram entendidos pelos africanos dentro de uma lógica de revelações reconhecidas tanto pelo seu caráter santificado, quanto pelas suas inspirações diabólicas. O Antonianismo, protagonizado pela nobre conguesa Dona Beatriz Kimpa Vita, além de uma forte conotação política, expressou uma leitura muito particular do cristianismo da parte dos centro-africanos.

Em torno dos anos 1702-1703, Kimpa Vita, uma jovem aristocrata que, apesar de educada e batizada no catolicismo, teria sido sacerdotisa do culto de marinda (nganga marinda), foi acometida de uma grave moléstia. Em razão desta doença, afirmava ter falecido e ressuscitado

---

autor, "On the Trail of Voodoo: African Christianity in Africa and the Americas", *op. cit.*, p. 261-278.

104 Pina, *Relação do Reino do Congo, op. cit.*, p. 125.

como Santo Antonio. Como tal, ou seja, como Santo Antonio vivo, Dona Beatriz pregava a unificação do Congo e uma nova interpretação do cristianismo. Afirmava, por exemplo, que Cristo havia nascido em São Salvador (Mbanza Congo) – a verdadeira Belém – e que a Virgem Maria era uma negra também nascida no Congo. Considerada um instrumento de artes demoníacas pela igreja católica, Kimpa Vita morreu na fogueira como herege em 1706.[105]

Símbolos idênticos foram interpretados por europeus e africanos de formas diferentes, segundo ou conforme suas culturas e experiências de mundo. No decorrer do século XVIII, a popularidade de Santo Antonio era inquestionável. Enquanto os portugueses atribuíam ao santo "todas as vitórias que [tiveram] nas guerras contra o gentio do sertão (...), aquele mesmo gentio (...) [o venerava] com o título de Deus Santo Antonio e raros não eram os que [traziam] sua imagem ao pescoço".[106] Nas mentes de muitos centro-africanos, Santo Antonio pode ter cruzado o Atlântico e, esculpido em nó de pinho, retornado ao colo de seus devotos negros. O quanto restou do Deus Santo Antonio do Congo depois desta dolorosa e trágica travessia, não podemos saber com certeza. O que é certo, porém, é que algo ficou![107]

O reconhecimento de um cristianismo africano, como uma variante do catolicismo ocidental, ou ainda a afirmação de uma reinterpretação africana dos símbolos e práticas cristãs, chamam a atenção para a

---

105 John Thornton, *The Kongolese Saint Anthony, Dona Beatriz Kimpa Vita and the Antonian Movement, 1684-1706*. Cambridge: Cambridge University Press, 1998.

106 Ofício do Governador e Capitão General do Reino de Angola [Marques de Lavradio] ao Conselho Ultramarino, 19-08-1750, AHU, Angola, cx. 37, doc. 50.

107 Slenes, "'Malungu, ngoma vem!'", *op. cit.*, p. 65.

experiência de cristianização da África Central como fator importante na compreensão da história política e cultural dos africanos e seus descendentes afro-americanos. Nestes termos, as irmandades e devoções católicas podem ser encaradas como importantes veículos de elaboração e propagação destas concepções cristãs africanizadas.

Irmandades negras em Portugal

Os africanos em Portugal: de conversos a escravos

Nos primeiros séculos de contatos, a exemplo dos primeiros congueses embarcados na frota comandada por Diogo Cão em 1485, inúmeros africanos foram levados a Portugal para serem instruídos na fé, na cultura e nas línguas ocidentais. Alguns desembarcaram em Lisboa como homens livres, eram representantes da corte do Mani Congo, embaixadores, parentes da família real; a maioria, entretanto, chegou a Portugal na condição de escravos. Destes, alguns poucos se tornaram intérpretes (então chamados "línguas"), catequistas e sacerdotes. Um médico alemão que visitou Portugal em 1494 "declarou ter visto muitos mancebos negros que tinham sido, ou estavam a ser, educados em Latim e Teologia, com o objetivo de os fazer regressar à ilha de S. Tomé, ao reino do Congo ou qualquer outro lugar, como missionários, intérpretes e emissários de D. João II".[108]

A política de controle da expansão do catolicismo, levada a cabo pelos soberanos do Congo, investiu na formação de um clero africano. Mesmo após a morte de seu filho bispo, o célebre D. Henrique, o Mani Congo D. Afonso I continuou enviando a Lisboa jovens sobrinhos e

---

108 Boxer, *A Igreja e a expansão Ibérica, op. cit.*, p. 14-15.

primos para serem educados no Mosteiro de Santo Elói.[109] Por outro lado, o empenho dos soberanos e religiosos portugueses na formação de um clero indígena explicita compreensões europeias significativamente distantes do preconceito de cunho racial característico das relações entre europeus e africanos após o estabelecimento do comércio escravista em larga escala. Nesse sentido, as categorias de identificação utilizadas nos diferentes períodos revelam sistemas diversos de classificação, organização e, portanto, de percepção do africano.

Nos primeiros séculos de contato, os africanos foram primeiro identificados como gentios, ou seja, povos pagãos, seguidores da "lei natural" que viviam, portanto, no erro e na superstição.[110] No movimento de expansão do catolicismo, os gentios eram povos almejados pela catequese missionária.[111] Vê-se então que o proselitismo dos soberanos portugueses estava consonante com o projeto de expansão missionária. Entretanto, à medida que o comércio de escravos africanos fincava raízes no ocidente, a categoria gentio dava lugar a termos mais seculares e, portanto, mais apropriados aos novos interesses mercantis.[112]

Sem a mesma sorte daqueles que chegaram para ser educados na fé e na religião católica, se é que assim se pode dizer, no decorrer dos séculos XVI a XVIII, milhares de africanos desembarcaram em Portugal

---

109 *Idem, Ibidem*, p. 16.

110 Bluteau, *Vocabulário Latino, op. cit.*. Verbetes gentio; gentilismo.

111 Mariza de Carvalho Soares, "Mina, Angola e Guiné: nomes d`África no Rio de Janeiro setecentista". *Tempo*, 6, 1998, p. 77, 78.

112 "De um ponto de vista mais secularizado, o escravo passa a ser identificado não por sua contribuição ao projeto de expansão cristã, mas por sua importância no quadro dos conflitos em território africano e das rotas e portos de embarque do tráfico negreiro". Mariza de Carvalho Soares, "Mina, Angola e Guiné: nomes d`África no Rio de Janeiro setecentista", *op. cit.*, p. 81

como escravos. Desde 1512, Lisboa foi o único porto do reino onde era permitido o desembarque de cativos. No entanto, efetivamente, até pelo menos a proibição de 1761, Setúbal, Porto e muitas outras cidades portuárias localizadas na região do Algarve receberam grande número de escravos africanos.[113]

"A importância que os portos algarvios, como Lagos, tiveram na importação de cativos fez da região uma das que, no conjunto do território português, contavam com maior percentagem e escravos na sua população".[114] No século XVI, apesar do exclusivismo de Lisboa, em termos proporcionais, os números da população escrava no Algarve eram semelhantes aos da capital. Cerca de 6.000 escravos representavam algo em torno de 10% da população total da região.[115] Para a região do Alentejo, Fonseca sugere um cálculo aproximado da população escrava, a partir de um significativo número de registros de batismo da cidade de Évora e principais vilas e termos rurais da região. Segundo este autor, no período de 1588 a 1600, os escravos representaram 5,44% do total de batizados.[116] Ao norte, a cidade do Porto possuía um movimentado mercado de escravos desde a segunda metade

---

113 Didier Lahon, *O negro no coração do Império. Uma memória a resgatar – Séculos XV – XIX*. Lisboa: Secretariado Coordenador dos Programas Multiculturais – Ministério da Educação, 1999, p. 15.

114 Jorge Fonseca, "Senhores e escravos no Algarve (1580-1700)", *Anais do Município de Faro*, n. XXVI, 1996, p. 153.

115 Lahon, *O negro no coração do Império*, op. cit., p. 15.

116 Jorge Fonseca, *Escravos em Évora no século XVI*. Évora: Câmara Municipal de Évora, 1997, p. 15.

do século XV. Na década de 1540, os escravos chegaram a representar 6% dos batismos realizados na Sé Catedral.[117]

Lisboa "não era só a maior das cidades, mas também a maior das concentrações de escravos em todo Reino". Um recenseamento das paróquias da cidade, realizado nos anos de 1551-52, permite concluir que Lisboa possuía uma população de 9.950 escravos, "isto é, 9,95%, ou digamos que 10% da população total da cidade".[118] Em 1620, os escravos contavam 10.470 num total populacional de 143.000.[119]

"Por amor de Deus" as Misericórdias enterravam os pobres falecidos, incluindo neste rol os escravos e libertos negros.[120] Os livros de sepultamentos da Santa Casa de Misericórdia de Lisboa confirmam a presença significativa da população negra na cidade no decorrer do século XVIII. Em 1756, a Misericórdia fez o enterro de 1.235 pessoas, entre estes, 16,8% eram pessoas de cor. Na década de 1760 a população negra representa 15% dos defuntos enterrados pela Misericórdia, em alguns períodos chega a representar 17,8% "e sua participação nunca fica abaixo de 12,7%, como o ocorrido no ano de 1765.[121]

No final do século XVI, havia em Lisboa escravos africanos de várias procedências. Em sua *Crônica da Companhia de Jesus em Portugal*, o padre Baltazar Teles registra que, no ano de 1567, um padre mestre

---

117 A. C. de C. M. Saunders, *História Social dos escravos e libertos negros em Portugal (1441-1555)*. Lisboa: Imprensa Nacional – Casa da Moeda, 1982, p. 83.

118 A. C. de C. M. Saunders, *História Social dos escravos e libertos negros em Portugal (1441-1555)*, op. cit., p. 84.

119 Lahon, *O negro no coração do Império*, op. cit., p. 15.

120 Isabel Sá Guimarães, *As Misericórdias portuguesas de D. Manuel I a Pombal*. Lisboa: Livros Horizonte, 2001, p. 116-117.

121 Lahon, *O negro no coração do Império*, op. cit., p. 55.

dos jesuítas em Lisboa organizou um esquema de revezamento para que os escravos pudessem assistir à doutrina pelo menos um domingo a cada mês. Segundo seu esquema, a "cada Domingo sairiam à doutrina cinco nações, e como eram por todas vinte, as que então havia em Lisboa ficavam no mês caindo um Domingo para a doutrina e três domingos e os dias santos lhe ficavam livres para suas recreações".[122]

Esta grande variedade percebida pelos religiosos jesuítas tem uma explicação simples. As vias de abastecimento dos mercados ibéricos foram múltiplas e variáveis, de acordo com cada época e conjuntura específica. O volume, bem como as vias de abastecimento do tráfico de escravos para Portugal e Península Ibérica em geral, são ainda pouco conhecidos. Na verdade, isto reflete um grande silêncio no que diz respeito ao tema da escravidão, tratado pela historiografia portuguesa "quase na surdina". O tráfico é apenas uma entre tantas outras interrogações, uma vez que, como afirma Lara, "infelizmente continuam sendo poucos os estudos empreendidos por portugueses sobre a experiência dos africanos e seus descendentes como cativos, libertos ou livres no reino português".[123]

De um modo geral, as origens geográficas e culturais dos cativos negros em Portugal eram semelhantes às dos escravos embarcados para as Américas. Nos séculos XV e XVI, "os escravos presentes em

---

[122] Pe. Baltazar Teles, "Crônica da Companhia de Jesus em Portugal". Segunda parte, Livro IV, Lisboa, 1647, p. 223-224. *Apud Os Negros em Portugal*. Catálogo da Exposição. Lisboa: Comissão Nacional para as comemorações dos descobrimentos, 1999, p. 133.

[123] Silvia Hunold Lara, "A escravidão africana na historiografia luso-brasileira: balanço e perspectivas". In: J. Jobson Arruda e Luís Adão da Fonseca (orgs.), *Brasil-Portugal: História, agenda para o milênio*. Bauru: Edusc/Fapesp/ICCTI, 2001, p. 387-404.

Lisboa, Algarve, Alentejo e Andaluzia, provinham principalmente de etnias que povoavam as regiões do atual Senegal até a atual Guiné-Bissau". Muitos destes cativos foram identificados na documentação como procedentes de Cabo Verde. A "falsa identificação" decorria do fato de que muitos originários das margens dos rios da Guiné e Senegâmbia, antes de serem vendidos para a metrópole, permaneciam em Cabo Verde por um período mais ou menos longo.[124]

Embora a presença dos centro-africanos (congos e angolas) no contingente de cativos enviados para o Reino date do final do século XV, foi somente no final do século XVI e, principalmente, no início do XVII que estes africanos começaram a mostrar-se com mais frequência na documentação. A partir de então, "as etnias que pertencem ao grupo linguístico banto constituem, provavelmente, o maior contingente de escravos introduzidos em Portugal".[125]

Nos séculos XVII e XVIII, era comum encontrar, entre a população cativa de Lisboa, escravos identificados como minas. Estes povos provenientes da Costa do Ouro, da Costa dos Escravos e do Golfo do Benin, começaram a entrar em Portugal no período de intensificação do tráfico baiano com esta região africana.[126]

Trabalhadores escravos de origem africana eram presença marcante nas cidades e vilas mais importantes do reino português. Em Lisboa, os escravos eram responsáveis por variadas tarefas: eram criados, cozinheiros, ferreiros, serralheiros, alfaiates, aguadeiros, caia-

---

[124] Lahon, *O negro no coração do Império, op. cit.*, p. 38, 71; *Esclavage et Confréries Noires au Portugal durant l'Ancien Régime (1441-1830)*. These (pour l'obtention du grade de Docteur de L' ehess) – Ecole Des Hautes Etudes En Sciences Sociales, Paris, 2001. Especialmente cap. 1.

[125] Lahon, *O negro no coração do Império, op. cit.*, p. 38, 71.

[126] *Idem, Ibidem*, p. 71.

dores e marítimos; entre as mulheres, destacavam-se as vendedoras ambulantes de tremoços, mexilhões, favas, bolos e outras iguarias, além das lavadeiras, trapeiras, aguadeiras e calhandreiras, entre inúmeras outras atividades. À semelhança do que ocorria na América, igualmente "negra era a mão da limpeza". As negras de canastra, também chamadas calhandreiras, eram responsáveis por um serviço público importantíssimo. "Era o trabalho da remoção dos dejetos humanos (...), conduzindo-os em calhandras levadas sobre o ombro, ou equilibradas na cabeça, para despejo ao mar, na Ribeira".[127]

Na Lisboa setecentista, seguindo a tendência em todo o Reino, prevaleciam os pequenos proprietários. Um grande número destes senhores e senhoras alugava os serviços de seus cativos. No ano de 1709, as "pretas que vendem milho, arroz e chicharros cozidos ao povo nas escadas do hospital do Rossio", apresentaram ao Rei uma petição. Elas reclamavam das perseguições, maus tratos e espancamentos que vinham sofrendo da parte do corregedor e do alcaide daquele bairro.

> Sendo as suplicantes umas pobres pretas, que não tinham outro ofício mais que venderem ao povo aquele sustento naquele lugar das escadas do Rossio, pagando cada uma um cruzado, todos os anos, ao senado da câmara e nesta posse desde que o mundo era mundo, por si e suas antepassadas; por cuja razão recorriam todas ao pé de Vossa Majestade lhe acudisse e valesse na violência que lhes faziam os ditos alcaides, para que as deixasse vender no lugar das ditas escadas (...) sabido e

---

[127] José Ramos Tinhorão, *Os Negros em Portugal: uma presença silenciosa*. Lisboa: Editorial Caminho, 1997, p. 114.

certo lugar para o povo ir comprar o que as suplicantes vendiam, de cujo lucro pagavam a seus senhores para seu sustento, de seus maridos e filhos e forravam ainda para suas irmandades e liberdades (...).[128]

A maioria das negras que vendia nas escadas do Hospital do Rossio era escrava de ganho. Elas reivindicavam o reconhecimento de sua atividade e local de trabalho com base no costume, uma vez que estavam nesta posse, segundo suas próprias palavras, "desde que o mundo era mundo".[129] Algumas negras de ganho conseguiam economizar o bastante para comprar sua alforria, de seus filhos ou outros parentes próximos. Economizar e contribuir para suas irmandades também contava entre as prioridades destas mulheres, assim como de muitos outros escravos e libertos, como veremos mais detalhadamente nas próximas linhas.

As irmandades e a defesa dos escravos e libertos em Portugal

A primeira irmandade de negros de Lisboa nasceu na Igreja do Convento de São Domingos. Neste convento havia uma irmandade de N. S. do Rosário, instituída por pessoas brancas, provavelmente no final do século XV, mas a partir do século XVI, paulatinamente, os negros

---

128 19 de Novembro de 1706, Consulta da Câmara de Lisboa. In: Tinhorão, *Os Negros em Portugal, op. cit.*, p. 122-123.

129 Certas atividades de ganho, tanto masculinas como femininas, obtiveram reconhecimento legal e normatização de suas funções, como os serviços de caiação e lavagem de casas. Ver: Lahon, Os negros no coração do Império, *op. cit.*, p. 52.

foram ocupando espaço na instituição. Em 1551, a Confraria do Rosário do Convento de São Domingos estava "repartida em duas, uma de pessoas honradas, e outra dos pretos forros e escravos de Lisboa".[130] Uma série de conflitos entre "os irmãos pretos" e as "pessoas honradas", levou à cisão definitiva do grupo. Em 1565, os irmãos negros tiveram seu primeiro compromisso aprovado pela autoridade régia. Apesar disto, o acirramento das disputas, que chegou a envolver os superiores do convento e até o Papa, levou à expulsão da irmandade dos negros do templo dominicano no fim do século XVI.[131]

Na década de 1580 surgiram em Lisboa duas confrarias exclusivamente de negros: a de N. S. de Guadalupe, mais tarde denominada N. S. de Guadalupe e São Benedito, no convento de São Francisco; e uma outra, sob a invocação de Jesus Maria José, no Convento do Carmo. Nos séculos XVII e XVIII Lisboa assistiu ao nascimento de mais irmandades de negros. No início do XVII foi criada a irmandade do Rosário dos Pretos no Convento do Salvador; e a partir daí, até meados do século XVIII, os negros em Portugal instituíram mais três confrarias: a do Rosário a Resgatada, no Convento da Trindade, N. S. do Rosário dos pretos, no Convento da Graça e, finalmente, uma confraria sob a invocação de Jesus Maria José, esta agora no Convento de Jesus, dos religiosos franciscanos.[132] Ainda no século XVIII, foi criada

---

130 Cristovam Rodrigues Oliveira, *Sumário que brevemente se contem algumas coisas assim Eclesiásticas, como Seculares, que há na cidade de Lisboa (1551)*. Lisboa: Oficina de Miguel Rodrigues, 1760.

131 Lahon, *O negro no coração do Império, op. cit.*, p. 61, 62. Esta irmandade foi reinstituída no século XVII. No século XVIII estava alojada no Convento de Santa Joana.

132 Lahon, "As irmandades de escravos e forros". In: Tinhorão, *Os Negros em Portugal, op. cit.*, p. 129-130.

a Confraria de Nossa Senhora do Rosário e dos Santos Reis Magos; teve vida efêmera, mas renasceu sob a mesma invocação, na primeira metade do século XIX. O surgimento das confrarias de negros expressa o crescimento desta população em Portugal, e, sobretudo, a importância que este tipo de associação foi adquirindo entre os africanos e seus descendentes no Reino.

As irmandades de negros não estiveram restritas a Lisboa. Foram criadas em todas as localidades que concentraram populações de origem africana. Depois da de Lisboa, a irmandade do Rosário dos pretos de Évora é a mais antiga. As primeiras notícias desta irmandade datam do início do século XVI. Em diversas outras localidades do Alentejo também foram criadas irmandades de negros: Alcácer do Sal, Setúbal, Vila Viçosa, Grândola, Montemor-o-Novo, Estremoz e Elvas, só para registrar as mais antigas. No Algarve e ao norte do Tejo, as irmandades de negros também tiveram presença marcante. No Porto, no decorrer do século XVIII, estavam em atividade pelo menos quatro irmandades: uma do Rosário e São Benedito, na igreja do Convento dos franciscanos na Freguesia de São Bartolomeu; outra, sob a invocação do Rosário dos pretos no convento dominicano da Freguesia da Sé; uma dedicada a São Gonçalo Garcia dos homens pardos, e uma quarta, também dedicada ao Rosário de Nossa Senhora, na igreja paroquial de Massarelos.[133]

A classificação de "cor", como quesito importante na organização das confrarias leigas, adveio com o crescimento do número de africanos no Reino e sua entrada na cristandade. Até então, nas irmandades lusitanas, eram diversos os critérios de pertença. Podiam estar basea-

---

133 *Idem, Ibidem*, p. 140-141.

dos na hierarquia do antigo regime, em vínculos corporativos ou de afinidade profissional, no gênero, ou ainda na origem nacional.[134]

A festa do Corpo de Deus era um momento importantíssimo do ponto de vista cívico e religioso nos municípios portugueses. Na procissão desfilavam todas as irmandades formalmente constituídas, além da câmara e membros de diversos corpos militares. O desfile das 143 irmandades que acompanharam a procissão do Corpo de Deus em Lisboa, no ano de 1719, oferece uma pequena mostra da mencionada diversidade de critérios. Desfilaram, entre tantas outras, a Irmandade da Senhora da Saúde, "que se compõem de muita fidalguia da Corte", a de São Miguel dos nobres, a de Nossa Senhora da Oliveira dos Sapateiros, a de São José dos Carpinteiros e a confraria de Santo André "que é da nação Flamenga".[135] Não resta dúvidas de que as instituições portuguesas foram profundamente afetadas pela expansão ultramarina. Além de "descobrir" novos mundos, os portugueses levaram para dentro do pequeno reino gentes provenientes destes mundos. Nesta mesma procissão de 1719 desfilaram igualmente as irmandades de Jesus Maria José, do Convento do Carmo, Rosário do Convento da Trindade e São Benedito do Convento de São Francisco, sendo "que todas as três eram de homens pretos".[136] A presença dos africanos no Reino deu início a um capítulo particular da história social portuguesa.

---

134 Pedro Penteado, "As confrarias portuguesas na época moderna: problemas, resultados e tendências de investigação". Separata de *Lusitânia Sacra*, 2ª série, 1995, p. 30.

135 Ignácio Machado Barbosa, *História crítico-cronológica da instituição da festa, procissão e ofício do Corpo Santíssimo de Cristo no Venerável Sacramento da Eucaristia*. Lisboa: Oficina de Francisco Luiz Ameno, 1769, p. 170-172,

136 *Idem, Ibidem*, p. 170.

No final do século XVI, a população negra de Lisboa poderia ser identificada a partir de laços de procedência, ou mais especificamente étnicos. Com o intuito de colocar em prática um esquema de revezamento para a assistência da doutrina pelos escravos, no ano de 1557, o padre mestre da Companhia de Jesus em Lisboa "chamou aos principais das nações e junto em conclave lhes propôs o grande bem que se seguiria de ouvirem a doutrina, que eles muito deviam estimar, pois todos eram cristãos".[137] No entanto, das vinte nações reconhecidas nos registros do século XVIII, não restaram mais que duas. O direcionamento do tráfico para regiões mais determinadas e a vigência de certa "normatização" escravista na identificação dos grupos explica, em grande parte, esta drástica redução. Meu interesse, no entanto, recai sobre a importância destas identificações na organização das confrarias negras em Portugal.

No primeiro Domingo de outubro de 1730, os irmãos do Rosário do Convento do Salvador celebraram a festa de Nossa Senhora do Rosário. Era prática comum o convite a outras irmandades para participarem da festa do padroeiro. Para a animada festa de 1730, o Rei Angola, da Confraria do Salvador, mandou uma carta convite ao Rei Mina, da Confraria de N. S. de Guadalupe e São Benedito, do Convento dos franciscanos.[138] A mesma irmandade do Convento do Salvador, ainda no século XVIII, costumava identificar-se como "Confraria de N. S. do Rosário dos Homens Pretos do Reinado do Congo".[139] A raridade

---

137 Pe. Baltazar Teles, "Crônica da Companhia de Jesus em Portugal", *op. cit.*, p. 223-224

138 Lahon, *Esclavage et Confréries Noires au Portugal durant l'Ancien Régime (1441-1830)*, *op. cit.*, cap. 12, p. 501.

139 Petição dos Confrades da Confraria de Nossa Senhora do Rosário dos Homens pretos, solicitando provisão de licença para pedirem esmola

de registros sobre as etnias ou procedência nas irmandades negras em Portugal faz pensar sobre a relevância desta marca de identidade nesta comunidade escrava em específico.

Primeiro é preciso considerar as limitações impostas pelos registros documentais. Lahon, após exaustivas investidas, afirma não ter encontrado livros de assentos de irmãos, ou outros registros de identificação individual dos associados.[140] Este tipo de registro permite observar a vigência de critérios, explícitos ou implícitos, de restrição à entrada ou acesso aos cargos de mesa. Da mesma forma, os raros compromissos preservados tampouco fazem menção a critérios étnicos ou de procedência na entrada de novos associados.

A predominância do tráfico com a África Central, a partir do século XVII, levou à concentração de um grande número de africanos dessa origem em Lisboa e em outras partes do reino. As coroações de reis e rainhas "do Congo e de Angola", preservadas dentro das irmandades, dão mostra do vigor deste grupo em termos numéricos e culturais. No século XVIII, reis "congos e angolas" eram coroados nas irmandades do Porto, Braga e Vila Viçosa, além de Lisboa, é claro.[141] O Rei "mina" na irmandade de N. S. de Guadalupe e São Benedito também chama a atenção para a importância deste agrupamento na Lisboa setecentista. Lamentavelmente, a ausência de estudos sobre o tráfico de escravos para a Península Ibérica não permite avançar muito na discussão.

---

    para festa da Senhora, 19-08-1783, IAN/TT, Desembargo do Paço, maço 215, doc. 3.

140 Lahon, *Esclavage et Confréries Noires au Portugal durant l'Ancien Régime (1441-1830)*, op. cit., cap. 12, p. 501.

141 *Idem, O negro no coração do Império*, op. cit., p. 71.

De todas as maneiras, é possível sugerir que, dadas as particularidades da escravidão no reino, sobretudo no que diz respeito ao número e à concentração urbana dos cativos, a união em comunidades mais abertas tenha sido uma estratégia de sobrevivência mais inteligente. É bom lembrar que a identificação étnica é apenas uma das múltiplas identidades que o escravo e o liberto poderiam assumir no decorrer de suas vidas.[142]

No início do século XVIII, a população negra em Lisboa possuía pelo menos 9 confrarias exclusivas. Para responder a pergunta fundamental sobre a importância destas associações entre os escravos e libertos negros, cabe, primeiramente, compreender qual é sua particularidade em relação às confrarias em geral.

Em meados do século XVIII, as confrarias católicas estavam espalhadas por todo o território português. Neste período, chegaram a congregar milhares de indivíduos. Ao investigar os motivos de adesão às confrarias católicas, Penteado concluiu que a busca de proteção divina, o auxílio nos momentos difíceis da vida, a garantia de um funeral cristão e a multiplicação dos tempos de sociabilidade eram os grandes fatores de motivação. Segundo o autor, as irmandades abriam uma possibilidade de exercício de poder para os grupos sociais menos privilegiados, "aumentando assim seus níveis de protagonismo social".[143]

As irmandades de escravos e forros, à semelhança das irmandades de brancos, também cumpriam um papel religioso e de ajuda mútua. A importância e a forma do exercício de poder protagonizado pelas confrarias negras parecem ter sido o grande diferencial em relação às

---

142 Paul Lovejoy, "A jornada de Mahommah Gardo Baquaqua para as Américas". *Afro-Ásia*, n. 27, 2002, p. 34.

143 Pedro Penteado, "As confrarias portuguesas na época moderna", *op. cit.*, p. 28, 30.

confrarias dos brancos. A conquista de alguns privilégios régios permitiu que as confrarias de negros em Portugal se tornassem, "para seus irmãos escravos, um lugar de proteção e apoio jurídico, podendo sujeitar as suas causas ao Desembargo do Paço".[144]

No ano de 1772, a Irmandade de Jesus Maria José dos homens pretos, sita no Convento de Jesus, encaminhou ao Desembargo do Paço uma petição em defesa do irmão Vicente Correia, casado com Josefa Maria, e pai de Anna Rita, Joana Maria da Encarnação e Francisco José. A irmandade solicitava que o proprietário de Vicente Correia, Félix Coutinho de Azevedo, fosse impedido de vender Vicente e sua família para o Pará ou o Maranhão. A solicitação se fundava no privilégio concedido primeiramente à Irmandade do Rosário do Convento de São Domingos, ainda no século XVI, de "resgatar os irmãos cativos que os senhores quisessem vender para fora do reino".[145]

O resgate de confrades, mesmo contra vontade dos senhores, foi o privilégio mais polêmico alcançado pelas confrarias negras em Portugal. Concedido à confraria do Convento de São Domingos no século XVI, foi estendido a algumas, nos séculos seguintes, e reivindicado por várias confrarias de Lisboa e de outras partes do país.[146]

---

144 Lahon, "As irmandades de escravos e forros", *op. cit.*, p. 129.

145 Parecer do Corregedor do Civil da cidade escusando a petição da Irmandade de Jesus Maria José dos Homens Pretos, sita no Convento de Jesus de Lisboa, 08-07-1772, IAN/TT, Desembargo do Paço, Maço 1016, doc. 17.

146 Petição da Irmandade de N. S. do Rosário dos homens pretos sita no Mosteiro da Anunciada, solicita confirmação do privilégio para poderem comprar a liberdade de seus irmãos que os senhores quiserem vender para fora do Reino. 18-11-1756, IAN/TT, Desembargo do Paço, Maço 1006, doc. 31.

Os irmãos de São Benedito e N. S. de Guadalupe encaminharam petição ao Desembargo do Paço reivindicando os mesmos privilégios das Irmandades do Rosário dos Conventos do Salvador, da Santíssima Trindade, de Santa Joana e da Graça, "não só para exercitarem as meritórias obras de libertarem seus irmãos que viviam nos cativeiros, pagando a seus senhores a justa estimação deles, mas para todas as mais, de que os privilégios se compunham".[147] A resposta da Mesa do Desembargo é expressiva dos cerceamentos impostos às irmandades negras em Portugal na luta pela liberdade de seus irmãos. A Mesa considerou em seu parecer que:

> A graça que os suplicantes requerem, de algum modo impede a livre faculdade que os Senhores dos Escravos tem para os venderem, a quem lhes parecer (...). Será conveniente se verifique somente nos dois casos: ou em que os ditos Senhores dos Escravos os tratem com excessos de castigos corporais, que se façam ofensivos das regras da humanidade; ou quando por ódio e vingança queiram vender para fora do domínio do Reino.[148]

---

[147] Petição da Irmandade de São Benedito e N. S. de Guadalupe sita no Convento de São Francisco de Lisboa, 1778. Pedem os mesmos privilégios das irmandades do Rosário dos Homens pretos de Lisboa, Maço 1345, doc. 19. Anexos: Certidões dos privilégios concedidos em cartas e alvarás às Irmandades do Rosário dos Conventos de São Domingos, do Salvador, da Trindade, de Santa Joana, da Graça e de São Francisco de Évora, IAN/TT, Desembargo do Paço, Maço 1345, doc. 19.

[148] Parecer da Mesa do Desembargo do Paço à respeito da petição da Irmandade de São Benedito e N. S. da Guadalupe, ereta no Convento de São Francisco da cidade de Lisboa, 03-03-1779, IAN/TT, Maço 2109, doc. 23.

No decorrer dos séculos, os privilégios régios, sobretudo no que dizia respeito ao resgate dos irmãos cativos, sofreram várias restrições, sempre a favor do direito de propriedade dos senhores. Segundo Lahon, após o século XVII, o privilégio de resgate dos irmãos cativos esteve sempre condicionado aos maus tratos ou à "venda que afastava o irmão para longe de Lisboa ou Barra fora, na maioria das vezes para o Brasil".[149]

A comprovação dos maus tratos não era coisa fácil. Afinal, era a palavra do senhor contra a do escravo. O embate da Irmandade do Rosário, do Convento da Trindade, em favor da liberdade do irmão Luiz João José Ozare, é exemplo desta dificuldade. Luiz João José Ozare era escravo do tenente João Batista, que prestava serviço nas naus da Armada Real. Na condição de cativo do tenente, Luís João acompanhou seu senhor em viagens às Índias e América, chegando a viver por algum tempo na cidade da Bahia. Na petição de resgate, a irmandade alegava que o irmão Luís João sofria maus tratos por parte do senhor, e defendia também a necessidade de seus serviços para a irmandade. O requerimento dos suplicantes foi, no entanto, escusado. Em sua defesa, ao que tudo indica, plenamente acatada pela Mesa do Desembargo, entre outros argumentos, o tenente João Batista alegou que seu escravo nunca havia se assentado na irmandade requerente do resgate – o que, por princípio, inviabilizaria todo o processo.[150] Nunca saberemos se Luiz João realmente forjou seu assento na irmandade para se beneficiar do privilégio do resgate de cativos. Verdade ou não, o certo é que este foi o caminho que ele buscou para chegar à liberdade.

---

149 Lahon, "As irmandades de escravos e forros", *op. cit.*, p. 130.

150 Irmandade de N. S. do Rosário dos homens pretos do Convento da Santíssima Trindade, em favor do irmão Luíz João José Ozare, escravo de João Batista, IAN/TT, Desembargo do Paço, Maço 1079, doc. 7.

Também não foi possível saber qual a decisão final da mesa sobre o resgate de Vicente e sua família, ameaçados de serem vendidos para as terras do Pará ou Maranhão.[151] Sabemos tão somente que, no final do século XVIII, os apelos dos escravos assentados nas irmandades de Portugal e ameaçados de serem vendidos para o Brasil não foram ouvidos pelos ministros do Desembargo, que entendiam que "os Brasis são conquistas deste Reino".[152]

A maioria das histórias registradas nos numerosos processos de resgate de irmãos cativos não tem final feliz para os requerentes. Na verdade, na maioria delas nem sequer foi possível saber realmente qual foi o final. O que chama a atenção, no entanto, é o número de petições e a insistência das irmandades nos processos de resgate de irmãos cativos. Este fato indica que as irmandades católicas constituíram o mais importante canal de defesa dos escravos em Portugal. No decorrer dos séculos XVIII e XIX, esta importância circulava o Atlântico. Após a promulgação da lei de 19 de setembro de 1761, escravos oriundos do Brasil na companhia de seus senhores, particularmente após 1822, recorreram às irmandades para garantir sua liberdade.[153]

---

151 Parecer do Corregedor do Civil da cidade escusando a petição da Irmandade de Jesus Maria José dos Homens Pretos, sita no Convento de Jesus de Lisboa, 08-07-1772, IAN/TT, Desembargo do Paço, Maço 1016, doc. 17.

152 Petição da Irmandade do Rosário a Resgatada dos homens pretos do Convento da Santíssima Trindade em Lisboa, 20-09-1761, IAN/TT, Desembargo do Paço, Maço 2091, doc. 29.

153 Lei de proibição de importação de escravos em Portugal. Ordenava ainda que todos os cativos que desembarcassem nos portos portugueses "fiquem pelo benefício libertos e forros sem necessitarem de outra alguma carta de manumissão, ou alforria, nem de outro algum despacho, além

Independente da invocação, as irmandades de negros em Portugal foram lugares de proteção e apoio jurídico dos irmãos escravos e libertos. É preciso ressaltar, no entanto, que além da precedência, a invocação do Rosário foi a mais popular entre a população negra em Portugal. Talvez, por esta razão, a invocação foi se associando à proteção e defesa das populações negras espalhadas pelo Império. Depois de ser compulsoriamente obrigado a atravessar o Atlântico, encontrar uma irmandade do Rosário poderia ser um conforto para muitos.

A Senhora do Rosário dos pretos em Portugal

Devoção dominicana no seu princípio, desde o século XVI o Rosário passou a ser uma das principais invocações do movimento de conquista e conversão dos gentios, passando então a ser divulgada por todas as ordens religiosas missionárias. O sucesso do Rosário entre os "gentios conversos" explica-se, num primeiro momento, pelo destaque desta invocação nas atividades missionárias. Posteriormente, os próprios africanos e seus descendentes parecem ter reconhecido nas irmandades dedicadas à senhora Mãe de Deus, com a invocação do Rosário, um espaço próprio e reservado.

A devoção ao Rosário surgiu no início do século XIII, no contexto dos combates às "heresias" modernas. Conta a tradição católica que Domingos de Gusmão, religioso dominicano e pregador na região de Albi, sul da França (local onde se proliferaram os "heréticos albigenses e cátaros"), teve uma revelação da Virgem, que lhe ensinou um método de oração no qual seria invocada com a ajuda de contas

das certidões dos Administradores, oficiais, das Alfândegas dos lugares que portarem (...)". Tinhorão, *Os negros em Portugal, op. cit.*, p. 87-88.

unidas por um cordão.¹⁵⁴ A devoção esteve praticamente esquecida até a segunda metade do século XV. Neste período, os dominicanos alemães, temerosos das ameaças provocadas pelo cisma precursor da Reforma Protestante, decidiram revigorar a devoção revelada a Domingos de Gusmão. Em 1475, a primeira confraria do Rosário foi fundada em Colônia, na Alemanha.¹⁵⁵ Após a batalha de Lepanto, em outubro de 1571, embate que encerrou definitivamente o domínio dos turcos no mar Mediterrâneo, Nossa Senhora do Rosário passou a ser associada à luta dos católicos contra os infiéis, sendo "escolhida" como padroeira das novas conquistas espirituais.¹⁵⁶

Em Portugal, a devoção ao Rosário já estava estabelecida no final do século XV. Em 1490, "os nobres e o povo acudiram à intercessão da Virgem, por ocasião da peste que nesse ano assolou Lisboa, e logo resolveram levantar, como levantaram, uma capela com grande aparato".¹⁵⁷ Desde então, o culto ao Rosário foi muito popular em Portugal. Foi adotada como padroeira de vários segmentos sociais e profissionais, como os marinheiros no Porto. Em todo o reino criaram-se igrejas dedicadas a seu culto. As irmandades sob sua invocação fo-

---

154 Juliana Beatriz Almeida de Souza, "Viagens do Rosário entre a Velha Cristandade e o Além-Mar". *Estudos Afro-Asiáticos*, ano 23, n. 2, 2001, p. 382.

155 Fr. Luís de Sousa, *História de São Domingos*. Porto: Lello e Irmão Editores, 1977, vol. 1, p. 353-354.

156 Juliana Beatriz Almeida de Souza, "Viagens do Rosário entre a Velha Cristandade e o Além-Mar", *op. cit.*, p. 385.

157 Tinhorão, *Os negros em Portugal, op. cit.*, p. 140.

ram as mais importantes e numerosas, rivalizando com as confrarias do Santíssimo Sacramento e das Almas.[158]

No século XVIII, o culto ao Rosário se espalhara por todo o Portugal. Já então, havia se estabelecido uma associação entre esta devoção e a população de escravos e libertos do Reino. A maioria das irmandades de negros de Lisboa, e do restante do país, era dedicada a Nossa Senhora do Rosário. Algumas, como a Confraria de N. S. do Rosário e dos Santos Reis Magos, em Lisboa, ou a de N. S. do Rosário e São Benedito, no Porto, associavam a Virgem a outras devoções; ainda assim, o número de confrarias dedicadas ao Rosário em todo o país atesta a primazia da devoção.[159]

Parece mesmo que a população negra foi se apropriando do culto ao Rosário como prerrogativa particular. Segundo Frei Agostinho de Santa Maria, isto se passou com a imagem que se encontrava no Mosteiro da Santíssima Trindade em Lisboa. Neste convento, na capela dos Reis, estava colocada uma imagem de Nossa Senhora praticamente esquecida dos fiéis. "Depois dessa bem culpável frieza e esquecimento para com

---

158 Julita Scarano, *Devoção e Escravidão. A Irmandade de N. S. do Rosário dos Pretos do Distrito Diamantino no Século XVIII*. São Paulo: Editora Nacional, 1978, p. 39-40.

159 A partir da segunda metade do século XVI são eretas, no interior de Portugal, inúmeras irmandades dedicadas ao Rosário de Nossa Senhora exclusivas de negros escravos e libertos. Uma listagem completa, além de exaustiva, correria o risco de omissões importantes. Apenas para mencionar algumas das mais importantes cito as irmandades do Rosário localizadas em: Évora, Elvas, Estremoz, Montemor – o Novo, Vila Viçosa, Lagos, Faro, Setúbal, Alcácer do Sal e Moura. Ver: Frei Agostinho de Santa Maria, *Santuário Mariano*, op. cit.; Antonio Brásio, *Os Pretos em Portugal*. Lisboa: Agência Geral das Colônias, 1944, p. 99-104; Lahon, *O negro no coração do Império*, op. cit. p. 70.

aquela Santíssima Imagem da Mãe de Deus, acendeu o mesmo Deus um grande fogo nos corações dos pretinhos e eles tomaram muito por sua conta servir à Mãe de Deus e lhe deram o título do Rosário".[160]

Buscando interpretar as razões desta associação tão estreita e duradoura, Saunders lançou a hipótese de que "a natureza semimágica, quase talismânica do rosário pode ter constituído um apelo aos africanos acostumados a feitiços".[161] O uso mágico do rosário, assim como de outros símbolos cristãos, não seria exatamente uma exclusividade da devoção dos negros, como têm demonstrado os diversos estudos sobre as práticas religiosas populares na Península Ibérica e na América Portuguesa.[162] Entretanto, não deixa de ser uma hipótese interessante considerar a transformação do Rosário de modo semelhante à que ocorreu com outros objetos sagrados do cristianismo em minkisi.

José Ramos Tinhorão propôs uma interpretação de difícil sustentação, se é que assim podemos dizer, sobre a primazia da devoção ao Rosário entre os negros em Portugal e nas Américas. Segundo Tinhorão, "os negros se fixaram em Nossa Senhora do Rosário pela ligação estabelecida com seu orixá Ifá, através do qual era possível consultar o destino atirando soltas ou unidas em rosário as nozes de uma palmeira chamada okpê-lifa".[163] Isto é o que poderíamos chamar de uma leitura "nagocêntrica" por excelência! A tese de Tinhorão também peca pelo anacronismo e pelo equívoco no tocante ao tráfico atlântico de escravos.

---

160 Frei Agostinho de Santa Maria, *Santuário Mariano, op. cit.*, t. VII.

161 Saunders, *História Social dos escravos e libertos negros em Portugal, op. cit.*, p. 206.

162 Ver, entre outros, Laura de Mello e Souza, *O Diabo na Terra de Santa Cruz*. São Paulo: Companhia das Letras, 1995.

163 Tinhorão, *Os negros em Portugal, op. cit.*, p. 138.

A importância e vigor do culto ao Rosário são anteriores à presença dos grandes contingentes de cativos jejes e iorubás entre as populações negras nas Américas. Ainda no caso da Península Ibérica, nenhum dado conhecido permite confirmar a relevância destas populações, no âmbito das irmandades negras, no decorrer dos séculos XVI a XVIII. Além disso, a hipótese de Tinhorão, no fundo, está sustentada na velha tese da integração do negro ao catolicismo por meio de "justaposição de exterioridades". Nesse caso, o que conta é o efeito sedutor da aparência do rosário, não a experiência histórica de elaboração da identificação.

De um ponto de vista mais histórico, Lahon observa que a associação em irmandades de devoção ao Rosário não foi, nos primeiros tempos, uma escolha dos negros.

> Na época, as confrarias religiosas eram muito seletivas. Recrutavam seus membros entre um grupo homogêneo, no qual o estatuto social e profissional constituía um critério determinante. (...) Cada membro devia contribuir financeiramente, o que concorria para afastar os mais desprovidos. Em resumo, as confrarias eram instituições "fechadas" e ninguém aí entrava sem satisfazer vários critérios de seleção, entre eles o de limpeza de sangue.[164]

As confrarias do Rosário, por regra estabelecida em sua formação, não levavam em consideração critérios de riqueza e estatuto social. Admitia todos os cristãos "assim homens, como mulheres, de qualquer estado e condição que sejam, grandes, e pequenos". Ninguém

---

164 Lahon, *O negro no coração do Império*, op. cit., p. 59-60.

deveria ser obrigado a pagar coisa alguma para entrar na confraria, de modo que nenhum pobre deixasse de sê-lo por estes motivos.[165]

Quero crer que o espaço demarcado foi, aos poucos, tornando-se um espaço reconhecido. A identificação foi se dando na experiência cotidiana da escravidão. Neste ambiente, as irmandades foram fundamentais na defesa dos interesses das populações escravas e libertas. Por outro lado, a manutenção destes espaços permitiu a criação de uma experiência do catolicismo certamente imbuída de valores africanos. Infelizmente, os registros produzidos pelos irmãos negros não deixam escapar quase nada sobre suas práticas devotas mais particulares. Também neste aspecto é possível falar de uma experiência atlântica das irmandades de negros.

---

165 Fr. Nicolau Dias. *Livro do Rosário de Nossa Senhora*. Lisboa: Na Casa de Francisco Correa, (1573). Lisboa: Biblioteca Nacional, 1982. Edição fac-similada da 1ª edição, p. 30-31.

Capítulo II

Na Bahia "não há lugar aonde esta gente não tenha Igreja sua"

A Bahia no século XVIII

> Creio não ignoras, que das Capitanias em que estão divididos os Estados do Brasil, é reputada a da Bahia por uma das de mais atenção; não só pela sua antiguidade, e riqueza, como por ter sido a sua capital por muitos anos a Corte de todo o Brasil, mansão dos Vice-reis e Governadores Gerais de todo ele, e do seu prelado o Metropolitano, e Primaz do Brasil, e da maior parte de suas catedrais.
>
> Luís dos Santos Vilhena, 1802

A cidade da Bahia, assim denominada por estar localizada na entrada da imensa Bahia de Todos os Santos, foi o centro político mais importante da América Portuguesa desde sua fundação no ano de 1549 até 1763, ocasião da mudança da capital para o Rio de Janeiro. Nesta condição, foi residência oficial dos governadores gerais e vice-reis; "sede dos estabelecimentos militares e navais de Portugal no Novo Mundo; centro do importante comércio português no Brasil; e finalmente, residência das principais famílias da colônia".[1]

---

1   Manoel da Silveira Cardozo, "As irmandades da antiga Bahia". *Revista de História*, 47, 1973, p. 237.

Do ponto de vista econômico, segundo Amaral Lapa, Salvador foi "uma segunda capital do Atlântico português", tendo vivido sua idade do ouro entre os anos de 1650-1700.[2] As condições naturais oferecidas por uma barra espaçosa e um ancoradouro profundo e seguro foram fundamentais neste aspecto. Nos documentos coloniais é denominada "Porto do Brasil", como se fosse o único em toda a colônia. Apesar da grande crise do final do século XVII, continuou mantendo uma posição privilegiada no circuito comercial atlântico.[3] "Em 1796, como exportador e importador é Salvador o que ocupa o primeiro lugar entre todos os portos do Portugal ultramarino".[4]

Seu grande desenvolvimento urbano foi consonante com a sua condição privilegiada em termos geográficos, políticos e econômicos. A belíssima vista da Bahia de Todos os Santos, no decorrer dos primeiros séculos, foi bastante retocada pelas mãos humanas, o que, diga-se de passagem, nem sempre produziu resultados harmoniosos. Em 1781, o Visconde de Cairú considerava "agradável a perspectiva da cidade, porque edifícios construídos desde a praia até o sumo da montanha representam a figura de um anfiteatro, que seria ainda mais brilhante se a regularidade da arquitetura aformoseasse o exterior das casas".[5]

---

2 José Roberto do Amaral Lapa, *A Bahia e a Carreira da Índia*. Campinas: Hucitec/Editora da Unicamp, 2000, p. 1.

3 A queda na demanda do açúcar brasileiro, a partir da década de 1680, em razão da competição antilhana, significou um baque na economia baiana. Uma série de estações climáticas irregulares, e a descoberta de ouro nas Minas Gerais, no mesmo período, contribuíram ainda mais para o abalo da economia baiana no final do Seiscentos. A. J. R. Russel-Wood, *Fidalgos e Filantropos. A Santa Casa de Misericórdia da Bahia, 1550-1755*. Brasília: Editora da Universidade de Brasília, 1981, p. 50-55.

4 Lapa, *A Bahia e a Carreira da Índia*, op. cit., p. 2

5 José da Silva Lisboa, "Carta muito interessante do advogado José da Silva Lisboa, para o Dr. Domingos Vanderli, Diretor do Real Jardim Botânico

A imagem do anfiteatro traduz muito bem a ordenação urbanística da cidade imposta, sobretudo, pela sua topografia particular. Salvador, assim como Luanda e Lisboa, estava divida em cidade baixa e cidade alta. Enquanto a zona costeira da baía se destacava pelo movimento do porto e pelo comércio nos armazéns e trapiches, a parte alta chamava a atenção pelos grandes edifícios públicos (Palácio do Governo e Câmara Municipal, entre outros) e privados, templos, bairros e casas nobres. A comunicação entre as "duas cidades" só era possível por meio de quatro ladeiras íngremes que serviam aos pedestres, aos escravos carregadores e ao transporte de tração animal de cargas mais leves. As mercadorias mais pesadas tinham que ser içadas por um guindaste que funcionava num sistema de lastros.[6]

Depois da Vitória, a mais antiga freguesia da cidade, "fundada no cimo da montanha, na enseada que vem fazendo a ponta da barra para dentro da baía", outras paróquias foram sendo estabelecidas pelo Ordinário. No final do Setecentos, eram, ao todo, 10 paróquias urbanas, e igualmente 10 nos subúrbios da cidade. As freguesias centrais e o Curato da Sé açambarcavam os bairros mais importantes da cidade: o de São Bento ao sul, com suas ruas espaçosas, belos templos e moradias nobres; o da Praia, ao poente da cidade, "ao correr da marinha", mais modesto em moradias e igrejas, mas destacado pelo grande comércio e fortalezas; ao norte na parte elevada, o de Santo Antonio; e pela parte nascente da cidade os bairros do Desterro, Palma e Saúde.[7]

---

de Lisboa" [1781]. *Revista do Instituto Geográfico e Histórico da Bahia*, n. 76, Salvador, 1950-51, p. 104.

6   A. J. R. Russel-Wood, *Fidalgos e Filantropos, op. cit.*, p. 38.

7   Luís dos Santos Vilhena, *A Bahia no século XVIII (Recopilação de Notícias Soteropolitanas e Brasílicas,* [1802]). Salvador: Editora Itapuã, 1969, vol. 1, p. 45-50.

Freguesias da Cidade do Salvador – Século XVIII[8]

Data (*)	Freguesia	Igrejas e capelas filiais
1549	São Salvador da Sé	Nossa Senhora da Ajuda, Igreja da Ordem 3ª de São Domingos, Igreja e Convento de Jesus, Igreja e Convento dos Franciscanos, Igreja da Ordem 3ª de São Francisco, Igreja e Recolhimento da Misericórdia.
1561	Nossa Senhora da Vitória	Santo Antonio da Barra, São Gonçalo, São Lázaro, Capela Madre de Deus. Conventos: Nossa Senhora da Praça, Ursulinas.
1623	Nossa Senhora da Conceição da Praia	Corpo Santo e Santa Bárbara.
1642	Santo Antonio Além do Carmo	Nossa Senhora da Conceição dos Pardos, S. José dos Agonizantes, Nossa Senhora da Lapa. Convento das Ursulinas.
1679	São Pedro	Nossa Senhora da Barroquinha, Nossa Senhora do Rosário dos Pretos. Mosteiros: São Bento, Santa Teresa (Carmelitas Descalços), Piedade (Capuchinhos).
1679	Senhora Santana	Santo Antonio da Mouraria, Capela dos Soldados de Nossa Senhora do Rosário, Nossa Senhora de Nazareth, Nossa Senhora da Saúde, Convento de Santa Clara do Desterro, Hospício da Palma (Agostinhos).
1718	Nossa Senhora do Pilar	Nossa Senhora da Trindade do Rosário, São Francisco de Paula, Hospício do Pilar (Carmelitas).
1718	Santíssimo Sacramento da Rua do Passo	Nossa Senhora do Rosário dos Pretos, Convento do Carmo.
1718	Nossa Senhora de Brotas	Nossa Senhora da Luz, Nossa Senhora da Boa Vista, Santo Antonio.
1759	Nossa Senhora da Penha de França de Itapagipe	Senhor do Bonfim. São Caetano, Nossa Senhora dos Mares, Nossa Senhora da Conceição. Conventos: Nossa Senhora da Boa Viagem e Nossa Senhora do Montserrat.

(*) Data de criação da freguesia.

Os números populacionais indicam um crescimento constante da cidade no século XVIII. Em 1757, o medidor de obras da cidade do

8 Idem, Ibidem, Relação topográfica da Caída de Salvador Bahia de todos os Santos e seu termo que fez o Medidor das obras da cidade Manoel Oliveira Mendes, APEB – Sessão Colonial e Provincial, Registros de correspondências expedidas para o Rei – 132 (1725/1761).

Salvador, Manoel Oliveira Mendes, computou 6.821 fogos onde residiam 37.323 almas.[9] Dois anos mais tarde, o Conde dos Arcos ordenou a realização de um censo em toda a capitania, "cujos resultados foram, para cidade, 6.782 fogos; com 40.263 habitantes, (...) não entrando neste cômputo os menores até 7 anos de idade, nem os índios das aldeias administradas pelas ordens religiosas de ambos os sexos e as pessoas ocupadas nos serviços das ditas ordens".[10] Num mapa censitário remetido a Lisboa em 1775, pelo então Governador Geral Manuel da Cunha Meneses, aparece a indicação de 40.922 almas na cidade e 16.093 fregueses adultos em seus subúrbios.[11]

No final do século XVIII, a cidade da Bahia, incluindo as freguesias centrais e suburbanas, já contava com mais de 60.000 moradores.[12] Assim, estamos diante não apenas de uma grande cidade, mas da segunda aglomeração urbana do Império Português, ficando apenas atrás de Lisboa com seus aproximadamente 180.000 habitantes.[13]

Naquele período, segundo os "olhos europeizados" do Visconde de Cairú, a maioria da gente da cidade da Bahia era "pelo ordinário

---

9 Relação topográfica da Caída de Salvador Bahia de todos os Santos e seu termo.

10 Thales de Azevedo, *Povoamento da Cidade do Salvador*. Salvador: Editora Itapuã, 1969, p. 190.

11 *Idem, Ibidem*, p. 191.

12 Vilhena, *A Bahia no século XVIII, op. cit.*, vol. 2. Anexo: Mapa de todas as freguesias que pertencem ao Arcebispado da Bahia cujos habitantes quanto ao temporal, são sujeitos ao governo da cidade e Capitania, com distinção das comarcas, e vilas a que pertencem; número de fogos, e almas que em si continham há poucos anos para calcular-se a gente que comodamente poderiam dar para os corpos da tropa e guarnição da praça.

13 István Jancsó, *Na Bahia contra o Império: história do ensaio de sedição em 1798*. São Paulo/Salvador: Hucitec/UFBA, 1996, p. 57.

de cor adusta, raras [eram] as pessoas em que se [descobria] a nitidez da brancura europeia".[14] Esta impressão é confirmada pelo censo de 1775. Neste cômputo, dos 32253 habitantes de Salvador, 36% eram brancos; por seu turno, a população de cor representava nada menos do que 64% dos moradores da cidade.[15] Esta população estava dividida segundo sua condição jurídica e as matizes "cromáticas". Eram cerca de 4207 mulatos livres (12%), 3630 negros livres (10,4%), e 14696 escravos negros e mulatos (41%).[16]

Nesta sociedade fundada na propriedade escravista vigorava, no entanto, como referência abstrata e ideal, mecanismos de ascensão oriundos da sociedade de ordens vigente na Metrópole.[17] Na Bahia no século XVIII, a sociedade urbana era formada por grupos "cuja diferenciação reside na natureza dos direitos e privilégios, vale dizer, sua maior proximidade com o grande divisor: o estatuto de nobreza".[18] Segundo Vilhena, eram estes grupos: o corpo de magistratura, o corpo eclesiástico, a corporação militar, o corpo de comerciantes, o povo nobre, o povo mecânico e os escravos.[19]

---

14 José da Silva Lisboa, "Carta muito interessante do advogado José da Silva Lisboa, para o Dr. Domingos Vanderli". *Revista do Instituto Histórico e Geográfico da Bahia, op. cit.*, p. 105.

15 Thales de Azevedo, *Povoamento da Cidade do Salvador, op. cit.*, p. 224.

16 João José Reis, *Rebelião escrava no Brasil: a história do levante dos Malês em 1835*. São Paulo: Companhia das Letras, 2003, p. 22.

17 Jancsó, *Na Bahia contra o Império, op. cit.*, p. 70.

18 *Idem, Ibidem*, p. 74.

19 Vilhena, *A Bahia no século XVIII, op. cit.*, vol. 1, p. 51-54.

> Como todo edifício social construiu-se sobre um tipo muito especial de relação que era o escravismo, contendo uma dimensão constitutiva de propriedade, os elementos distintivos da nobreza como honra, serviços prestados ao Monarca, na colônia, por mediações que distanciavam, via prática social, esses conceitos daqueles geralmente vigentes na Metrópole cujo fundamento estava nas obrigações recíprocas diferenciadas (liberdades e privilégios) impensáveis no interior das relações senhor-escravo. Além do mais, variáveis raciais conferiam visibilidade imediata às diferenças de condição, e nos polos extremos da ampla gama cromática da população colonial, a condição social estava imediatamente exteriorizada.[20]

A intensa vida urbana em Salvador tornava esta dinâmica mais rica e complexa. A população de cor era notável em todas as partes da cidade. Escravos e forros, africanos e crioulos, além de mestiços de variadas classificações, ocupavam as ruas da cidade. Escravos a serviço de seus amos e/ou de ganho, executavam as mais diversas funções: carregadores, domésticos, artesãos, vendedores ambulantes etc. Numa sociedade onde o trabalho manual era considerado aviltante, uma vez que é o oposto do ideal de nobreza, cabia aos escravos uma infinidade de tarefas braçais.

As vilas mais importantes do Recôncavo baiano se constituíram em centros da vida política, social e econômica das zonas produtoras de cana-de-açúcar, fumo e uma série de produtos indispensáveis

---

20 Jancsó, *Na Bahia contra o Império, op. cit.*, p. 70

ao abastecimento da cidade da Bahia. Através da grande baía e de uma privilegiada rede fluvial, a capital e as vilas do Recôncavo formavam um todo bastante integrado. Vale dizer que, através das vilas do Recôncavo, se estabeleciam circuitos comerciais com o interior da capitania e com outras capitanias da colônia.

O Recôncavo da Bahia

Santo Amaro da Purificação alcançou estatuto de vila em 1727, ao emancipar-se de São Francisco do Conde. "Sua localização, em meio a terras boas para a cultura da cana e no fim do trecho interiorano navegável do rio Sergipe, trazia-lhe vantagens especiais".[21] Desde seus primórdios, foram a cana, o tabaco e sobretudo a aguadardente, que se destilava nos muitos alambiques da região, os principais motores da economia local.

No final do século XVIII esta vila era ponto de chegada de duas estradas muito importantes para o comércio baiano, uma delas, "a que vem pelo Norte penetrando os sertões até o Maranhão; a outra [que passa] pelo engenho chamado Jericó, atravessa os Campinhos, conduz para Minas Gerais, e Novas, e passa até o Rio de Janeiro".[22] Esta localização estratégica, somada à intensa produção dos engenhos, contribuiu muito para a dinamização do comércio na vila de Santo Amaro. Além do trânsito de caixas de açúcar que desciam dos engenhos para serem embarcadas para a cidade da Bahia, o tabaco, cultivado principalmente na região da freguesia de N. S. da Oliveira dos Campos, os

---

21 Stuart Schwartz, *Segredos Internos: engenhos e escravos na sociedade colonial*. São Paulo: Companhia das Letras, 1995, p. 90.

22 Vilhena, *A Bahia no século XVIII, op. cit.*, p. 481.

produtos sertanejos e o comércio de escravos davam à vila um aspecto bastante movimentado. No final do século XVIII, a população da vila girava em torno de 14.310 almas.[23]

"Poucos donos de engenhos localizados na freguesia de Santo Amaro fizeram casas grandes e respeitáveis nos seus engenhos, preferindo morar na Vila, na qual construíram sobrados numerosos, mas quase todos de mau gosto arquitetônico".[24] Ressalvado o mau gosto dos endinheirados, no início do Setecentos, as riquezas produzidas nos engenhos foram tomando corpo, no centro urbano da vila, na forma de grandes e imponentes construções. A primeira parte do edifício da Prefeitura foi construída entre 1727-1731. A matriz da vila de características barrocas, embora pouco desenvolvidas, teve sua construção iniciada em 1705.[25] No final do século XVIII, era um templo grande e asseado.[26]

Não bastasse também ser bem-aventurada pelo "brando chão do massapê do Recôncavo", o mais apropriado para o plantio de cana de açúcar, os solos arenosos dos campos da Cachoeira produziram o cobiçado tabaco da Bahia, sustentando, na época, a fama de possuir "o terreno mais próprio que na América Portuguesa se tem descoberto para a plantação e produção daquele rendoso vegetal".[27]

Em decorrência da expansão do comércio de exportação fumageiro, na segunda metade do século XVIII, a vila de Nossa Senhora

---

23 *Idem, Ibidem*, vol. 2. Anexo: Mapa de todas as freguesias que pertencem ao Arcebispado da Bahia.

24 Carlos Ott, *O povoamento do Recôncavo pelos Engenhos (1536-1888)*. Salvador: Bigraf, 1996, p. 49.

25 *Idem, Ibidem*, p. 50.

26 Vilhena, *A Bahia no século XVIII, op. cit.*, p. 481.

27 *Idem, Ibidem*, p. 197.

do Rosário do Porto da Cachoeira sofreu grandes transformações em sua estrutura econômica.[28] Produzia e embarcava em seu porto o tabaco exportado para a Europa, especialmente Gibraltar, Lisboa, Porto, Marselha, Hamburgo, Liverpool e, principalmente, para a costa da África, responsável primeira pela expansão da produção do vegetal no final do Setecentos.[29] O fumo foi a principal moeda do tráfico Atlântico durante cerca de cem anos; o chamado ciclo da costa da mina durou oficialmente até 1815, sofrendo a partir de então um deslocamento face a vigilância dos cruzeiros britânicos.[30]

---

28 "Deriva o nome de Cachoeira de uma grande pancada, que dão as águas do rio despenhadas de uma grande altura, pouca distância acima daquela vila". *Idem, Ibidem*, vol. 1, p. 482. A Freguesia de Nossa Senhora do Rosário do Porto da Cachoeira foi desmembrada da Freguesia de Santiago do Iguape na segunda metade do século XVII. "Cachoeira tornou-se mais forte do que o Iguape devido ao centro comercial que aí se formou das mercadorias que iam para o sertão e das que vinham do sertão". Ott, *O povoamento do Recôncavo por seus engenhos (1536-1888), op. cit.*, p. 60. Aos 29 de outubro de 1698 o povoado da Cachoeira foi elevado a categoria de vila. Tornou-se cidade, com o título de "A Heroica" – em razão dos fatos protagonizados durante as lutas pela independência – em 13 de março de 1837.

29 Segundo Luís Viana Filho, "(...) graças ao fumo conseguiram a Bahia e Pernambuco, este em menor escala, ter quase que o monopólio do comércio com a Costa da Mina. É que para os negros desta região, de todas as mercadorias levadas para o resgate, nenhuma tinha a estima do fumo". Luís Viana Filho, *O Negro na Bahia: um ensaio clássico sobre a escravidão*. Rio de Janeiro: Nova Fronteira, 1988.

30 Fazendo um acréscimo à identificação dos ciclos do tráfico para a Bahia, propostos por Luís Viana Filho, Verger prefere subdividir o ciclo da Costa da Mina em dois: um primeiro momento, nos três primeiros quartos do século XVIII, e um segundo, entre os anos de 1770-1850, denominado ciclo da Baía do Benin. Estando incluso neste último o tráfico clandestino. Viana

Em Cachoeira, o movimento do porto não se fazia apenas em função do tabaco. Reinava ali "a plena atividade de um porto terrestre que tudo fazia lembrar a vizinhança do mar e o comércio marítimo.[31] O rio Paraguaçu, navegável de sua foz na Bahia de Todos os Santos até Cachoeira, oferecia as condições geográficas necessárias para fazer desta vila a principal via de acesso das mercadorias europeias para o sertão baiano.

> Saem da Vila de Cachoeira diferentes estradas, o que concorre muito para fazê-la famosa, pois que tôdas as minas, e sertões se vem dar àquele pôrto; há muitos pastos em que refazem as cavalgaduras, que pisam aquelas estradas, e os viajantes ali deixam uma grande parte de seu dinheiro.[32]

Para este importante e estratégico centro comercial e urbano se dirigiam as tropas da região das Minas, Caetité e Rio de Contas que, além de gêneros alimentícios salgados e curtidos, traziam algodão, couros, ouro em pó e em barra, gado cavalar e vacum. Toda essa movimentação de tropas e embarcações concorria para fazer aparatosas e atraentes suas animadas feiras. Embarques de produtos sertanejos, desembarques de mercadorias europeias, além do burburinho das

---

Filho, *O Negro na Bahia*, op. cit.; Pierre Verger, *Fluxo e Refluxo do tráfico de escravos entre o Golfo de Benin e a Bahia de Todos os Santos*. São Paulo: Corrupio, 1987, p. 9-10.

31 Spix e Martius, *Viagem pelo Brasil (1817-1820)*. São Paulo/Rio de Janeiro: Edições Melhoramentos/Instituto Nacional do Livro, 1976, p. 123, vol 2.

32 Vilhena, *A Bahia no século XVIII*, op. cit., p. 483.

atividades comerciais faziam de Cachoeira uma região de frequentes roubos, desordens e assassinatos. Os temidos desordeiros podiam ser gente livre ou liberta e mesmo escravos fugidos.[33]

No final do século XVIII, Cachoeira era o segundo núcleo populacional da Bahia. Em 1775 seu centro urbano tinha 986 casas, talvez cerca de 4.000 habitantes; a população da vila espalhada em 8 freguesias chegava a quase 27.000 almas.[34] Cachoeira, ainda hoje, guarda as marcas de seu passado suntuoso expresso na arquitetura de casas, sobrados e igrejas. Ao termo do Setecentos, seus principais templos religiosos eram a Igreja paroquial dedicada a Nossa Senhora do Rosário, um convento de carmelitas calçados, uma ordem terceira subordinada aos mesmos, e cinco capelas: Nossa Senhora d'Ajuda, Conceição do Monte, São Pedro, Amparo e São João de Deus.[35]

Ainda que de menor importância em termos econômicos e populacionais, tendo em vista suas numerosas irmandades de negros, vale destacar outras duas vilas do Recôncavo.

Maragogipe, no século XVIII, produzia basicamente farinha de mandioca.[36] Para melhor dimensionar a importância da pequena vila, é bom recordar que a farinha de pau, como também ficou conhecida

---

33 José Joaquim de Almeida e Arnizáu, *Memória topográfica, histórica, comercial e política da Vila de Cachoeira da Província da Bahia (1861)*. Salvador: Fundação Maria América Cruz/Instituto Histórico e Geográfico da Bahia/Fundação Cultural do Estado da Bahia, 1998, p. 28-31.

34 João José Reis, "Magia jeje na Bahia: A invasão do Calundu do Pasto da Cachoeira, 1785". *Revista de História*, vol. 8, n. 16, São Paulo, 1988, p. 66; Vilhena, *A Bahia no século XVIII, op. cit.*, vol. 2. Anexo: Mapa de todas as freguesias.

35 Arnizaú, *Memória topográfica, histórica, comercial e política da Vila de Cachoeira da Província da Bahia, op. cit.*, p. 28.

36 Villhena, *A Bahia no século XVIII, op. cit.*, vol. 2, p. 484.

nos tempos coloniais, durante os primeiros séculos foi "o ordinário e principal mantimento do Brasil", na expressão do Frei Vicente de Salvador.[37] Fazendo bom proveito da localização privilegiada, às margens do Paraguaçu, conseguia excelente escoamento da produção local para a Cidade da Bahia e Recôncavo adentro. A população também se beneficiava, para seu sustento, das iguarias de mariscos e pescados, abundantes nos muitos mangues da região. A vila possuía "uma boa matriz de que o orago é São Bartolomeu".[38]

As olarias de Jaguaripe produziam grande quantidade de louças, tijolos e telhas que abasteciam as necessidades da vila e de outras localidades do Recôncavo, alcançando até o sul da capitania. Além da produção ceramista, a extração de madeira para os engenhos e o cultivo da piaçaba também contribuíam para a movimentação da economia local.[39]

As irmandades no Setecentos baiano

O bispado de Salvador, o primeiro a ser criado no Brasil, foi instituído por uma bula papal em 25 de janeiro de 1551.[40] A partir de 1675, a Bahia foi a primeira e única arquidiocese colonial do Império Português. Esta posição de destaque explica a suntuosidade de seus templos e a dinâmica de sua vida religiosa.

---

37 Frei Vicente de Salvador, *História do Brasil. Livro Primeiro. Em que se trata do descobrimento do Brasil, costumes dos naturais, aves, peixes, animais e do mesmo Brasil* [1627]. Disponível em: www.livrosgratis.com.br/arquivos_livros/bn000, p. 11.

38 Vilhena, *A Bahia no Século XVIII*, op. cit., vol. 2, p. 484.

39 *Idem, Ibidem*, p. 486.

40 Russel-Wood, *Fidalgos e Filantropos*, op. cit., p. 39.

As igrejas da Bahia impressionaram muito os visitantes estrangeiros no Setecentos. "Magníficas e soberbas" eram alguns dos adjetivos usados para descrever os templos muito ornamentados de ouro e prata, talhas douradas, imagens, pinturas e alfaias de grande valor artístico.[41] No curato da Sé Catedral, ergueram-se alguns dos mais importantes e belos templos da cidade colonial. Além da antiga igreja matriz, a Igreja da Ajuda, primeiro templo a servir de matriz antes da construção da Sé; a igreja da Ordem Terceira de São Domingos; o Convento de Jesus e sua suntuosa igreja anexa, que passou a servir de catedral, em decorrência da expulsão dos Jesuítas; o Convento de São Francisco; e o belíssimo prédio da Santa Casa de Misericórdia com seu Recolhimento são destaques da arquitetura religiosa colonial ainda nos dias de hoje.

Os belos templos e as grandes procissões que se realizavam nas datas comemorativas da Igreja ou do Império eram expressões da espetacular devoção católica do período colonial. Passando pela Bahia em 1696, François Froger teve a oportunidade de assistir à solene procissão do Santíssimo Sacramento. O visitante francês ficou verdadeiramente escandalizado com os grupos de mascarados e dançarinos que acompanhavam o cortejo. Com menos escândalo, registrou admirado "uma quantidade prodigiosa de crucifixos, de relicários, de ricos ornamentos e de tropas armadas, de associações profissionais, confrarias e religiosos".[42]

Assim como em outras partes do Brasil, as confrarias religiosas foram fundamentais na manutenção e expansão do culto católico no período colonial.

---

41 Cardozo, "As irmandades da antiga Bahia", *op. cit.*, p. 238-239.

42 François Froger, "Relation d'un voyage Fait en 1695, 1696 & 1697 aux Côtes d'África, Détroit de Magellan, Brezil, Cayenne, Isles Antilles (...)". Paris, 1700, p. 138. *Apud* Pierre Verger, "Procissões e Carnaval no Brasil", *Ensaios/Pesquisas*, n. 5, Salvador, 1980, p. 2.

No início do século XVIII, o arcebispo Dom Sebastião Monteiro da Vide suplica ao Rei de Portugal a criação de novas freguesias em seu arcebispado, uma vez que "são necessárias para o aumento da religião cristã e salvação das almas desta arquidiocese, pois segundo o estado em que de presente está se acha em extrema necessidade".[43] Naqueles anos o Arcebispado da Bahia compreendia 44 freguesias, sendo seis em Salvador, vinte no Recôncavo, seis no sul e doze ao norte da capitania. Com exceção das freguesias da Capital, todas tinham problemas de acesso, as distâncias eram imensas e os sacerdotes em número insuficiente. O quadro desenhado pelo Arcebispo da Bahia em 1712, apesar de algumas melhorias – como a criação de mais vinte freguesias em 1718, como resposta à sua solicitação –, sofreria poucas modificações ao longo do século.

Na carta enviada ao Rei em 1712, D. Sebastião toca em um tema tão importante quanto delicado em sua época. O pagamento de côngruas foi uma reclamação constante da parte dos párocos no decorrer de todo o período colonial. Na posição de Grão Mestre da Ordem de Cristo, cabia ao Rei de Portugal a arrecadação dos dízimos, imposto hipoteticamente destinado à manutenção da religião no império. Os dízimos deveriam ser destinados à construção e manutenção de igrejas e conventos, pagamento de côngruas à hierarquia do clero, criação e manutenção de seminários e missões etc. Na verdade, os dízimos acabaram tornando-se um imposto, dentre outros tantos, não destinado aos fins estabelecidos. "Tal situação deixava os membros do clero numa humilhante dependência e muitos voltam para a cobrança

---

43 D. Sebastião Monteiro da Vide, "Notícias do Arcebispado da Bahia para suplicar a Sua Magestade. Em favor do culto divino e salvação das almas, 1712".*Revista do Instituto Histórico e Geográfico Brasileiro*, n. 54, Rio de Janeiro, 1891, p. 332.

de 'conhecenças' (...). Essas conhecenças eram taxas que os padres cobravam pelas confissões, comunhões e outros atos dos fiéis."[44]

Outro grave problema decorrente dos "desvios" dos dízimos era a construção e manutenção das casas de culto.

> Resultou desta situação ter a Igreja que depender cada vez mais da generosidade dos fiéis para acrescentar os fracos subsídios que lhe provinham da chamada folha eclesiástica. Durante o período colonial uma grande parte deste acrescentamento veio das contribuições das irmandades, muitas das quais, como dissemos, construíam e mantinham igrejas próprias, tinham a seu cargo capelas privativas nas igrejas catedrais e paroquiais, arrecadavam espórtulas das missas, e, em outras maneiras promoviam a decência do culto no Brasil.[45]

O estabelecimento de povoados e freguesias implicava, quase necessariamente, na criação de associações leigas que davam o verdadeiro suporte da vida religiosa local. Em estudo pioneiro, Julita Scarano afirmou a importância singular destas associações para "manutenção" do catolicismo no Distrito Diamantino no século XVIII. "Os membros das confrarias não deixavam de ter um papel efetivo nos assuntos relativos

---

44 Julita Scarano, *Devoção e Escravidão. A Irmandade de Nossa Senhora do Rosário dos Pretos no Distrito Diamantino no Século XVIII*. São Paulo: Companhia Editora Nacional, 1978.

45 Cardozo, "As irmandades da antiga Bahia", *op. cit.*, p. 245.

à vida católica", uma vez que "patrocinavam o culto, construíam igrejas, paramentavam-nas, organizando assim a vida católica local".[46]

As associações leigas foram mais numerosas e influentes, do ponto de vista religioso e social, nos centros mais urbanizados. Desde o século XVII, um grande número de confrarias católicas leigas foram criadas na cidade do Salvador.[47] Os séculos XVII e XVIII marcaram o período áureo destas organizações, tanto na colônia como na metrópole.[48] Classificadas genericamente em irmandades e ordens terceiras, as confrarias brasileiras, seguindo a herança metropolitana, tinham como objetivos principais: o auxílio aos membros, nos momentos de dificuldade financeira ou por motivo de doença; a garantia de um funeral cristão para os irmãos e seus familiares; e, de maneira especial, a promoção da devoção ao santo padroeiro da confraria.[49]

As irmandades e ordens terceiras eram eretas em templos seculares ou conventuais. Era comum a coexistência de duas ou mais confrarias num único templo. Nos altares laterais da igreja matriz da Conceição da Praia estavam instaladas as irmandades da Gloriosa Virgem Mártir Santa Cecília, das Santas Almas do Púrgatório, do Glorioso Santo Antonio, de N. S. das Dores, de N. S. do Rosário dos brancos, e, final-

---

46 Scarano, *Devoção e Escravidão, op. cit.*, p. 15.

47 De forma geral, as confrarias são classificadas em irmandades e ordens terceiras. A diferença principal é que estas últimas estavam associadas a ordens religiosas conventuais, advindo destes vínculos um maior prestígio e, por conseguinte, uma seleção mais rígida, em termos da hierarquia social dos associados.

48 Sobre confrarias leigas em Portugal ver capítulo I.

49 Pedro Penteado, "As confrarias portuguesas na época moderna: problemas, resultados e tendências de investigação". Separata de *Lusitânia Sacra*, 2ª série, Lisboa, 1995, p. 26-27.

mente, as de São Benedito e de N. S. do Rosário dos Pretos.⁵⁰ Algumas irmandades permaneciam nos altares laterais dos templos que as acolheram até a construção de uma capela ou igreja própria.

No ano de 1735 foi fundada na capela da Nossa Senhora da Penha de Itapagipe uma irmandade de pretos dedicada ao culto do Rosário de Nossa Senhora. Na ocasião, esta capela era uma filial da Freguesia de Santo Antonio Além do Carmo.⁵¹ Com a criação da freguesia de N. S. da Penha de Itapagipe, em 1763, a capela originária foi elevada a sede. A irmandade do Rosário dos Pretos permaneceu na sede da nova freguesia, dividindo o espaço com as irmandades do Santíssimo Sacramento e São Benedito até 1796. Neste ano, os irmãos pretos do Rosário transferiram suas atividades para uma capela própria, filial da mesma matriz.⁵² Alguns anos

---

50 Compromisso da Irmandade da Gloriosa Virgem Mártir Santa Cecília na Igreja de N. S. da Conceição da Praia deste Arcebispado da Bahia, ano de 1785, IAN/TT, Chancelarias da Ordem de Cristo, D. Maria I, livro 15, fls. 162v-168; Compromisso da Irmandade das Almas cita na Freguesia de N. S. da Conceição da Praia, IAN/TT, Chancelarias Antigas – Ordem de Cristo, livro 293, fls. 49-52v; Compromisso da Irmandade do Glorioso Santo Antonio cita na Freguesia de N. S. da Conceição da Praia, IAN/TT, Chancelarias Antigas – Ordem de Cristo, livro 297, fls, 166-168v; Compromisso da Irmandade de N. S. do Rosário da Praia, IAN/TT, Chancelarias Antigas – Ordem de Cristo, livro 293, fls. 290v.-294; Compromisso da Irmandade de São Benedito na Igreja de N. S. da Conceição da Praia, IAN/TT, Chancelarias Antigas – Ordem de Cristo, livro 297, fls. 109-112; Compromisso da Irmandade de N. S. do Rosário dos Pretos da Freguesia de N. S. da Conceição da Praia da cidade da Bahia, IAN/TT, Chancelarias Antigas – Ordem de Cristo, livro 306, fls. 16-22v.

51 Compromisso da Irmandade de N. S. do Rosário dos Pretos em Itapagipe de Baixo. BN/RJ, Manuscritos, II – 33, 22, 43.

52 Compromisso da Irmandade de N. S. do Rosário dos Pretos em Itapagipe de Baixo.

mais tarde, encontramos os irmãos de São Benedito, aqueles antes abrigados na antiga capela de Itapagipe, dividindo o espaço da nova capela com os irmãos do Rosário.[53] Esta dupla transferência parece apontar para uma soma de esforços das irmandades em questão na construção de uma igreja própria. A construção e a manutenção dos templos eram empreendimentos muito dispendiosos. Desse modo, a associação entre irmandades irmãs poderia ser uma das saídas encontradas.[54]

A administração das confrarias ficava a cargo da mesa administrativa, dividida, hierarquicamente, em cargos diversos segundo as funções específicas. Os cargos mais destacados eram os juízes, presidentes, provedores e priores (a denominação podia variar de associação para associação), seguidos pelos tesoureiros, escrivães, procuradores, consultores e, por fim, os irmãos mordomos. Algumas irmandades eram mistas, permitindo a participação de homens e mulheres.

Na segunda metade do século XVIII, 65 confrarias do Arcebispado da Bahia enviaram seus compromissos para serem aprovados ou confirmados em Lisboa. Destas, 28 estavam localizadas na cidade do Salvador.[55] Neste momento, instaurou-se uma disputa aberta entre autoridade ecle-

---

53 Compromisso da Irmandade do Glorioso São Benedito colocado na capela de N. S. do Rosário, filial da Mátria de N. S. de Itapagipe, 1800, AHU, Cód. 1929.

54 Ver: Marcos Magalhães de Aguiar, "Festas e rituais de inversão hierárquica nas irmandades negras de Minas Colonial". In: István Jancsó e Iris Kantor (orgs.), *Festa, Cultura e Sociabilidade na América Portuguesa*. São Paulo: Edusp/Imprensa Oficial, 2001, p. 361-393.

55 IAN/TT, Chancelarias Antigas – Ordem de Cristo, Livros: 280, 292, 293, 297, 306; Chancelarias da Ordem de Cristo, D. Maria I, Livros: 5, 14, 16, 17, AHU, Cód.: 1662, 1666, 1925, 1929, 1931, 1958. BNL – Reservados, Cód. 13029.

siástica e poder régio pelo controle mais direto das confrarias.[56] Desde então, a definição da jurisdição foi um campo aberto para disputas entre as irmandades e as autoridades, como veremos mais adiante. Os compromissos estabeleciam as normas de conduta para a vida dos irmãos. Disciplinavam e organizavam a vida e a morte dos associados, asseguravam direitos e impunham deveres, enfim, "normatizava[m] as relações no interior da confraria, recompensava e punia".[57] Os estatutos deveriam ser conhecidos e seguidos por todos os membros que, no ato da admissão, após a leitura dos capítulos, prestavam juramento.[58]

Os compromissos também definiam a "qualidade e condição" dos associados. Nas irmandades da Bahia colonial, critérios de pertença baseados na hierarquia do antigo regime, em vínculos corporativos ou de afinidade profissional, gênero e origem nacional, entre outros, foram muito comuns.

As prestigiosas Ordem 3ª de São Domingos e Irmandade da Misericórdia, por exemplo, exigiam dos candidatos a irmãos "pureza de sangue", ou seja, prova de que não tinham descendência de judeu, mouro, índio, negro ou qualquer outra "raça infecta".[59] Além destas, a Ordem 3ª de São Francisco e a Irmandade dos Santos Passos de Cristo, esta última ereta no Convento do Carmo,

---

56 Arlindo Rubert. *A Igreja no Brasil. Expansão territorial e absolutismo estatal (1700-1822)*. Santa Maria: Palloti, 1988, vol. 3, p. 223,

57 Sara Oliveira Farias, *"Irmãos de cor, de caridade e de crença": a Irmandade do Rosário do Pelourinho na Bahia do século XIX*. Dissertação (Mestrado) – Universidade Federal da Bahia, Salvador, 1997, p. 11-12.

58 Scarano, *Devoção e Escravidão, op. cit.*, p. 29.

59 João José Reis, *A Morte é uma festa. Ritos fúnebres e revolta popular no Brasil do século XIX*. São Paulo: Companhia das Letras, 1991, p. 53; Scarano, *Devoção e Escravidão, op. cit.*, p. 24.

também exigiam provas de "limpeza de sangue".[60] Na sociedade baiana setecentista, a nobreza e a "limpeza de sangue" não necessariamente eram atributos dos nobres de nascimento. O acúmulo de riquezas através da grande propriedade escravista e a ascensão de uma classe de homens de negócio tornaram mais elásticos os critérios de nobreza na colônia. "Ao lado de possuir linhagem, 'viver na nobreza' também significava um estilo de vida, isto é, segundo a concepção da época, servir-se de bestas, criados ou escravos, o que podia enobrecer o candidato."[61] As novas regras, decorrentes da expansão atlântica do Antigo Regime, foram absorvidas não sem pouca resistência pelos mais conservadores.

Vilhena protestou contra a elasticidade dos novos critérios de nobreza, pois estes permitiam "a confusão entre nobres, e abjetos plebeus". Para nosso "nobre" professor de grego, aqueles cujos "pais vindos não há muitos anos para o Brasil, para serem caixeiros (...) e juntaram grandes cabedais", costumavam gabar-se, sem nenhum merecimento, de uma condição inexistente de nobreza e fidalguia, sustentada apenas numa condição econômica privilegiada.[62] Assim, ser nobre na Bahia setecentista, ainda que dependesse integralmente da posse de escravos e riquezas (reais ou ostentadas), "não significava, ainda, o preenchimento das condições para se aspirar de pleno direito esta condição".[63]

---

60 Compromisso da Irmandade dos Santos Passos de Cristo Senhor Nosso, ereta no Convento do Carmo da Cidade da Bahia, IAN/TT, Chancelarias Antigas – Ordem de Cristo, Livro 297, fls. 89v-102.

61 Júnia Ferreira Furtado, *Chica da Silva e o Contratador dos Diamantes: o outro lado do mito*. São Paulo: Companhia das Letras, 2003, p. 58.

62 Vilhena, *A Bahia no século XVIII*, op. cit., p. 51-52.

63 Jancsó, *Na Bahia contra o Império*, op. cit., p. 76.

No final do século XVIII, muitos comerciantes da cidade da Bahia tinham lugar de destaque nas Ordens Terceiras de São Francisco e de São Domingos.[64] Esta presença denota que "a útil profissão do comércio" alcançava patamares cada vez mais honrados e "nobres" dentro das novas regras do Antigo Regime.[65]

Na Bahia colonial, o povo mecânico, ou seja, os trabalhadores manuais, também tinham suas confrarias particulares. Segundo Flexor, os ferreiros e serralheiros se reuniam na Confraria de São Jorge, os sapateiros e celeiros, na de São Crispim, e os carpinteiros, pedreiros, canteiros e torneiros reuniam-se sob a invocação de São José.[66] Ocupações mais prestigiadas também organizavam suas confrarias. Em 1775, a Irmandade da Gloriosa Virgem Mártir Santa Cecília, ereta na matriz da Conceição da Praia, congregava os músicos.[67]

Por fim, a população de cor, escrava e liberta, também tinha suas irmandades particulares. As diferentes invocações adotadas, bem como os critérios de entrada e possibilidades de acesso aos cargos mais elevados, evidenciam a diversidade desta comunidade na sociedade colonial baiana.

---

64 Reis, *A Morte é uma festa*, op. cit., p. 52.

65 L. da S. P. Oliveira, *Privilégios da nobreza e fidalguia de Portugal*. Lisboa: Nova Oficina de João Rodrigues Neves, 1806, p. 92.

66 Maria Helena Flexor, *Oficiais mecânicos na cidade do Salvador*. Salvador: Prefeitura de Salvador, 1974, p. 22.

67 Compromisso da Irmandade da Gloriosa Virgem Mártir Santa Cecília, ereta na matriz da Conceição da Praia, IAN/TT.

Devoções e irmandades de pretos

O século XVIII corria a mais de sua metade quando o franciscano Frei Jaboatão, com um notável entusiasmo, registrou o grande interesse que a participação em certas irmandades despertava entre os escravos e libertos.

> Não há cidade, vila, paróquia ou lugar aonde esta Gente não tenha Igreja sua, consagrada à Senhora com o título do Rosário, primeiro objeto e móvel de suas adorações, e que nestas tais Igrejas não dedique altar próprio ao seu São Benedito, com confraria e irmandade sua.[68]

Corretamente observou que as devoções mais populares de cativos e forros foram a Senhora do Rosário e São Benedito, o santo preto de Palermo. No início do Setecentos, Frei Agostinho de Santa Maria dá notícia de 27 imagens de devoção pública de Nossa Senhora do Rosário na capitania da Bahia. Da cidade do Salvador até Ilhéus, contou doze irmandades de "pretos", de devotos forros ou cativos, cultuando zelosamente a Virgem do Rosário. Além disso, em sete localidades onde não existia irmandade constituída, registrou que "servem os pretos cativos com fervorosa devoção e festejos ao seu modo, (...) como se fosse irmandade aprovada".[69] Os devotos de São Benedito na Capitania da

---

68 Frei Antonio Santa Maria Jaboatão, *Novo Orbe Seráfico Brasílico ou Crônica dos Frades Menores da Província do Brasil* [1761]. Rio de Janeiro: Tipografia Brasiliense de Maximiliano Gomes, 1859.

69 Frei Agostinho de Santa Maria, "Santuário Mariano e História das imagens milagrosas de Nossa Senhora milagrosamente manifestadas e aparecidas em o Arcebispado da Bahia" [1722]. Separata da *Revista do Instituto*

Bahia também foram numerosos. Segundo Antonia Quintão, foi a Bahia a capitania onde este santo alcançou maior popularidade, tendo em vista os números de irmandades a ele dedicadas, seis no total.[70]

Outras devoções, menos populares, é verdade, mas nem por isso de menor importância, foram adotadas pela população de cor: Santa Ifigênia, Santo Elesbão, Santo Rei Baltazar, Santo Antonio de Categeró, entre os santos pretos; assim como diferentes invocações de Cristo, tais como Senhor da Redenção, dos Martírios, da Ressurreição; além de outras invocações de Nossa Senhora, especialmente Amparo, Guadalupe e Conceição entre os pardos, dão mostra da riqueza do panteão devocional dos negros na Bahia colonial.

Na segunda metade do século XVIII, quase todas as freguesias da cidade de Salvador possuíam uma ou mais irmandades de pretos. Observemos a tabela seguinte:

Geográfico e Histórico da Bahia, Salvador, 1949, p. 86, 89, 113. Frequentemente, a devoção a um santo, por meio de festas e procissões, era ponto de partida para a constituição de uma irmandade, enquanto irmandades dedicadas exclusivamente à devoção do padroeiro não necessitavam de um compromisso aprovado pelas autoridades competentes.

70 Antonia Aparecida Quintão, *Lá vem meu parente: as irmandades de pretos e pardos no Rio de Janeiro e em Pernambuco (século XVIII)*. São Paulo: Annablume, 2002, p. 76.

Irmandades de Pretos na cidade do Salvador – Século XVIII[71]

Freguesias	Irmandades
São Salvador da Sé	Bom Jesus da Ressurreição; São Benedito; Santa Ifigênia
Nossa Senhora da Vitória	Nossa Senhora do Rosário dos Pretos
Nossa Senhora da Conceição da Praia	Nossa Senhora do Rosário dos Pretos; São Benedito; Senhor Bom Jesus da Redenção
Santo Antonio Além do Carmo	Nossa Senhora do Rosário dos Pretos
São Pedro	Nossa Senhora do Rosário dos Pretos; Santo Antonio de Categeró; Santo Rei Baltazar
Senhora Santana	Nossa Senhora do Rosário dos Pretos
Santíssimo Sacramento da Rua do Passo	Nossa Senhora do Rosário dos Pretos; Senhor Bom Jesus dos Martírios
Nossa Senhora da Penha de França de Itapagipe	Nossa Senhora do Rosário dos Pretos; São Benedito

71 Compromisso da Irmandade do Senhor Bom Jesus da Ressurreição dos Pretos Naturais de Barra Fora e para toda qualidade de pessoas que quiserem ser irmãos, Ereta na Igreja de Santo Ignácio na cidade da Bahia,1783, IAN/TT, Chancelarias da Ordem de Cristo, D. Maria I, livro 17, fls. 70v.-82; Frei Agostinho de Santa Maria, "Santuário Mariano", *op. cit.*; Luís Monteiro Costa, "A devoção de N. S. do Rosário na cidade do Salvador". *Revista do Instituto Genealógico*, 10, Salvador, 1959, p. 95-117; 11, Salvador, 1959, p. 155-177; Frei Antonio Santa Maria Jaboatão, *Novo Orbe Seráfico Brasílico, op. cit.*; Silva Campos, "Procissões Tradicionais da Bahia". *Anais do Arquivo Público da Bahia*, vol. 27, Salvador: Arquivo Público do Estado da Bahia, 1941; Manoel da Silveira Cardozo, "As irmandades da antiga Bahia", *op. cit.*, p. 235-261; Compromisso da Irmandade do Glorioso Santo Rei Baltazar colocada na Igreja da Freguesia de São Pedro da Cidade da Bahia, IAN/TT, Chancelarias Antigas – Ordem de Cristo, Livro 297, fls. 251-254.

Nas primeiras décadas do século XVIII, os devotos negros de Nossa Senhora do Rosário já tinham uma irmandade na igreja matriz da Vitória.[72] Seu primeiro estatuto, redigido em data desconhecida, aparece reformado e acrescido no compromisso aprovado em 1767 em Lisboa.[73] Embora não se conheça a data de fundação desta confraria, é muito provável que tenha sido criada nos fins do século XVII, assim como a maioria de suas congêneres na Bahia.

A devoção à N. S. do Rosário entre os pretos cativos e forros na antiga Sé Catedral remonta ao início do século XVII. Segundo informações recebidas por Frei Agostinho de Santa Maria, a imagem da Senhora do Rosário é bem "mais antiga do que a Senhora do Amparo, a que servem os seus confrades os pardos livres, porque esta foi colocada na capela da Sé em 1604. A Senhora do Rosário dos Pretos já neste tempo era por eles venerada e servida".[74] Formalmente ereta por antigo compromisso em 1685, entre os anos de 1703-1704, esta confraria deu início à construção de sua capela das Portas do Carmo.[75] Isto lhe dá o título de uma das mais antigas do Brasil. Segundo Edison

---

72 Frei Agostinho de Santa Maria, "Santuário Mariano", *op. cit.*, p. 51.

73 Compromisso da Irmandade de Nossa Senhora do Rosário na Matriz de Nossa Senhora da Vitória da Cidade da Bahia, IAN/TT, Chancelaria da Ordem de Cristo, Livro 297, fls. 58-63.

74 Frei Agostinho de Santa Maria, "Santuário Mariano", *op. cit.*, p. 63.

75 Sobre a história da Irmandade do Rosário das Portas do Carmo ver, entre outros: Carlos Ott, "A Irmandade do Rosário dos Pretos do Pelourinho". *Afro-Ásia*, 6, 7, 1968, p. 83-90; Jeferson Bacelar e Maria Conceição Barbosa de Souza, *O Rosário dos Pretos do Pelourinho*. Salvador: Fundação do Patrimônio Artístico e Cultural da Bahia, 1974 (Texto mimeo.); Farias, *"Irmãos de cor, de caridade e de crença"*, *op. cit.*

Carneiro, foi apenas antecedida pelas do Rosário do Rio de Janeiro e de Belém, organizadas, respectivamente, nos idos de 1639 e 1682.[76]

Em termos de antiguidade, o compromisso da Irmandade do Rosário dos pretos na matriz da Conceição da Praia disputa com o do Rosário da Sé. O primeiro compromisso da irmandade da Praia data de 1686.[77]

Ainda no final do século XVII, está situada a criação de outra importante confraria de pretos. A Irmandade do Rosário dos pretos da Freguesia de São Pedro foi fundada no ano de 1689, sendo aprovada pelas autoridades da colônia no ano de 1690. Ereta na igreja matriz da freguesia, ali permaneceu até 1746 quando, em razão de desentendimentos com o vigário, iniciou a construção de sua capela na rua grande de João Pereira Guimarães.[78]

Irmandades de pretos de outras invocações também foram criadas no final do século XVII. Dentre estas, destacam-se a Irmandade de Santo Antonio de Categeró e a de São Benedito na Praia. O Arcebispo da Bahia aprovou em 1699 os estatutos da irmandade de Santo Antonio de Categeró na Matriz de São Pedro.[79] Na segunda metade do século XVII, na capela do Corpo Santo, então matriz da paróquia da Conceição da

---

76 Edison Carneiro, *Ladinos e Crioulos: estudos sobre o Negro no Brasil*. Rio de Janeiro: Civilização Brasileira, 1964, p. 88.

77 Compromisso da Virgem Santíssima Mãe de Deus N. S. do Rosário dos Pretos da Praia, 1686. Arquivo da Igreja de N. S. da Conceição da Praia. (Transcrição gentilmente cedida por João José Reis).

78 Luís Monteiro Costa, "A devoção de N. S. do Rosário na cidade do Salvador". *Revista do Instituto Genealógico*, n. 11, p. 159-160.

79 Compromisso da Irmandade de S. Antônio de Categeró na cita matriz de São Pedro desta cidade da Bahia que seus devotos hão de guardar feito no ano de 1699. *Apud* Cardozo, "As irmandades da antiga Bahia", *op. cit.*, p. 253.

Praia, foi formada uma irmandade dedicada a São Benedito de Palermo. Seu primeiro compromisso foi feito no ano de 1684.[80]

São Benedito foi a segunda invocação preferida dos pretos cativos e forros na Bahia colonial, sobrepujado apenas pela incontestável Senhora do Rosário. A irmandade de São Benedito do Convento de São Francisco em Salvador foi uma das confrarias mas destacadas na cidade colonial.

> Dizem o Juiz e mais irmãos da confraria do Glorioso São Benedito dos Pretos desta cidade da Bahia que eles suplicantes tem na Igreja dos Religiosos de São Francisco desta cidade sua capela em que está colocado o dito Glorioso Santo, e nela costumam solenemente festejar o seu dia concorrendo todos os Irmãos com suas esmolas de sorte que se acha a dita capela com muito grande asseio pelo bom zelo em que administram os ditos Irmãos (…).[81]

Na sequência desta petição, redigida em abril de 1732, os irmãos de São Benedito solicitam licença para poderem usar seu esquife e com ele enterrarem os irmãos na capela da irmandade. Três anos depois,

---

80 Compromisso da Irmandade de São Benedito na Matriz da Praia desta cidade da Bahia, que seus devotos irmãos hão de guardar feito no ano de 1684. APEB, Sessão Colonial e Provincial, Maço 614-2.

81 Requerimento do Juiz e mais irmãos da confraria do Glorioso São Benedito dos Pretos da cidade da Bahia ao rei [D. João V] solicitando licença para poderem usar do seu esquife a fim de com ele enterrarem seus irmãos na sua capela, situada na Igreja de São Francisco, 24 de abril de 1732, AHU, Bahia – Avulsos, cx. 41, doc. 3724.

uma provisão régia concede a licença aos irmãos.[82] Estes documentos revelam que, já nas primeiras décadas do Setecentos, os irmãos de São Benedito do Convento de Santo Francisco possuíam uma irmandade com capacidade de organizar as festas do patrono, cuidar de sua capela e manter um esquife e seis sepulturas na igreja do convento.

O primeiro compromisso da Irmandade de São Benedito do Convento de São Francisco foi feito em 1730; a devoção, entretanto, remonta ao século anterior. Os frades deste Convento atribuíram a São Benedito um acontecimento milagroso, ocorrido no ano de 1623. Conta-se que Frei Bernardino de Santiago, guardião da casa do Seráfico Padre São Francisco da cidade da Bahia, levou a Imagem de São Benedito a um enfermo que estava no último dia de vida. Após a encomendação, o moribundo "lançou um bicho à maneira de cobra pequena, que lhe parecia tinha furado no coração, de que muito se queixava, e mandou fazer uma de prata à maneira da que botara, e trouxe a esta casa em memória do milagre". O enfermo, Luís Ferreira Pereira, era natural da cidade do Porto, onde residiu por muitos anos antes de mudar-se para o Brasil. No Porto, foi mordomo de São Benedito, donde se origina sua devoção ao santo.[83] A devoção de Luís Ferreira Pereira é apenas mais uma confirmação da popularidade do santo em terras lusitanas, principalmente pelos seus poderes taumaturgos.[84]

---

82 Provisão de S. M. concedendo aos Irmãos Pretos da Irmandade de São Benedito do Convento de São Francisco da Bahia o direito de terem tumba própria. Lisboa, 13 de janeiro de 1736. BN – RJ, Manuscritos, II, 33, 32, 12.

83 Jaboatão, *Novo Orbe Seráfico*, p. 91-94; Compromisso da Irmandade de Nossa Senhora do Rosário e São Benedito no Convento de São Francisco na Cidade do Porto, IAN/TT, OFM – Província de Portugal, São Francisco do Porto, Livro 3.

84 Foi publicado em Lisboa no ano de 1754, de autoria de um religioso nascido na cidade de São Paulo – Brasil, um curioso receituário "das vocações

Em Portugal, a primeira irmandade dedicada a São Benedito foi instituída no ano de 1609 no Mosteiro de Santa Joana, em Lisboa.[85] Não consta que esta tenha sido uma irmandade preferencialmente de negros, como a que se formou no convento de São Francisco, na mesma cidade de Lisboa.[86] A história do português Luís Ferreira Pereira, no entanto, sugere que a devoção ao santo preto de Palermo também tenha sido popular entre os brancos. Segundo os estatutos da antiquíssima Irmandade de N. S. do Rosário e São Benedito da cidade do Porto, reformados no ano de 1781, os brancos eram admitidos em lugares de destaque na confraria. Os cargos de juiz, tesoureiro, escrivão e mordomos deveriam ser ocupados por "homens dos principais da cidade (...), todos brancos e abonados".[87]

A imagem do santo, colocada num dos altares laterais da entrada da Igreja do Convento de Salvador até os dias de hoje, ocupa este

---

dos Santos para remédio de todas as enfermidades". Nesta publicação, recomenda-se invocar São Benedito como remédio para engasgo com ossos, espinhos ou espinhas de peixe. *Botica preciosa e tesouro precioso da Lapa. Em que se acham todos os remédios para o corpo, para alma e para vida.* Lisboa, 1754.

85 Didier Lahon, "Irmandade de escravos e forros". In: *Os Negros em Portugal* – Catálogo da exposição. Lisboa: Comissão Nacional para as Comemorações dos Descobrimentos, 1999, p. 136.

86 Uma irmandade dedicada à N. S. de Guadalupe foi instituída no Convento de São Francisco de Lisboa na década de 1580. Anos mais tarde, esta mesma irmandade adota, ao lado Virgem de Guadalupe, a invocação a São Benedito. É possível que esta adoção tenha sido consequência da popularidade do santo entre os escravos negros em Portugal.

87 Adição e reforma feita aos capítulos do Compromisso, ou Estatutos da Irmandade de N. S. do Rosário e São Benedito no Convento de São Francisco da cidade do Porto (...) feita neste presente ano de 1781, capítulo 5º, IAN/TT, Província de Portugal – São Francisco do Porto.

lugar desde pelo menos 1713, data de fundação do atual templo.[88] São Benedito nasceu numa pequena vila chamada San Fratello, situada entre Messina e Parlermo, em torno de 1526. Foi Frade Menor da Observância no convento de Santa Maria de Jesus, perto de Palermo. Morreu em 1589, sendo beatificado em 1763 e canonizado no início do século XIX, em 1807.[89] A força de sua devoção entre os negros na Bahia colonial precede e ultrapassa o aval romano, como demonstra o grande número de irmandades a ele dedicadas.[90]

---

88 Tânia Maria de Jesus Pinto, *Os negros cristãos católicos e o culto aos santos na Bahia Colonial*. Dissertação (Mestrado) – Universidade Federal da Bahia, Salvador, 2000, p. 46-49.

89 Vittorio Morabito, "San Benedetto il Moro, da Palermo, protettore degli africani di Siviglia, della penisola ibérica e d'América latina". In: Berta Ares Queija; Alessandro Stella, *Negros, mulatos, zambaigos. Derroteros africanos em los mundos ibéricos*. Sevilla: Escuela de Estudios Hipano-Americanos, 2000, p. 223. Ver também: Alban Butler, *A vida dos santos*. Petrópolis: Vozes, 1984, vol. 4, p. 48-50.

90 Segundo Vittorio Morabito, o culto a São Benedito se propagou no Novo e no Velho Mundo à margem dos ditames do catolicismo oficial. Morabito, "San Benedetto il Moro, da Palermo, protettore degli africani di Siviglia, della penisola ibérica e d'América latina", *op. cit.*, p. 224.

Irmandades de São Benedito no Arcebispado da Bahia – Século XVIII[91]

Igrejas	Freguesias	Cidade/Vila
Convento de São Francisco	São Salvador da Sé	Salvador
Igreja Matriz	Nossa Senhora da Conceição da Praia	Salvador
Igreja Matriz/Capela do Rosário	Nossa Senhora da Penha de Itapagipe	Salvador
Igreja Matriz	São Bartolomeu de Maragogipe	Maragogipe
Igreja Matriz	Nossa Senhora da Ajuda	Jaguaripe
Convento de São Francisco	Nossa Senhora do Rosário	Cairu
Convento do Bom Jesus (Franciscanos)	Nossa Senhora da Piedade	Vila do Lagarto – Sergipe Del Rey

Algumas ordens religiosas tiveram um importante papel na propagação de devoções adotadas pela população negra no período colonial. A importância dos franciscanos na propagação do

---

[91] Compromisso da Irmandade de São Benedito ereta no Convento de São Francisco da Bahia, IAN/TT, Chancelarias Antigas – Ordem de Cristo, Livro 293, fls. 119-123; Compromisso da Irmandade de São Benedito na Matriz da Praia desta cidade da Bahia, que seus devotos irmãos hão de guardar feito no ano de 1684. APEB, Sessão Colonial e Provincial, Maço 614-2; Compromisso da Irmandade do Glorioso São Benedito, ereta na Freguesia de N. S. da Penha de Itapagipe na cidade da Bahia, 1777, BNLI, Cód. 13029; Compromisso da Irmandade de São Benedito sita na Freguesia de Maragogipe, Recôncavo da Bahia, IAN/TT, Chancelarias Antigas – Ordem de Cristo, Livro 297, fls. 138v-140v; Compromisso da Irmandade de São Benedito ereta na Matriz de N. S. da Ajuda da Vila de Jaguaripe, IAN/TT, Chancelarias Antigas – Ordem de Cristo, Livro 297, fls. 222-223v; Compromisso da Irmandade de São Benedito ereta no Convento do Bom Jesus na Comarca de Sergipe Del Rey, Arcebispado da Bahia, IAN/TT, Chancelarias Antigas, Livro 280, fls. 349v-353; Compromisso da Irmandade do Glorioso São Benedito ereta no Convento de Santo Antonio da Vila de Cairu, 1777, IAN/TT, Chancelarias da Ordem de Cristo, D. Maria I, Livro 14, fls. 41-51v

culto a São Benedito justifica-se, primeiramente, por ser este santo um religioso desta ordem. Em Portugal, a exemplo de Lisboa e cidade do Porto, bem como em outras partes da América Portuguesa, foi possível identificar irmandades dedicadas a São Benedito em conventos franciscanos.[92] Na Bahia, além da irmandade sediada no Convento da cidade do Salvador, outros dois conventos da ordem patrocinaram a organização de confrarias dedicadas a São Benedito. No convento de Santo Antonio da Vila de Cairu, ao sul da capitania, e no convento do Bom Jesus, Capitania de Sergipe del Rei, os religiosos franciscanos deram abrigo a irmandades dedicadas ao santo preto de Palermo.[93] A devoção ao santo também acompanhou a ordem em suas atividades missionárias pelos sertões baianos. Pelo menos é o que sugere a imagem de São Benedito nas alfaias da missão franciscana do Senhor Bom Jesus da Vila de Jacobina.[94]

---

92 No Bispado de Pernambuco foram duas as irmandades dedicadas a São Benedito eretas em conventos da Ordem de São Francisco: no Convento de Santo Antonio na Vila de Ipojuca e no Convento de Santo Antonio da cidade do Recife. Compromisso da Irmandade de São Benedito no Convento de Santo Antonio da Vila de Ipojuca, IAN/TT, Chancelarias Antigas – Ordem de Cristo, livro 283, fls. 163-167; Compromisso da Irmandade de São Benedito no Convento de Santo Antonio da cidade do Recife, IAN/TT, Chancelarias Antigas – Ordem de Cristo, livro 283, fls. 167-173.

93 Compromisso da Irmandade de São Benedito ereta no Convento do Bom Jesus na Comarca de Sergipe Del Rey, Arcebispado da Bahia, IAN/TT, Chancelarias Antigas, Livro 280, fls. 349v-353; Compromisso da Irmandade do Glorioso São Benedito ereta no Convento de Santo Antonio da Vila de Cairu, 1777, IAN/TT, Chancelarias da Ordem de Cristo, D. Maria I, livro 14, fls. 41-51v.

94 Marcos Antônio Almeida, *Mudança de Hábito: papel e atuação do Convento de São Francisco em Salvador (1779-1825)*. Dissertação (Mestrado em Teologia Dogmática) – Faculdade de Teologia Nossa Senhora de Assunção, São Paulo, 1994, p. 109-110.

A devoção ao santo preto, apesar de sua presença em vários conventos da ordem, no decorrer dos séculos XVIII e XIX, ganhou independência dos frades e grande popularidade entre os negros. Além da irmandade na Matriz da Praia, São Bendito foi orago de outra irmandade numa igreja secular da cidade da Bahia. A Irmandade do Glorioso São Benedito esteve abrigada na matriz de Itapagipe até o final de século XVIII. Seu primeiro estatuto conhecido data de 1777.[95]

Além do santo de Palermo, outros oragos de cor preta foram devotamente cultuados na Bahia. Em 1763, uma imagem de Santa Ifigênia dividia com São Benedito a atenção dos fiéis negros que frequentavam a Igreja do Convento de São Francisco em Salvador.[96] Igualmente colocada num dos altares laterais de entrada, desde o início do século XVIII, a Princesa e Santa Ifigênia também era venerada por uma irmandade de devotos pretos que, especialmente no dia consagrado à São Mateus, patrocinava uma grande festa com Senhor exposto, sermão e missa cantada em sua homenagem.[97]

> Princesa da Núbia teria se convertido ao cristianismo tendo sido batizada pelo apóstolo São Mateus. Indiferente

---

95 Compromisso da Irmandade do Glorioso São Benedito, ereta na Freguesia de N. S. da Penha de Itapagipe na cidade da Bahia, 1777, BNL, Cód. 13029.

96 A santa africana, entretanto, não teve seu prestígio reconhecido pelos frades alemães que chegaram à Bahia no início do século XIX. Sua imagem foi removida de seu altar e substituída por Santa Luzia. Pinto, *Os negros cristãos católicos e o culto aos santos na Bahia Colonial, op. cit.*, p. 46.

97 Compromisso da Irmandade de Santa Ifigênia no Convento de São Francisco da cidade da Bahia, IAN/TT, Chancelarias Antigas – Ordem de Cristo, livro 301, fls. 106-111v.

aos prazeres mundanos e aos requintes da corte, tornou-se religiosa fundando um convento. Após a sua conversão, seu tio, que usurpara o trono, desejou desposá-la. Diante da negativa de Efigênia, o rei teria mandado atear fogo à sua habitação religiosa que foi milagrosamente salva por intercessão aos céus.[98]

No início do século XVIII, havia uma imagem de Santa Ifigênia colocada num dos altares da igreja do Carmo em Lisboa. A imagem da santa africana era "continuamente buscada de muitas pessoas, a quem [consta ter feito] portentosos benefícios".[99] Nesta mesma igreja do Carmo, um seleto grupo de senhoras ilustres instituíram uma

---

98 Anderson José Machado de Oliveira, *"Os Santos Pretos Carmelitas": culto dos santos, catequese e devoção negra no Brasil Colonial*. Tese (Doutorado) – Universidade Federal Fluminense, Niterói, 2002, p. 157. Oliveira toma por referência as hagiografias de Santa Ifigênia e Santo Elesbão elaboradas pelo carmelita Frei José Pereira de Santana. Organizada em dois tomos, cada qual dedicado a um dos santos, a obra do religioso carmelita é fundamental para a investigação da história antiga da devoção, bem como para a compreensão de sua expansão moderna. José Pereira de Santa Anna, *Os dous atlantes de Ethiopia. Santo Elesbão, Emperador XLVII da Abessina, Advogado dos perigos do mar, e Santa Ifigênia, Princeza da Núbia, Advogada dos incêndios dos edifícios, Ambos Carmelitas*. Tomo Primeiro Que trata da história do Atlante Primeiro. Lisboa Occidental: Na Officina de Antonio Predozo Galram. 1745; Santa Anna, *Segundo Atlante de Ethiopia Santa Ifigênia, Princeza do Reyno da Núbia; Religiosa Carmelita, Advogada contra os incêndios*. Tomo Segundo Que trata da história do Atlante Segundo. Lisboa Occidental: Na Officina de Antonio Predozo Galram, 1738. Anônimo, *A Inclita Virgem Santa Ifigênia, Princesa do Reino da Núbia, Religiosa Carmelita, De cor Preta*. Lisboa, século XVIII.

99 Anônimo, *A Inclita Virgem Santa Ifigênia, Princesa do Reino da Núbia, Religiosa Carmelita*, op. cit.

confraria para devoção especial da princesa do reino da Núbia. Para estímulo dos fiéis e propagação da devoção, na portaria do Convento dos carmelitas em Lisboa estava à venda o livro do Frei José Pereira de Santa Ana sobre a vida de Santa Ifigênia, com o título de *Segundo Atlante de Etiópia Santa Ifigênia*.[100] Numa edição mais condensada e popular vendia-se também "um livrinho com o título de *Mestre da Morte e Medianeira da vida eterna*, onde está a devoção, que se costuma fazer a esta santa".[101]

A devoção teve início na cidade de Cadiz, na Espanha,

> onde na Igreja paroquial da Virgem Senhora do Rosário existe de Santa Ifigênia um bem paramentado altar, no qual com louvável frequência de toda Nobreza e Plebe se lhe dedicam, não só os obséquios anuais, e estrondosas festas, mas também os quotidianos de incessantes votos, e intermináveis rogativas.[102]

Santo Elesbão foi igualmente uma devoção estimulada pelos carmelitas. Segundo a tradição carmelita, era natural da Etiópia e 46º neto do Rei Salomão e da Rainha de Sabá, sendo imperador de seu país no século VI. "Foi creditada a Elesbão a extensão do reino cristão da Etiópia até o lado oposto do Mar Vermelho, impondo-se aos árabes do Iémen. (...) Ao final da vida, o imperador etíope teria re-

---

100 José Pereira de Santa Anna. *Segundo Atlante de Ethiopia Santa Ifigênia*, op. cit.

101 Anônimo, *A Inclita Virgem Santa Ifigênia, Princesa do Reino da Núbia, Religiosa Carmelita, De cor Preta*, op. cit.

102 *Idem, Ibidem*.

nunciado ao trono em favor de seu filho, doando sua coroa à Igreja e tornando-se anacoreta."[103]

Assim como Ifigênia, foi homenageado com um altar na igreja do convento do Carmo em Lisboa, em torno do qual se organizou uma irmandade para cuidar de sua devoção.[104] Não encontrei notícias de irmandade dedicada a este santo africano na Bahia colonial, o que não significa, de modo algum, o desconhecimento de seu culto. Encontra-se atualmente na igreja de São Lourenço, na ilha de Itaparica, uma imagem de Elesbão que pertenceu ao acervo da matriz da ilha e data provavelmente do século XVIII.[105] É possível que esta imagem tenha pertencido à irmandade do Rosário dos pretos, ereta na igreja matriz da Ilha de Itaparica ainda no século XVII.[106]

O mítico Rei Baltazar foi outro santo africano de linhagem real – tal qual Ifigênia e Elesbão – cultuado na Europa cristã de meados do século XIV ao XVI. A expansão do culto aos santos pretos expressa um ideal missionário universalista com respeito à conversão dos gentios.[107] Do mesmo modo, parece que estamos diante de uma outra compreensão da humanidade, onde as virtudes se elevam sobre os "acidentes" da cor.

---

103 Anderson José Machado de Oliveira, "*Os Santos Pretos Carmelitas*", op. cit., p. 157.

104 Anônimo, *O Glorioso Santo Elesbão, Imperador da Etiopia Alta, Religioso Carmelita, Preto na Cor*. Lisboa, século XVIII.

105 Pinto, *Os negros cristãos católicos e o culto aos santos na Bahia Colonial*, op. cit., p. 55-56.

106 Frei Agostinho de Santa Maria, "Santuário Mariano", op. cit., p. 129-30.

107 Pinto, *Os negros cristãos católicos e o culto aos santos na Bahia Colonial*, op. cit., p. 50.

Na matriz da freguesia de São Pedro foi instituída uma confraria com a designação de Irmandade do Glorioso Santo Rei Baltazar. Seus estatutos, aprovados em Lisboa em 1768, definiam que aquela era uma irmandade de homens e mulheres pretos. Ditava ainda que a presença de brancos na mesa diretiva ficava restrita única e exclusivamente aos cargos de escrivão e tesoureiro.[108]

Santo Antonio de Categeró foi igualmente cultuado por uma irmandade de pretos forros e cativos num dos altares da matriz de São Pedro. A identidade deste santo, mulçumano convertido ao cristianismo pelo próprio senhor, ainda não foi devidamente esclarecida. Segundo a tradição devota, Santo Antonio de Categeró ou Catalagerona (corruptela de Cataljirona, cidade da Sicília) é o mesmo Santo Antonio de Noto, igualmente mulçumano convertido ao catolicismo, eremita e 3º franciscano.[109] Para Lahon, esta identificação foi fruto de uma confusão que se instaurou no Brasil e mesmo em Portugal, uma vez que, para este estudioso, trata-se de dois personagens distintos, ainda que contemporâneos e donos de biografias muito semelhantes.[110] A literatura religiosa de cunho confessional, no entanto, corrobora a tradição devota.[111]

---

108 Compromisso da Irmandade do Glorioso Santo Rei Baltazar colocada na Igreja da Freguesia de São Pedro da Cidade da Bahia, IAN/TT, Chancelarias Antigas – Ordem de Cristo, Livro 297, fls. 251-254.

109 Venerável Ordem Terceira do Rosário de Nossa Senhora às Portas do Carmo – Pelourinho, Irmandade de Homens Pretos, *Devoção do Glorioso Santo Antonio de Categeró*, s/d.

110 Lahon, "Irmandade de escravos e forro", *op. cit.*, p. 136.

111 Salvatore Guastela, *Santo Antonio de Categeró: sinal profético do empenho pelos pobres*. São Paulo: Paulus, 1986. Este autor utiliza como referência histórica principal a obra Vida y milagros del hermano Antônio de Catalagerona, santo negro de la Tercera Orden, colegida de tres proces-

A imagem do Santo Antonio preto, representado com o Menino Jesus no colo, tal qual a capa do compromisso da Irmandade de Santo Antonio de Categeró na cidade da Bahia, foi muito popular em Portugal.[112] No final do século XVIII, o sacerdote sueco Carl Israel Ruders presenciou uma das mais importantes procissões do calendário festivo de Lisboa. Na procissão do Santo Antonio de Lisboa desfilavam pelas ruas "uma grande quantidade de imagens, algumas representando Santo Antonio e a Mãe de Deus com o Redentor nos braços". Dentre as inúmeras imagens, a de um santo preto era um dos atrativos da procissão. "O andor deste santo preto, de lábios grossos, era levado por negros e acompanhado por padres da mesma cor, seguidos de uma multidão de pretos e mulatos."[113] É provável que o

---

sos autenticos y de noventa testigos jurados, escrita por Antônio Daça em 1610.

112 Os estatutos da Irmandade de Santo Antonio de Catagerona foram submetidos à aprovação do Arcebispado da Bahia no ano de 1699. Consta no parecer do padre provisor uma reprimenda com respeito à imagem do santo pintada na capa do compromisso. Segundo o provisor e mestre escola Dom Sebastião dos Vale Pontes, era incorreta a representação do santo com o Cristo Menino nos braços "porque ainda que conste da sua vida ser muito devoto do santíssimo Nome de Jesus: não consta que este senhor em forma de menino lhe aparecesse, ou fizesse alguns favores, que é o que move a Igreja a permitir os Santos com o Menino Jesus nos braços", por este motivo, indicou em seu parecer "que até mais clara notícia, se pintem, e façam as Imagens deste santo (...) com uma cruz nas mãos, como se acha na casa dos 3º de São Francisco desta Cidade". Parecer do Padre Provisor Doutor Sebastião do Vale Pontes sobre o Compromisso da Irmandade de Santo Antonio de Catagerona, sita na matriz de São Pedro na cidade da Bahia, 1699. In: Cardozo, "As irmandades na antiga Bahia", *op. cit.*, p. 251-52.

113 Carl Israel Ruders, *Viagem em Portugal, 1798-1802*. Lisboa: Biblioteca Nacional, 1981, p. 52.

santo preto que desfilava na procissão do patrono de Lisboa fosse o particular Santo Antonio dos negros. Além da afinidade epidérmica, a popularidade do Santo Antonio preto em Portugal provavelmente se relaciona com a importância deste santo no catolicismo centro-africano, como foi discutido no capítulo 1.

A devoção ao Santo Antonio preto também foi conhecida no Reino de Angola. Em seu testamento, datado de 21 de dezembro de 1789, José Manuel, comerciante na cidade de Benguela, determinou que:

> Sendo seu falecimento nesta cidade, será meu corpo amortalhado em mortalha branca segundo o costume da terra, e conduzido no esquife de Santo Antonio de Catalagerona, acompanhado pelos seus irmãos para a igreja da Freguesia de Nossa Senhora de Populo, onde quero ser sepultado.[114]

Muitos fatores pesavam na escolha dos santos patronos. Entre os negros, a afinidade epidérmica e geográfica não pode ser desconsiderada. A valorização dos santos negros, ainda que humildes servos como São Benedito e Santo Antonio de Categeró, não deixava de ser um campo aberto para reinterpretações da mensagem católica. Boschi também sugere que a identidade com as "agruras" dos santos foi importante elemento para a identificação e adoção dos patronos pelas irmandades de negros.[115]

---

114 Testamento de José Manuel em 21 de dezembro de 1789, fls. 33v-34v., IAN/TT, Feitos Findos – Justificações Ultramarinas, maço 16, doc. 9. Agradeço a Roquinaldo Ferreira a referência documental.

115 Caio Boschi, *Os leigos e o poder: irmandades leigas e política colonizadora em Minas Gerais*. São Paulo: Editora Ática, 1986, p. 26.

Sem deixar de levar em conta as escolhas efetuadas pelos africanos e seus descendentes, é importante também considerar que as escolhas foram, muitas vezes, circunscritas. O investimento das ordens religiosas na propagação de patronos negros para os negros, como sugeri acima com relação aos franciscanos e carmelitas, é uma limitação considerável.

Mas isto não torna menor o esforço de apropriação dos santos católicos pelos africanos e seus descendentes. No continente africano, as imagens sagradas do rito católico, incluindo neste rol as imagens de santos, foram interpretadas, num primeiro momento, como objetos mágicos e poderosos. No século XVII, entretanto, já circulava entre os conversos africanos a crença no santo-parente. Testemunhou Cadornega que, naquele tempo, corria em Angola uma "lenda" de que São Benedito era natural daquele reino, mais precisamente da cidade de Quissama.[116]

Em Portugal e na América, os santos pretos ganharam estatuto de ancestrais poderosos e igualmente reconhecidos no mundo dos senhores brancos. Os irmãos de São Benedito de Ribeirão do Carmo em Minas Gerais deixaram um precioso registro que bem ilustra esta interpretação.

> Quão admirável seja Deus em seus Santos notoriamente se manifesta no prodigioso sujeito de São Benedito, que bem se pode com razão afirmar, que na graça Divina lhe saiu a este santo a sorte em preto; e que não obstante o escuro dos acidentes, foi muito esclarecido em todo gênero da virtude, fazendo um protótipo e exemplar para nós a gente de cor preta; para que nos animássemos ao exercício

---

116 Cadornega, *História Geral das Guerras Angolanas*, op. cit., p. 27.

de obras espirituais que conduzem para o senhor, que esperamos de conseguir a bem-aventurança. E, portanto, agradecidos os homens e mulheres pretos a um santo que tão bom exemplo e tanta honra deu aos parentes.[117]

Desse modo, o parentesco com o santo se desvincula das complicadas relações sociais de parentesco e ganha moldes aparentemente mais simples. A interpretação do santo-parente sugere que a apropriação negra das devoções católicas foi condição essencial para sua aceitação e propagação entre os negros nos três continentes.

Devoções e irmandades urbanas e rurais

Embora as irmandades de negros tenham alcançado maior destaque nos grandes centros urbanos, elas também tiveram um papel importante nas vilas e arraiais do recôncavo da Bahia, litoral sul e norte e sertão adentro. É certo que as irmandades interioranas não foram tão ricas e numerosas como suas congêneres urbanas. Tiveram problemas específicos à condição periférica das vilas onde estavam instaladas, mas nem por isso deixaram de contribuir para uma história comum das confrarias negras. Embora o cotidiano dos escravos do interior fosse bem diferente daqueles empregados nos variados serviços urbanos na capital, seu interesse pelas confrarias parece ter sido muito semelhante.

Nas regiões produtoras de cana-de-açúcar, se bem que a população escrava estivesse concentrada nos engenhos, sua presença no centro da vila era marcante, principalmente nos dias festivos. No Natal de 1808, escravos de vários engenhos de Santo Amaro foram comemorar

---

117 Compromisso da Irmandade de São Benedito de Ribeirão do Carmo, Minas Gerais, AHU, Cód. 21, fl. 8.

sua folga no perímetro urbano da vila.[118] Ali, pelo menos uma irmandade de negros alcançou autorização régia para seu funcionamento, revelando, desse modo, certa solidez em sua organização e funcionamento. Trata-se da Irmandade do Rosário dos Homens Pretos, estabelecida numa capela própria no ano de 1803.[119]

Parece ter sido frequente a participação de escravos dos engenhos e fazendas nas irmandades criadas nas matrizes de suas vilas, povoados e arraiais. Pois "os escravos de engenho não se isolavam em comunidades fechadas dentro de cada engenho e fazenda, mas circulavam entre uma propriedade e outra, e entre estas e as vilas".[120] Nuno Marques Pereira, visitando a Bahia nas primeiras décadas do século XVIII, deixou uma descrição preciosa da participação de escravos rurais nas confrarias:

> Eu conheci um preto casado, por nome Manoel, em certa Vila, o qual sendo cativo, tinha sua casa na fazenda de seu Senhor, muito limpa, e asseada: e na varanda tinha um nicho feiro, e nele um altar, onde estava colocada uma imagem de Cristo, e outra da Senhora do Rosário, com outros Santos; todos os dias cantava terço com sua mulher e filhos (…). Com estas e outras razões os capacitava, e

---

118 José Roiz de Gomes para o capitão-mor Francisco Pires de Carvalho e Albuquerque, 20.01.1809, APEB, Capitães-mores. Santo Amaro, 1807-1822, maço 417-1. Documento analisado por João J. Reis, "Identidade e diversidade étnicas nas irmandades negras no tempo da escravidão". *Tempo*, n. 2, 3, Rio de Janeiro, 1997, p. 7-33.

119 Compromisso da Irmandade do Rosário dos Homens Pretos da Vila de Santo Amaro da Purificação, ereta em capela própria, 1803, AHU, Cód. 1931.

120 João José Reis, "Identidade e Diversidade nas Irmandades negras no tempo da escravidão", *op. cit.*, p. 9.

evitava de muitos vícios e pecados. Era muito bem visto de todos os brancos, e nas eleições de suas Confrarias e Irmandades, tinha o primeiro voto, pelo zelo, com que servia a Deus, e à Senhora do Rosário na sua Matriz. Teve muito boa morte, e acabou com muito boa opinião.[121]

Décadas mais tarde, numa localidade distante da vila de Cachoeira, ainda que fosse freguesia da mesma, numa pequena capela dedicada a Conceição e São Bento, na Beira da Mata de Paramirim, foi instituída a Irmandade da Imaculada Virgem Nossa Senhora da Conceição dos Homens Pretos, com o especial título do Rosário.[122] Seguramente, esta capela estava localizada numa das inúmeras fazendas da região.

As irmandades organizadas nas capelas de engenhos e fazendas ainda não receberam a devida atenção dos pesquisadores do assunto. Um dos motivos para tal "negligência" é a dificuldade de investigação das fontes documentais que tratam da vida dos cativos nas propriedades rurais. A vivência católica dos negros no campo, quando apenas circunscrita a uma fazenda ou engenho, enquanto experiência associativa tinha uma lógica particular. A maioria das comunidades agrícolas recebia a visita de um padre por ocasião das desobrigas e

---

121 Nuno Marques Pereira, *Compêndio Narrativo do Peregrino da América, em que tratam vários discursos espirituais, e Morais, com muitas advertências, e documentos contra os abusos, que se acham introduzidos pela malícia diabólica no Estado do Brasil*. Lisboa: Oficina de Manoel Fernandes Costa, 1731, p. 140.

122 Compromisso da Irmandade da Imaculada N. S. dos Homens Pretos (N. S. do Rosário), ereta na capela da Senhora Conceição e São Bento na Beira da Mata de Paramirim Freguesia de São José das Itapororocas, IAN/TT, Chancelarias da Ordem de Cristo, D. Maria I, livro 16, fls. 79-82.

festas dos santos padroeiros. Nestas ocasiões, os escravos também festejavam seus santos com entusiasmo e modos que lembravam as festas das confrarias urbanas.

> Portanto, não estranhem os senhores o criarem seus reis, cantar e bailar por algumas horas honestamente em alguns dias do ano, e o alegrarem-se inocentemente à tarde depois de terem feito pela manhã suas festas de Nossa Senhora do Rosário, de São Benedito e do orago da capela do engenho, sem gasto dos escravos, acudindo o senhor com sua liberalidade aos juízes e dando-lhe algum prêmio do seu continuado trabalho. Porque se os juízes e juízas da festa houverem de gastar de seu, será causa de muitos inconvenientes e ofensas a Deus, por serem poucos os que o podem licitamente ajuntar.[123]

O texto do jesuíta Antonil sugere que as comemorações em homenagem aos padroeiros dos cativos ocorriam com frequência nos engenhos coloniais. Estas comemorações, que segundo o jesuíta deveriam ser patrocinadas pelos senhores, eram organizadas pelos próprios cativos. A escolha de juízes e juízas da festa, entre os próprios promotores, denota a existência de uma organização mais sólida. É evidente que os devotos pretos da Senhora do Rosário e São Benedito poderiam reunir-se na capela do engenho para celebrar seus santos de devoção sem que isso implicasse, necessariamente, ter uma irmandade constituída. Muitas comunidades devotas, antes de constituírem

---

123 André João Antonil, *Cultura e Opulência do Brasil* [1711]. Belo Horizonte/São Paulo: Editora Itatiaia/Edusp, 1982, p. 92.

irmandades, patrocinavam as festas de seu santo. Estas comemorações foram, em muitas partes da capitania, pontos de partida para a criação de irmandades.[124]

De todas as formas, é pouco provável que as confrarias negras tenham alcançado no meio rural o mesmo espaço de atuação que conseguiram nas cidades, vilas ou povoados mais desenvolvidos. O que parece demonstrado, no entanto, foi o papel fundamental das devoções à Senhora do Rosário e São Benedito como signos aglutinadores dos cativos também nas fazendas e engenhos. Esta vivência, certamente, alimentou experiências comuns entre as coletividades de escravos e libertos da cidade e do campo.

Devoções e irmandades de pardos cativos e forros

A escolha e apropriação de devoções particulares expressavam a diversidade no interior da população de cor. Esta população, em torno de dois terços dos habitantes da cidade de Salvador, não era um conjunto homogêneo, ao contrário, formava um conjunto diversificado, no tocante à condição jurídica, e também no que dizia respeito às identidades sociais atribuídas ou assumidas. As devoções particulares dos homens pardos, no século XVIII, são expressivas de realidades sociais abrangentes. As particularidades deste grupo se revelam numa marca de distinção, fundamental em suas irmandades, e praticamente insignificante nas de pretos. Ao que parece, para os pardos, a explicitação da condição jurídica era significativamente mais importante que para os pretos.

---

124 Frei Agostinho de Santa Maria, "Santuário Mariano", *op. cit.*, p. 66, 85, 89.

Na matriz de São Bartolomeu da Maragogipe, os pardos cativos criaram uma irmandade dedicada a N. S. de Guadalupe.[125] A invocação a Nossa Senhora, aparecida em Castela no século XV, tornou-se, na América Portuguesa, uma das devoções preferidas dos pardos cativos – aceitação, talvez, relacionada à importância deste culto entre as comunidades indígenas e mestiças da América Hispânica. No século XVI, nos idos de 1555 ou 1556, uma aparição da mãe Santa Maria de Guadalupe, no antigo santuário indígena de Tepeyac, na cidade do México, inaugurou uma fervorosa devoção à "Virgem Morena", futura padroeira do país dos antigos astecas.[126]

Consta que no ano de 1628, ainda no tempo da União Ibérica, alguns espanhóis teriam colocado uma imagem de N. S. de Guadalupe numa das capelas da igreja catedral da cidade da Bahia e, logo em seguida, fundaram uma irmandade com o fim de solidificar a devoção. Após a Restauração portuguesa, a Senhora de Guadalupe parece ter ficado "carente" de seus devotos espanhóis na Bahia. Nesta ocasião, "se aproveitariam os pardos, cativos dela, pedindo-a ao Bispo, ou Cabido, (...) para que eles se entregassem ao cuidado de sua capela e do seu serviço".[127] Desse modo, no início do século XVIII, os pardos cativos tornaram-se conhecidos como irmãos e confrades dedicados à Virgem de Guadalupe na Sé da Bahia.

Na freguesia de Cotegipe, subúrbio da cidade, os pardos cativos também instituíram uma irmandade dedicada a Guadalupe. Relatou

---

125 Compromisso da irmandade de Nossa Senhora de Guadalupe na Freguesia de São Bartolomeu da Maragogipe, IAN/TT, Chancelarias Antigas/Ordem de Cristo, livro 297, fls. 141-143.

126 Serge Gruzinski, *O Pensamento Mestiço*. São Paulo: Companhia das Letras, 2002, p. 290-292.

127 Frei Agostinho de Santa Maria, "Santuário Mariano", *op. cit.*, p. 36.

o vigário da igreja de Cotegipe, João Francisco dos Santos, que a imagem havia sido colocada em sua capela no ano de 1711 e que

> no primeiro dia em que se colocou, fez logo um notável milagre, sarando repentinamente uma ferida muito perigosa, que tinha na cabeça uma escrava da mesma devota. [O milagre] acendeu o fogo da devoção nos corações dos pardos cativos, que logo trataram de lhe erigir uma Irmandade, os quais a servem com muito zelo e fervor.[128]

A narrativa do milagre de Cotegipe estabelece um vínculo espiritual entre a devoção e os pardos escravos e também um esforço do clero na construção de uma identidade entre a santa e este grupo social. A Bahia não foi a única capitania em que os pardos se apropriaram da devoção à Virgem de Castela. Em Olinda, os pardos cativos e forros, além de instituírem uma irmandade à Senhora de Guadalupe no ano de 1626, ergueram uma igreja sob sua invocação.[129] A convivência dos pardos cativos e forros sob o manto da Virgem de Guadalupe, tal como se deu em Pernambuco, parece não ter sido corriqueiro em outras regiões da América portuguesa. Frequentemente, as confrarias de pardos, ainda que aceitassem livres e cativos sob o mesmo teto, costumavam se dividir em duas mesas diretoras distintas. Este é um aspecto que merece uma reflexão à parte, pois a escolha de diferentes invocações também pode ter sido uma forma de distinguir a posição social dos confrades mestiços.

---

128 *Idem, Ibidem*, p. 125.

129 Quintão, *Lá vem meu parente, op. cit.*, p. 183-184.

Na matriz da Vila de Maragogipe, os pardos possuíam duas irmandades sob seus cuidados. Enquanto os escravos se reuniam sob a invocação da Guadalupe, como já destaquei acima, os homens pardos forros tinham preferência pela confraria da Virgem N. S. do Amparo.[130] Embora os estatutos desta irmandade pregassem a união de escravos e forros, permitindo que "qualquer pessoa, assim livre como cativo [pudesse] servir juntamente uns e outros", a divisão das confrarias de pardos, com base na condição jurídica, aparece com muita frequência nos registros documentais.[131]

Assim como a Guadalupe parece ter sido uma devoção privilegiada pelos cativos, as devoções à N. S. do Amparo e N. S. da Conceição foram mais presentes entre os pardos forros. Em Cotegipe, enquanto os pardos escravos eram devotos da Virgem de Guadalupe, os pardos libertos preferiam a devoção à Nossa Senhora do Amparo.[132] Também na vila de Jaguaripe eram os pardos forros os responsáveis diretos pela Irmandade do Amparo. Nesta associação, os cargos de mesa eram ocupados exclusivamente por libertos, cabendo aos cativos apenas os postos de mordomos e mordomas.[133] Foi mais radical a irmandade de N. S. da Conceição dos homens pardos da freguesia de Santo Antonio

---

130 Compromisso da Irmandade de Nossa Senhora do Amparo na Freguesia de Maragogipe, Recôncavo da Bahia, IAN/TT, Chancelarias Antigas/ Ordem de Cristo, livro 297, fls. 149-151.

131 *Idem, Ibidem.*

132 Frei Agostinho de Santa Maria, "Santuário Mariano", *op. cit.*, p. 125-126.

133 Compromisso da Irmandade de Nossa Senhora do Amparo da Freguesia de Nossa Senhora da Ajuda de Jaguaripe, Chancelarias Antigas – Ordem de Cristo, livro 297, fls. 228-230v, cap. II.

Além do Carmo na cidade da Bahia, a Irmandade dos do Boqueirão não aceitava a entrada de escravos.[134]

A reunião dos pardos em irmandades distintas das dos pretos africanos e crioulos, bem como a divisão do grupo segundo a condição escrava ou livre, chamam a atenção para a complexidade deste grupo nas sociedades coloniais. No Reino e na América Portuguesa, "as diferenças de cor de pele foram lidas como marcas simbólicas de distinção social". Se a cor branca carregava os sinais da distinção e da liberdade, a tez escura estava associada direta ou indiretamente à escravidão.[135] Nesse sentido, o clareamento da tez significava, de alguma forma, um melhoramento dentro da hierarquia das cores, sobretudo quando era acompanhado de outras distinções econômicas e sociais. Ainda que carregasse o estigma da cor e da escravidão, a posição social dos pardos forros poderia ser bastante diferenciada entre si e, sobretudo, da de seus pares escravos. Estes, juntamente com os pardos livres, formavam grande parte dos trabalhadores da cidade de Salvador. "Originários em boa parte da escravidão, esses homens sofriam limitações objetivas à ascensão social, derivados dos mecanismos limitativos à atividade econômica urbana inerentes ao Antigo Sistema Colonial."[136]

Alguns, entretanto, conseguiram romper as barreiras da cor e ascender a posições sociais e econômicas mais elevadas. Este grupo provocava uma espécie de confusão nos padrões sociais estabelecidos sobre

---

134 Reis, *A Morte é uma festa, op. cit.*, p. 54.

135 Silvia Hunold Lara, *Fragmentos Setecentistas: Escravidão, Cultura e Poder na América Portuguesa*. Tese (Livre Docência) – Unicamp, Campinas, 2004, p. 156.

136 Jancsó, *A Bahia contra o Império, op. cit.*, p. 98

os pilares da escravidão. Assim como na Bahia, nas Minas Gerais setecentista a opinião dos brancos sobre os mulatos livres e libertos era bastante desfavorável.[137] Em 1775, a Câmara de Mariana manifestou com visível irritação "a muita desenvoltura com que vivem os mulatos, sendo tal a sua atividade que não reconhecendo a superioridade nos brancos se querem igualar a eles".[138] A ostentação de signos de nobreza e de bem viver era uma das estratégias de distinção utilizadas por este grupo. Tão atento quanto preconceituoso, Vilhena reconhece certa peculiaridade no mundo dos "mulatos ricos" ao afirmar que "quase todos (...) querem ser fidalgos, muito fofos e soberbos, e pouco amigos dos brancos, e dos negros, sendo diferentes as causas".[139]

A imposição de restrições aos pretos – escravos e libertos – assim como aos brancos por algumas irmandades de pardos parecem confirmar as observações de Vilhena, no que diz respeito à condição específica dos pardos livres e libertos. A irmandade de N. S. da Conceição dos Pardos de Santana do Camisão, freguesia de Cachoeira, aceitava pretos apenas como mordomos.[140] Na Vila de Cairu, a irmandade local

---

137 Entendo os conceitos mulato e pardo como sinônimos pois, segundo a sugestão de Bluteau, assim eram entendidos no século XVIII. Entedia Bluteau que mulato(a) era filho de negro(a) e branco(a), e pardo mais especificamente a cor entre negro e branco. Desse modo, homem pardo era sinônimo de mulato ou amulatado. Bluteau, *Vocabulário portuguez e latino* [1712]. Rio de Janeiro: UERJ, 2000 (CD-ROM). Verbetes "mulato", "pardo".

138 AHU, Minas Gerais, cx. 37, 3-12-1775. *Apud* Scarano, *Devoção e Escravidão*, op. cit., p. 121.

139 Vilhena, *A Bahia no século XVIII*, op. cit., vol. 1, p. 53.

140 Reis, *A Morte é uma festa*, op. cit., p. 54.

dos homens pardos, também dedicada ao culto de N. S. da Conceição, não permitia que os brancos assumissem cargos de mesa.[141] Minimizar os rastros da "mancha de sangue" não era tarefa impossível aos pardos livres e endinheirados. Ainda que sempre lembrados de sua herança servil e mestiça, constituíram instituições que carregavam as marcas de sua distinção social e econômica.[142] Esta pode ter sido uma das razões para que os homens pardos livres de Cachoeira se reunissem e criassem não uma simples irmandade, mas uma ordem terceira.[143] Os fundadores da Venerável Ordem dos Cordigérios da Penitência do

---

141 Compromisso da Irmandade de Nossa Senhora da Conceição da Escada, Vila de Cairu, IAN/TT, Chancelarias da Ordem de Cristo, D. Maria I, Livro 14, fls. 33v-41.

142 "Um tipo específico de confrarias, as arquiconfrarias foram bastante comuns entre os pardos. As arquiconfrarias têm origem quando uma confraria tem poder de agregação transferindo para sua afiliada, sob algumas condições, seus privilégios e indulgências. As associações desse tipo mais comuns estavam ligadas a uma Ordem Terceira sob a invocação de São Francisco. Os pardos acabaram se identificando com as arquiconfrarias, na medida que possibilitava o ingresso em agremiações distintas socialmente e acessíveis a gente parda, haja visto que dificilmente seriam aceitos em uma Ordem. Originalmente as arquiconfrarias do Seráfico Cordão de São Francisco deveriam congregar fiéis de todas as raças, mas acabaram se tornando agremiações específicas desse grupo em algumas localidades, a exemplo do bispado de Mariana". Jacialda Vieira de Sousa Almeida, *Celebrando a diferença: irmandades de pardos na Bahia dos séculos XVIII e XIX*. Monografia (Especialização em História da Bahia) – UEFS, Feira de Santana, 2004, p. 33. Ver também: Boschi, *Os leigos e o poder, op. cit.*, p. 19.

143 Compromisso da Venerável Ordem dos Cordigérios da penitência do Patriarca São Francisco de Assis na sua igreja própria de Santa Maria da Porciúncula, Vila de Cachoeira, Arcebispado da Bahia, 1720 AHU, Cód. 1662.

Patriarca São Francisco de Assis talvez pretendessem mostrar, através de sua ilustre ordem, todo o poder e importância de um grupo de pardos livres da cidade, possivelmente comerciantes ou proprietários de terras produtoras de fumo, apenas para citar duas categorias sociais em franca ascensão naquela vila no início do século XVIII.

As irmandades de "nação"

O reconhecimento dos referenciais de procedência africana na organização das confrarias baianas, nos séculos XVIII e XIX, é hoje lugar comum entre os estudiosos do tema. Desde a década de 1940, investigadores vêm colecionando fatos que corroboram a tese de que as irmandades de pretos se organizaram segundo as diferentes "nações africanas" que povoaram a capitania.

Em 1941, Silva Campos afirmava que a Irmandade do Rosário das Portas do Carmo "já existia em 1685, composta exclusivamente de negros angolas".[144] Os jejes, por seu turno, instituíram em 1752, na igreja paroquial da Conceição da Praia, a devoção do Senhor Bom Jesus das Necessidades.[145]

Décadas mais tarde, Edison Carneiro confirmou Silva Campos, ao escrever que os naturais da África escolhiam suas devoções e organizavam suas confrarias com base em suas origens "tribais". Segundo o jornalista e folclorista baiano,

---

144 Silva Campos, "Procissões Tradicionais da Bahia". *Anais do Arquivo Público da Bahia*, vol. 27, Salvador, 1941, p. 494.

145 *Idem, Ibidem*, p. 418.

> As primeiras confrarias do Rosário compunham-se exclusivamente de negros vindos de Angola, os mais numerosos nas cidades de então – e às vezes constava, dos seus estatutos, a exigência expressa de afiliação tribal. Teria esta cláusula, por objetivo, facilitar a catequese? (...) Também os jejes se organizavam em irmandade, a dos Senhor da Redenção na Bahia, quando mais considerável o seu contingente de escravos (1752). Parece que havia o propósito deliberado de não misturar nações diferentes nas mesmas irmandades.[146]

Pierre Verger fechou a trilogia introduzindo os nagôs na história das irmandades de nação. Registrou, assim, que "os nagôs, cuja maioria pertencia à nação Kêto, formavam duas irmandades: uma de mulheres, a de Nossa Senhora da Boa Morte; outra reservada aos homens, a de Nosso Senhor dos Martírios".[147]

Esta bem estabelecida divisão das confrarias segundo as origens africanas dos confrades passou à posteridade como um fato reproduzido, sem maiores questionamentos, em importantes estudos acadêmicos.[148]

Apesar das particularidades, Silva Campos, Carneiro e Verger têm uma perspectiva comum do tema. A divisão étnica das confrarias ne-

---

146 Edison Carneiro, *Ladinos e crioulos. Estudos sobre o negro no Brasil*. Rio de Janeiro: Editora Civilização Brasileira, 1964.

147 Pierre Verger, *Orixás*: Deuses na África e no Novo Mundo. São Paulo: Corrupio, 1981, p. 28.

148 Ver, entre outros: A. J. R. Russell-Wood, "Black and Mulatto brotherhoods in colonial Brazil". *HAHR*, 54, 4, 1974, p. 579; Mariza de Carvalho Soares, *Devotos da cor*: identidade étnica, religiosidade e escravidão no Rio de Janeiro, século XVIII. Rio de Janeiro: Civilização Brasileira, 2000, p. 188.

gras surge como um dado que precede a própria história destas organizações, já que determinado pelas origens africanas dos confrades. A suposta rigidez étnica das confrarias defendida por estes autores parece estar sustentada numa tese muito em voga entre os estudiosos do candomblé baiano de várias épocas. Iniciada com Nina Rodrigues, no final do século XIX, desenvolve-se toda uma corrente de estudos do candomblé baiano "apegado aos africanismos". A partir dos anos 30, principalmente na esteira dos trabalhos de Arthur Ramos, também médico e admirador de Rodrigues, várias gerações de antropólogos seguiram modelos de análise do candomblé onde primavam "a cristalização de traços culturais que passa[ram] a ser tomados como expressão máxima de africanidade".[149] Essa busca das origens africanas e de suas correspondentes "sobrevivências" no Novo Mundo tendeu ao congelamento da cultura e a supressão da história que, por princípio, deve sempre considerar a transformação e as novas criações. Pois, como afirmam Mintz e Price: "nenhum grupo, por mais bem equipado que esteja, ou por maior que seja sua liberdade de escolha, é capaz de transferir de um local para outro, intactos, seu estilo de vida, e as crenças e valores que lhes são concomitantes".[150]

A investigação de "novas" fontes, somada a uma perspectiva teórica diferenciada no tocante às identidades africanas constituídas na diáspora, têm demonstrado que a relação entre as experiências identitárias africanas e aquelas vividas no outro lado do Atlântico mantêm relações mais complexas que a de simples transposição. Isso leva

---

149 Beatriz Góis Dantas, *Vovó Nagô, Papai Branco*: usos e abusos da África no Brasil. Rio de Janeiro: Graal, 1998, p. 148.

150 Sidney W. Mintz e Richard Price, *O Nascimento da Cultura Afro-Americana*: uma perspectiva antropológica. Rio de Janeiro: Editora Pallas/Centro de Estudos Afro-Brasileiros da Universidade Cândido Mendes, 2003, p. 19.

a questionar o procedimento de classificar as instituições negras ou afro-brasileiras a partir de critérios identitários baseados unicamente na origem africana.[151] Tal postura não significa, entretanto, deixar de reconhecer a importância das identidades de nação. Trata-se, portanto, de colocar a questão num outro patamar.

Segundo Maria Inês Côrtes de Oliveira, deve-se reconhecer que as nações africanas "tal qual ficaram conhecidas no Novo Mundo, não guardavam, nem no nome nem em sua composição social, uma correlação com as formas de auto-adscrição correntes na África".[152] Mariza Soares acrescenta que os nomes das procedências atribuídas aos africanos não apresentam nenhuma homogeneidade: "vão desde os nomes de ilhas, portos de embarque, vilas e reinos a pequenos grupos étnicos".[153] Estas denominações, na maioria das vezes, completamente exteriores ao grupo nomeado ou indicado, foram, pouco a pouco, incorporadas como identidades sociais fundamentais na organização das comunidades negras na diáspora.[154]

---

151 *Idem, Ibidem.* Especialmente capítulo 1 – O Modelo do Encontro.

152 Maria Inês Côrtes de Oliveira. "Viver e morrer no meio dos seus. Nações e comunidades africanas na Bahia no século XIX". *Revista USP*, n. 28, São Paulo, 1995/96, p. 75.

153 Mariza de Carvalho Soares, *Devotos da cor, op. cit.*, p. 109.

154 Segundo Luís Nicolau Parés, "existiram casos em que as denominações utilizadas pelos traficantes correspondiam efetivamente a denominações étnicas ou de identidade coletiva vigentes na África, mas que, aos poucos foram expandindo a sua abrangência semântica para designar uma pluralidade de grupos anteriormente diferenciados. Esse parece ter sido o caso de denominações como jeje e nagô, entre outras". Luís Nicolau Parés. *A formação do candomblé: história e ritual da nação jeje na Bahia*. Campinas: Editora da Unicamp, 2006, p. 15.

Ainda que não sejam unicamente africanas, acredito que não se pode também ignorar o referencial africano na formação das novas identidades. Quero com isso afirmar que, ao se identificarem como angolas ou jejes, os confrades das irmandades baianas pretendiam transmitir uma mensagem: eles se reconheciam como membros de um determinado grupo social e isto se relacionava, dependendo do contexto e do grupo, tanto com sua experiência cotidiana, quanto com as "lembranças" da África, diariamente alimentadas pelo tráfico.[155] Desse modo, ainda que impostas, as identidades foram, com o tempo, tornando-se expressivas da realidade dos grupos que as assumiram. Esta identidade grupal, vinculada às origens africanas, estava igualmente fincada nas experiências do mundo da escravidão e, por este motivo, era apenas uma dentre as muitas identidades sociais que poderiam ser assumidas pelo escravo ou liberto africano no decorrer de suas vidas.[156]

Para os homens e mulheres africanos que viveram na Bahia setecentista, a etnicidade não era vivida com a mesma "clareza" que antropólogos e cientistas sociais gostariam de encontrar. Isto porque as experiências identitárias não eram, tão somente, constituídas a priori, mas se definiam no cotidiano das relações entre os africanos de várias procedências e entre eles e os outros personagens do cenário social para o qual foram transpostos. O reconhecimento das alianças entre

---

155 Uma perspectiva de análise que sugere o deslocamento do debate para a complexa interação entre "africanismos e invenções" e não mais na ênfase num ou noutro aspecto é também é partilhada por Slenes e Parés, entre outros. Parés, *A formação do candomblé, op. cit.*; Slenes, "'Malungu, ngoma vem!'", *op. cit.*

156 Ver: Paul Lovejoy, "Identidade e miragem da etnicidade. A jornada de Mahommah Gardo Baquaqua para as Américas". *Afro-Ásia*, n. 27, Centro de Estudos Afro-Orientais – UFBA, 2002, p. 9-39.

africanos na formação das confrarias na Bahia setecentista oferece um excelente panorama dos arranjos da etnicidade.

Em primeiro lugar, as alianças chamam a atenção para a necessidade de relativização dos exclusivismos e das divisões rígidas propagados pelos estudos clássicos.[157]

De acordo com seu estatuto, a irmandade do Senhor Bom Jesus da Redenção, instituída na capela do Corpo Santo, era especialmente reservada aos "pretos nacionais de fora da cidade, como são os da Costa da Mina ou Luanda, e por nenhum princípio [seriam] admitidos toda qualidade de pretos crioulos".[158] Para esclarecimento geral, declarava ainda o estatuto que as pessoas brancas e pardas não sofriam qualquer restrição à sua participação na confraria dos africanos. Conclui-se, então, que a irmandade do Senhor da Redenção na capela do Corpo Santo não foi uma associação exclusiva dos jejes, como propagaram os estudiosos.[159] Tratava-se, pelo menos na segunda metade do século XVIII, de uma associação de africanos que se autoidentificara como gente "de fora da cidade", estrangeiros naturais da Costa da Mina e de Luanda.

No final do século XVIII, outra associação fundada por africanos da Costa da Mina e de Angola foi instituída na Bahia. Em 1783,

---

157 Para uma crítica da bibliografia dos exclusivismos étnicos nas irmandades, ver: Renato da Silveira. "Sobre os exclusivismos e outros ismos das irmandades negras na Bahia Colonial". Texto apresentado na Linha de Pesquisa Escravidão e Liberdade do Programa de Pós-Graduação em História da UFBA.

158 Compromisso da Irmandade do Senhor Bom Jesus das Necessidades e Redenção, na Capela do Corpo Santo, IAN/TT, Chancelarias da Ordem de Cristo, D. Maria I, Livro 5, fls. 51v-60, cap. XII.

159 Silva Campos, "Procissões Tradicionais da Bahia", *op. cit.*; Carneiro, *Ladinos e crioulos, op. cit.*; Pierre Verger, *Orixás: Deuses na África e no Novo Mundo, op. cit.*

africanos autointitulados "naturais de Barra Fora" apresentaram às autoridades o compromisso da Irmandade do Senhor Bom Jesus da Ressurreição dos Pretos Naturais de Barra Fora.[160] Ereta no altar de São José na igreja da Companhia de Jesus, esta irmandade teve seu compromisso aprovado no ano de 1785 pela Mesa de Consciência e Ordens, em Lisboa.[161]

De modo semelhante aos africanos da irmandade do Senhor da Redenção, os fundadores da irmandade do Senhor Bom Jesus da Ressurreição parecem ter se identificado como vindos de lugares distantes da cidade e de seu recôncavo, situados além da barra. Ao contrário daqueles, no entanto, não só permitiam a entrada, como dividiam os cargos de mesa com os crioulos. Seu compromisso ditava que: "Há de servir de Presidente primeiro um de Barra fora, Tesoureiro crioulo, Procurador Geral de Barra fora, e da mesma forma os Consultores, que andem sempre diversos e se há de assim praticar todos os anos na fatura das Mesas".[162] A permissão para a entrada de

---

160 Compromisso da Irmandade do Senhor Bom Jesus da Ressurreição dos Pretos Naturais de Barra Fora e para toda qualidade de pessoas que quiserem ser irmãos, Ereta na Igreja de Santo Ignácio na cidade da Bahia, 1783, IAN/TT, Chancelarias da Ordem de Cristo, D. Maria I, Livro 17, fls. 70v.-82.

161 Uma provisão régia de 1765 ordenou que as confrarias e irmandades do Estado do Brasil enviassem seus compromissos para serem aprovados pelo Tribunal da Mesa de Consciência e Ordens em Lisboa. Graças a mais este capítulo do regalismo da coroa portuguesa, durante o governo do poderoso Marquês de Pombal, preservou-se para a posteridade um grande número de estatutos de irmandades organizadas no arcebispado da Bahia e noutras partes da América Portuguesa. Scarano, *Devoção e Escravidão, op. cit.*, p. 22.

162 Compromisso da Irmandade do Senhor Bom Jesus da Ressurreição dos Pretos Naturais de Barra Fora e para toda qualidade de pessoas que quiserem ser irmãos, *op. cit.*, cap. I.

crioulos, portanto, era acompanhada por garantias que asseguravam um controle africano dos cargos mais importantes da mesa. Além disso, criaram um Conselho justificado no privilégio da precedência. Os Irmãos Criadores – os africanos fundadores – atuavam como mediadores, conselheiros, além de terem o privilégio do voto de Minerva e do veto. Certamente, foram mais hábeis em lidar com as autoridades do que os africanos do Corpo Santo, garantindo assim, com mais discrição e sem aparente conflito, os privilégios almejados.

A falta de habilidade dos irmãos reunidos na capela do Corpo Santo gerou contratempos na aprovação de seu compromisso, finalmente aprovado em 1778. Os africanos desta irmandade tiveram muito trabalho para justificar a exclusão dos crioulos de sua associação. O argumento principal, que após muito palavreado, parece ter convencido as autoridades, alegava que outras confrarias também eram explicitamente seletivas na escolha de novos membros. E isso não acontecia apenas com as de brancos, como a Irmandade do Santíssimo Sacramento dos Passos. A Irmandade do Senhor dos Martírios, que era de crioulos, costumava impedir a entrada de pretos do "Ultramar".[163]

Como já vimos, a alegação dos irmãos do Senhor da Redenção era correta quanto à afirmação de que muitas irmandades eram seletivas na admissão de novos membros, sobretudo as de brancos. Quanto às irmandades de pretos e pardos, geralmente a preponderância de um grupo específico se explicitava na definição dos cargos mais prestigiados da mesa diretiva. Raras foram aquelas irmandade de pretos ou pardos que estabeleceram mecanismos de exclusão baseados apenas

---

163 Resposta da Mesa da Irmandade do Senhor Bom Jesus das Necessidades e Redenção, na Capela do Corpo Santo, ao Provedor Antonio Brito, 4-10-1775, IAN/TT, Chancelarias da Ordem de Cristo, D. Maria I, Livro 5, fls. 51v-60.

na cor ou origem étnica como critério de admissão de novos sócios. As que pretenderam agir deste modo enfrentaram problemas com as autoridades constituídas. Nesse sentido, pode-se afirmar que a exclusão sem justificativa era um privilégio reservado aos brancos. Aos pretos e pardos não era possível, por exemplo, recusar a entrada de brancos em suas irmandades. Podiam, isto sim, reservar a estes lugares específicos, como veremos no capítulo seguinte.

As alianças entre africanos e, em contraposição, a unidade dos crioulos parece ter sido comum na história das confrarias baianas. Este fato, num certo sentido, é expressivo das rivalidades cultivadas entre estes dois grupos, fartamente apontadas na documentação colonial e debatidas com exaustão pela historiografia.[164] No final do século XVIII, Vilhena chamava a atenção para a rivalidade entre as diferentes nações de africanos entre si, e destas com os crioulos. Certamente acreditando que a desunião tornava mais frágil a "terrível corporação" dos escravos na Bahia, aconselhou as autoridades a não intervir no assunto.[165] Os irmãos africanos do Senhor da Redenção na Capela do Corpo Santo chegaram a expor claramente suas diferenças com os crioulos. Para eles, a separação visava apenas e tão somente evitar a propagação de mais "ódios e dissensões", tão comum entre os crioulos e os do Ultramar.[166]

---

164 Entre outros: Leila Mezan Algranti, *O Feitor ausente. Estudos sobre a escravidão urbana no Rio de Janeiro (1808-1822)*. Petrópolis: Vozes, 1988, p. 130; Kátia de Queirós Matoso, *Ser escravo no Brasil*. São Paulo: Editora Brasiliense, 1982.

165 Vilhena, *A Bahia no século XVIII, op. cit.*, vol. 1, p. 134.

166 Resposta da Mesa da Irmandade do Senhor Bom Jesus das Necessidades e Redenção, na Capela do Corpo Santo, ao Provedor Antonio Brito, 4-10-1775.

Os crioulos, por seu turno, também criaram suas irmandades. A irmandade dos Martírios, propalada por Verger como uma irmandade de nagôs, se chegou a ser, em algum tempo, exclusiva deste grupo, não o foi durante o século XVIII.[167] Segundo Silva Campos, a Irmandade do Senhor Bom Jesus dos Martírios dos "crioulos naturais da Bahia", conforme seu título antigo e inicial, foi ereta em data desconhecida na Igreja do Rosário da Baixa dos Sapateiros.[168] Em 1760, esta irmandade entrou em conflito com a Irmandade da Misericórdia em razão do costume de "visitar todas as sextas-feiras da Quaresma os Santos Passos". A denúncia encaminhada pela Misericórdia confirma que os irmãos dos Martírios estavam em plena atividade já na década de 1750.[169] Até a década de 1770, a irmandade dos Martírios era uma associação preferencialmente de criou-

---

167 Pierre Verger, *Orixás: Deuses na África e no Novo Mundo*, op. cit., p. 28. Neste livro, Verger afirma que "os nagôs, cuja maioria pertencia a nação Kêto, formavam duas irmandades: uma de mulheres, a de Nossa Senhora da Boa Morte; outra reservada aos homens, a de Nosso Senhor dos Martírios". Cabe notar que em outra publicação, Verger afirmava que a Irmandade do Senhor Bom Jesus dos Martírios era formada de negros nascidos no Brasil se reunindo "em torno da devoção a São Benedito, seja na Igreja de Nossa Senhora da Conceição da Praia, seja na de São Francisco, ou na de Nossa Senhora do Rosário, como também em quase todas as igrejas da Bahia". Pierre Verger, *Notícias da Bahia – 1850*. São Paulo: Corrupio, 1981, p. 65.

168 Campos, "Procissões Tradicionais da Bahia", *op. cit.*, p. 328.

169 Carta da Mesa da Santa Casa de Misericórdia ao rei referente à insistência das irmandades da Santa Cruz e dos Martírios, compostas de mulatos e pretos, respectivamente, em saírem em procissão por ocasião da quaresma, mesmo tendo há muito sido proibidas pelo vice-rei do Brasil, 9-4-1760, AHU, Bahia – Avulsos, cx. 144, doc. 11048.

los, como aponta o requerimento dos africanos da Costa da Mina e de Luanda, da irmandade da capela do Corpo Santo.[170]

A divisão, entretanto, não obedecia a uma fórmula exata. Uma série de fatores, dentre eles até o "mercado afetivo",[171] podia complicar a equação. Os crioulos da freguesia de São Gonçalo, Vila de Cachoeira instituíram em 1800 uma irmandade sob a invocação do Bom Jesus da Cruz. Os crioulos do Bom Jesus não admitiam, de forma alguma, a entrada de Angola, Benguela ou Costa da Mina em sua confraria.[172] Entretanto, havia exceções, no tocante às mulheres, tendo em vista que

---

170 "Senhor Doutor [Provedor] a dúvida que se oferece em não serem admitidos os crioulos na Irmandade de que trata é que fica exposto no capítulo doze do mesmo compromisso cujo fim é de evitar a parcialidade ódios e dissensões que comumente há entre eles e os do Ultramar. E isto não é de [persuadir-se?] que eles deixem de ter sua devoção e paz com o Senhor Bom Jesus das Necessidades e Redenção o que cada um separe sua devoção querendo pode dar a sua esmola sem que para isso haja impedimento pois (...) que na Irmandade do Santíssimo Sacramento dos Passos e outras muitas em que se não admitem toda qualidade de pessoas nem sempre pode que cada um haja de ter sua devoção para com os mesmos senhores por serem as devoções nascidas voluntariamente do coração. Assim como também na do Senhor dos Martírios que é dos mesmos excluídos [os crioulos] se observa o mesmo impedimento com os do Ultramar". Resposta da Mesa da Irmandade do Senhor Bom Jesus das Necessidades e Redenção, na Capela do Corpo Santo, ao Provedor Antonio Brito, 4-10-1775. Compromisso da Irmandade do Bom Jesus das Necessidades e Redenção da Cidade da Bahia, IAN/TTT, Chancelarias da Ordem de Cristo, D. Maria I, Livro 5, fl. 57.

171 Reis, *A morte é uma festa, op. cit.*, p. 58.

172 Compromisso da Irmandade do Senhor Bom Jesus da Cruz dos Crioulos da Vila de Cachoeira, Freguesia de São Gonçalo dos Campos, 1800, cap. XI.

> Muitos irmãos eram casados com mulheres Angola, Benguela e Costa da Mina estas [poderiam] ser Irmãs em atenção aos maridos; caso [ficassem] viúvas, e se [casassem]em segunda vez, sem ser com os da terra, [perderiam] toda a honra da Irmandade, e outro [?] qualquer filha da terra que [fosse] casada com de mar fora [poderia] ser irmã, e não o marido.[173]

A mesma postura flexível, agora em relação às crioulas, foi tomada pela irmandade dos jejes da mesma Vila de Cachoeira. Mas quando se tratava dos pretos nacionais "vulgarmente [chamados] crioulos", os confrades jejes eram draconianos. Caso algum deles quisesse entrar em sua irmandade, deveria pagar uma joia absurdamente alta e mesmo assim, ficava o crioulo impedido de assumir qualquer cargo na mesa.[174] As mulheres crioulas, assim como todas as irmãs "brancas, pardas e pretas, sem preferência alguma de pessoa" poderiam assumir qualquer dos cargos reservados a ala feminina, como os de juíza e mordoma.[175] Neste aspecto talvez seja interessante pensar na influência dos referenciais africanos na prática de aceitação das mulheres estrangeiras. Talvez, tanto quanto o "mercado afetivo", as referências culturais advindas de sociedades que dependiam da "fertilidade das mulheres e do produto do seu trabalho" para sua reprodução de-

---

173 *Idem*.

174 Compromisso da Irmandade do Senhor Bom Jesus dos Martírios ereta pelos homens pretos de nação Gege no Convento de Nossa Senhora do Monte do Carmo da Vila de Cachoeira, 1765, AHU, Cód. 1666, cap. II.

175 *Idem*, cap. III.

vam ser consideradas para compreensão da postura sempre aberta à recepção de "estrangeiras".[176]

Desse modo, as alianças africanas nos remetem não apenas ao questionamento dos exclusivismos radicais mas, sobretudo, à importância fundamental das mesmas na constituição das identidades forjadas na diáspora. Acreditando que o "nós se constrói em relação a eles", ou seja, de que a identidade é sempre relacional, parece cabível pensar em construções identitárias em termos relacionais, como sugere Barth.[177] Nesse sentido, não é possível pensar em identidades africanas sem pensar em identidades crioulas e mestiças.

Os conflitos entre africanos e crioulos não podem ser encarados como absolutos, mas sempre no interior de contextos particulares. Se assim fosse, não poderíamos compreender a mais recorrente associação na história das irmandades baianas setecentistas: aquela entre angolas e crioulos nas irmandades do Rosário. A presença destacada dos angolas nas irmandades do Rosário baianas sugere que este grupo, mais que qualquer outro, constituiu nestas associações espaços privilegiados de convivência entre pares e também com pessoas de outras etnicidades. Por esta razão, a história das confrarias negras na Bahia, especialmente as de Nossa Senhora do Rosário, coloca em destaque a "comunidade" dos angolas.

---

176 Paul Lovejoy, *A escravidão na África: uma história de suas transformações*. Rio de Janeiro: Civilização Brasileira, 2002, p. 44.

177 Frederic Barth, "Grupos étnicos e suas fronteiras". In: Poutignat e Streiff-Fenart. *Teorias da Etnicidade*. São Paulo: Editora da Unesp, 1998.

Capítulo III

Os Rosários dos angolas

Dizem os Pretos devotos da gloriosa Senhora do Rosário da Cidade da Bahia que antigamente lhes era permitido para maior e geral aplauso da festividade da mesma Senhora, máscaras, danças no idioma de Angola com os instrumentos concernentes, cânticos e louvores, e por que se acham privados, e em muitos países da Cristandade ainda se praticam e só neste existe a privação, rogam a V. Majestade por sua Alta Piedade Real, Grandeza e Serviço de Deus e da mesma Senhora se digne conceder a Licença aos suplicantes para os ditos festejos em razão de parecer do agrado da sempre Gloriosa Mãe de Deus.

Requerimento dos Pretos Devotos da Senhora do
Rosário da Bahia, 1786

Os Rosários na Bahia setecentista

No início do século XVIII a matriz da paróquia da Conceição da Praia, além do altar principal, abrigava vários nichos de santos particulares. A capela dedicada à Virgem do Rosário ficava no corpo da igreja, bem próxima à colateral da epístola. Nas palavras de Frei Agostinho de Santa Maria, esta capela "foi feita à custa dos pretos angolas e crioulos da terra, os quais concorre[ram] com muita liberalidade e grandeza, para todos os gastos e despesas".[1] Provavelmente, a instituição da capela date do final do século XVII, período em que foi ereta uma irmandade de pretos devotos da Senhora do Rosário na matriz da Praia. No compromisso da confraria, os angolas e os crioulos, construtores e patrocinadores da capela do Rosário, são merecedores de atenção especial. Cabia a estes dois grupos, e tão somente a eles, ocupar os cargos de juiz e juíza, as funções diretivas mais importantes da irmandade.[2] Quase um século depois, a mesma restrição permanecia em voga, o que faz pensar na longevidade, força e significado da associação entre angolas e crioulos nas irmandades do Rosário baianas.[3]

Além da irmandade do Rosário da Conceição da Praia, outras tantas confrarias dedicadas a esta invocação foram criadas e administradas por angolas e crioulos da terra. A Irmandade do Rosário dos Pretos das Portas do Carmo particulariza, em sua longa história, a primazia dos

---

1 Frei Agostinho de Santa Maria, "Santuário Mariano e História das Imagens Milagrosas de Nossa Senhora milagrosamente manifestadas e aparecidas em o Arcebispado da Bahia" [1722]. Separata da *Revista do Instituto Histórico e Geográfico da Bahia*. Salvador: Imprensa Oficial da Bahia, 1949, p. 75.

2 Compromisso da Irmandade da Virgem Santíssima Mãe de Deus N. S. do Rosário dos Pretos da Praia, 1686. Arquivo da Igreja de N. S. da Conceição da Praia. Cópia gentilmente cedida por João José Reis.

3 No compromisso aprovado em Lisboa no ano de 1768, o acesso aos cargos de juiz e juíza continuou reservado aos angolas e crioulos. Compromisso da Irmandade de N. S. do Rosário dos Pretos da Freguesia da Conceição da Praia da Cidade da Bahia, aprovado pela Mesa de Consciência e Ordens em 1768, IAN/TT, Chancelarias Antigas – Ordem de Cristo, Livro 306, fls. 16-22.

angolas em sua formação e atuação ao longo dos séculos.[4] Ainda no estatuto aprovado em 1820, oficialmente a direção desta prestigiosa irmandade ficava a cargo dos angolas e crioulos.[5] Na cidade da Bahia, durante o século XVIII, as irmandades do Rosário da Freguesia de São Pedro, assim como a da matriz da Vitória também privilegiavam os angolas e os crioulos em sua direção; por esta razão, denomino este fenômeno de privilégio étnico. Como veremos a seguir com mais vagar, não se tratava da exclusão de outros grupos, mas da garantia de privilégios, sobretudo na definição dos cargos mais importantes. Este interessante fenômeno não esteve, entretanto, circunscrito à cidade do Salvador.

---

4   Ver, entre outros: Maria do Carmo Pondé, "A capelinha dos Quinze Mistérios e a Devoção ao Rosário entre os pretos". *Anais do Arquivo Público da Bahia*, XXIX, 946, p. 313-324; Luís Monteiro da Costa, "A Devoção de N. S. do Rosário na Cidade de Salvador". *Revista do Instituto Genealógico da Bahia*, 10, 1958, p. 95-117; Carlos Ott, "A Irmandade do Rosário dos Pretos do Pelourinho". *Afro-Ásia*, 6/7, 1968, p. 83-90; Jeferson Bacelar e Maria Conceição Barbosa de Souza, *O Rosário dos Pretos do Pelourinho*. Salvador: Fundação do Patrimônio Artístico e Cultural da Bahia, 1974 (Texto mimeo.).

5   Compromisso da Irmandade de Nossa Senhora do Rosário dos Homens Pretos, 1820. *Apud* Sara Oliveira Farias, *Irmãos de cor, de caridade e de crença: A irmandade do Rosário do Pelourinho na Bahia do Século XIX*. Dissertação (Mestrado) – Universidade Federal da Bahia, Salvador, 1997.

Foi comum e corrente em toda a capitania, como podemos observar na tabela seguinte:[6]

---

6 Frei Agostinho de Santa Maria, "Santuário Mariano", *op. cit.*; Luís Monteiro da Costa, "A Devoção de N. S. do Rosário na Cidade de Salvador", *op. cit.*; Carlos Ott, "A Irmandade do Rosário dos Pretos do Pelourinho", *op. cit.*; Compromisso da Irmandade de N. S. do Rosário dos Pretos de João Pereira, Freguesia de São Pedro, IAN/TT, Chancelarias Régias/Ordem de Cristo, Livro 297, fls. 168v-178; Compromisso da Irmandade de N. S. do Rosário dos Pretos da Freguesia da Conceição da Praia da Cidade da Bahia, aprovado pela Mesa de Consciência e Ordens em 1768, IAN/TT, Chancelarias Antigas – Ordem de Cristo, Livro 306, fls. 16-22; Compromisso da Irmandade de N. S. do Rosário dos Pretos na Matriz de N. S. da Vitória, Cidade da Bahia, IAN/TT, Chancelarias Antigas – Ordem de Cristo, Livro. 297, fls. 58-63; Carta do Arcebispo da Bahia [Manuel de Santa Inês] ao rei [D. José I] referente às informações sobre o requerimento dos Pretos da Irmandade de N. S. do Rosário sita na Freguesia de São Pedro do Monte, 15 de Abril de 1763, AHU, Bahia – Avulsos, cx. 150, doc. 11521; Carta do Governador e Capitão-General da Bahia [D. Fernando José de Portugal] á Rainha [D. Maria I] sobre o requerimento do juiz e mais irmãos da mesa da Irmandade de N. S. do Rosário dos Pretos da Vila de Cachoeira, solicitando licença para construírem uma capela, 20 de Janeiro de 1796, AHU, Bahia – Avulsos, cx. 200, doc. 14452; Compromisso da Irmandade de N. S. do Rosário dos Pretos sita na Igreja de São Bartolomeu de Maragogipe, Recôncavo da Bahia, IAN/TT, Chancelarias Antigas – Ordem de Cristo, Livro 297, fls. 143v-145v; Compromisso da Irmandade de Nossa Senhora do Rosário dos Homens Pretos ereta na Matriz da Ajuda, Vila de Jaguaripe, IAN/TT, Chancelarias da Ordem de Cristo, Livro 297, fls. 224-226; Compromisso da Irmandade de Nossa Senhora do Rosários dos Pretos da Vila de Santo Amaro da Purificação, AHU, Cód. 1931. Compromisso da Irmandade de Nossa Senhora do Rosário dos Homens Pretos ereta na Capela da Conceição e São Bento na Beira da Mata de Paramirim, Freguesia de São José das Itapororocas, IAN/TT, Chancelarias Antigas da Ordem de Cristo, D. Maria I, Livro 16, fls. 79-82; Compromisso da Irmandade de N. S. do Rosário dos Pretos ereta na Igreja da Assunção, Matriz de Camamu, 1788, AHU, Cód. 1925; Compromisso da Irmandade de N. S. do Rosário dos Pretos da Freguesia da Vitória da

Irmandades do Rosário no Arcebispado da Bahia – Século XVIII

Irmandade	Igreja	Freguesia	Cidade/Vila	Privilégio Étnico
Rosário	Matriz	São Pedro	Salvador	Angolas e crioulos
Rosário	Matriz	Conceição da Praia	Salvador	Angolas e crioulos
Rosário	Igreja de N. S. do Rosário da Baixa dos Sapateiros (própria)	Santíssimo Sacramento do Passo	Salvador	Angolas e crioulos
Rosário	Matriz/Capela do Rosário (própria)	N. S. da Penha de Itapagipe	Salvador	Sem referência
Rosário	Matriz	N. S. da Vitória	Salvador	Angolas e crioulos
Rosário	Convento do Desterro	Senhora Santana	Salvador	Sem referência
Rosário	Matriz	S. Antônio Além do Carmo	Salvador	Sem referência
Rosário	Matriz	N. S. do Rosário do Porto da Cachoeira	Cachoeira	Sem referência
Rosário	Matriz	São Pedro do Monte da Muritiba	Cachoeira	Sem referência
Rosário	Matriz	S. Bartolomeu de Maragogipe	Maragogipe	Angolas e crioulos
Rosário	Matriz	N. S. da Ajuda de Jaguaripe	Jaguaripe	Angolas e crioulos
Rosário	Capela do Rosário	Santo Amaro da Purificação	Santo Amaro	Angolas e crioulos
Rosário	Conceição da Mata e São Bento	S. José das Itapororocas	Cachoeira	Angolas e crioulos
Rosário	Matriz	N. S. da Assunção	Camamu	Pretos
Rosário	Matriz	N. S. da Vitória	São Cristóvão	Angolas e crioulos
Rosário	?	N. S. da Piedade	Vila do Lagarto	Pretos
Rosário	Igreja do Rosário (própria)	Santo Antonio	Vila Nova Real Del Rei	Etiopinos e crioulos

Capitania de Sergipe Del Rei, IAN/TT, Chancelarias Antigas – Ordem de Cristo, Livro 292, fls. 343v-347v; Compromisso da Irmandade de N. S. do Rosário dos Pretos da Freguesia de N. S. da Piedade da Vila do Lagarto, IAN/TT, Chancelarias Antigas – Ordem de Cristo, Livro 280, fls. 324-327; Compromisso da Irmandade de Nossa Senhora do Rosário dos Pretos da Vila Nova Real do Rio São Francisco – Sergipe Del Rei, AHU, Cód. 1958.

Ao longo do século XVIII, pude identificar cerca de 17 irmandades dedicadas ao culto do Rosário no arcebispado da Bahia. Possivelmente existiram outras mais, entretanto, nem todas tiveram preservados os testemunhos de sua atuação.[7] Interessante notar que mais da metade destas irmandades identificadas, mais precisamente nove dentre elas, privilegiavam angolas e crioulos nos cargos de direção. Este fenômeno deu-se na cidade da Bahia, em seu Recôncavo, adentrando o Sertão de Baixo na Freguesia das Itapororocas, e chegando até a capitania de Sergipe Del Rei, na Freguesia de Nossa Senhora da Vitória.[8]

Os privilégios dos angolas e crioulos nas irmandades do Rosário também foram comuns no bispado de Pernambuco. A Irmandade do Rosário dos homens pretos da Vila de Santo Antonio do Recife admitia em seus quadros "irmãos de toda a gente preta, assim crioulos como crioulas da terra como Angolas, Cabo Verde, São Tomé, Moçambique e de qualquer outra parte", mas para irmãos de mesa, à exceção dos brancos que ocupavam alguns cargos determinados,

---

7 Devo aqui ressalvar a limitação imposta pelas fontes que subsidiam mais diretamente este trabalho. O que chamo de "testemunhos de sua atuação" são nada mais que as correspondência estabelecidas entre as irmandades e as autoridades régias e eclesiásticas as quais se encontravam submetidas. Frequentemente, recebo notícia da existência, sob a guarda de particulares, de um velho compromisso ou livro de assento de alguma irmandade extinta. Para minha tristeza, todos os registros que me foram noticiados, e cuja veracidade pude verificar "in loco", estavam basicamente circunscritos ao século XIX.

8 Sobre as freguesias do arcebispado da Bahia entre os anos de 1549-1889, ver Cândido da Costa e Silva, *Os Segadores e a Messe*: *o clero oitocentista na Bahia*. Salvador: Edufba, 2000, p. 67-73.

apenas eram admitidos angolas e crioulos.[9] Fenômeno semelhante ocorria na Irmandade do Rosário dos Pretos da Freguesia de Santo Antonio do Cabo, que aceitava "como irmãos dela todos os crioulos e crioulas desta terra e a todo homem e mulher preta assim de Angola, como de Cabo Verde, São Tomé, Moçambique, como da Costa da Mina". Na mesa diretora, entretanto, ficavam excluídos todos os africanos, à exceção dos Angolas.[10]

Poderes, cargos e ofícios

Os privilégios dos angolas e crioulos nas irmandades do Rosário se explicitavam especialmente no acesso aos cargos de direção. Os irmãos do Rosário da Matriz da Vitória, apesar de não apresentarem restrição à entrada de pessoas "de qualquer estado e condição" em sua congregação, reservavam o acesso ao cargo de juiz aos crioulos e angolas. Na verdade, a irmandade possuía dois juízes (um crioulo e um angola), cabendo a estes o lugar mais destacado na Mesa diretora. "Como o juiz é o primeiro no lugar também o deve ser na sua obrigação com cuidado e zelo da irmandade e por sua conta corre o bom regime dela. Convocará a mesa quando lhe parecer precisa, [e] os irmãos lhe devem todos obedecer(...)".[11]

---

9 Compromisso da Irmandade de N. S. do Rosário dos Homens Pretos na Vila de Santo Antonio do Recife, Bispado de Pernambuco, IAN/TT, Chancelarias Antigas – Ordem de Cristo, Livro 283, fls. 116, 117.

10 Compromisso da Irmandade de N. S. do Rosário dos Homens Pretos da Freguesia de Santo Antonio do Cabo, Bispado de Pernambuco, Chancelarias Antigas – Ordem de Cristo, Livro 283, fls. 110-115.

11 Compromisso da Irmandade de N. S. do Rosário dos Pretos na Matriz de N. S. da Vitória, Cidade da Bahia.

Em compromisso aprovado em 1768, os confrades do Rosário da Rua de João Pereira, na Freguesia de São Pedro, além de deixarem claro o monopólio dos angolas e crioulos, também faziam questão de detalhar a divisão dos cargos:

> Dos oficiais que por eleição hão de servir no ano esta santa irmandade. Serão os seguintes: dos crioulos farão um juiz, uma juíza, seis mordomos, seis mordomas, um procurador e uma procuradora. E dos Angolas outros tantos oficiais de todo farão o número de dois juízes, duas juízas, doze mordomos, doze mordomas, dois procuradores e duas procuradoras.[12]

Para uma melhor compreensão dos mecanismos de controle de poder através da definição dos cargos e ofícios nas irmandades, faz-se necessário discutir com mais detalhes a organização dos poderes internos nas confrarias negras.

Era vigente nas irmandades das gentes de cor, durante o período colonial, um sistema eletivo indireto.[13] O voto era restrito à mesa diretora que, assim, elegia seus substitutos. Considerando que os membros da mesa eram sempre os irmãos mais importantes e prestigiados da irmandade, fica evidente que a prerrogativa do voto garantia a um

---

12 Compromisso da Irmandade de N. S. do Rosário dos Pretos de João Pereira, Freguesia de São Pedro.

13 Segundo Russell-Wood, nas irmandades de brancos era mais comum a realização de eleições secretas com o direito ao voto estendido a todos os membros. A. J. R. Russell-Wood, "Black and mulatto brotherhoods in Colonial Brazil: a study in colletive behavior". *Hispanic American Historical Review*, vol. 54, n. 4, 1974, p. 581.

grupo "seleto" o controle da irmandade. Os nomes dos novos oficiais eram geralmente indicados pelos então ocupantes dos cargos. Desse modo era possível a perpetuação de grupos de interesse dentro destas associações.[14] Na irmandade do Rosário da Matriz de São Pedro, os irmãos mesários indicavam três nomes para cada cargo, sendo eleito aquele que mais votos obtivesse através da contagem de favas. Assim, o juiz dos crioulos indicava três nomes e o dos angolas número igual. O mesmo sistema de indicação servia para os cargos de escrivão, tesoureiro e procuradores.[15]

As eleições geralmente ocorriam no período da festa da padroeira. Podiam acontecer nos dias antecedentes ou mesmo durante as festividades, nunca deixando, entretanto, de estar vinculadas à preparação dos festejos anuais. A irmandade do Rosário da Freguesia de São José das Itapororocas convocava os irmãos de Mesa a comparecer no consistório da capela no primeiro domingo antes da festa da padroeira para fazer a eleição da nova diretoria.[16] Por outra parte, os irmãos do Rosário da Freguesia de Nossa Senhora da Ajuda, em Jaguaripe, realizavam as eleições dos novos oficiais no próprio dia da festa fixada na primeira oitava do Natal.[17]

---

14 Russell-Wood, "Black and mulatto brotherhoods in Colonial Brazil", *op. cit.*, p. 581.

15 Compromisso da Irmandade de N. S. do Rosário dos Pretos de João Pereira, Freguesia de São Pedro, fl. 170.

16 Compromisso da Irmandade de N. S. do Rosário dos Homens Pretos ereta na Capela da Conceição e São Bento na Beira da Mata de Paramirim, Freguesia de São José das Itapororocas.

17 Compromisso da Irmandade de N. S. do Rosário dos Homens Pretos ereta na Matriz da Ajuda, Vila de Jaguaripe.

Em algumas irmandades, especialmente nas maiores e mais destacadas, as eleições eram momentos de grande tensão e disputas. Desse modo, em razão dos muitos distúrbios e discórdias que frequentemente ocorriam durante as eleições, a Irmandade do Rosário da vila de Santo Amaro da Purificação não permitia de "forma alguma que fica[ssem] reeleitos os que tivessem servido seu ano, principalmente Juizes, Tesoureiros, Escrivães, pois daí nasc[iam] as desordens, e pelo tempo em diante maiores ruínas".[18] A proibição da reeleição destes três cargos no Rosário de Santo Amaro evidencia que as disputas e discórdias se davam em torno dos postos mais importantes no controle dos negócios da irmandade. Prescrever em compromisso a proibição da reeleição era um mecanismo de controle de poder de fundamental importância, pois, como já disse anteriormente, a escolha dos novos membros da mesa ficava a cargo dos antigos oficiais.

Nota-se que a indicação garantia que cada grupo particular, no caso específico os angolas e os crioulos, perpetuasse sua posição de mando apesar da presença de outros grupos de procedência nos escalões mais baixos da associação. A eficiência desse mecanismo explica, em grande parte, a manutenção do controle por parte dos angolas e crioulos na Irmandade do Rosário das Portas do Carmo, até a segunda metade do século XIX, apesar da maciça presença jeje entre seus membros. Segundo Sara Farias, até a "eleição de 1871, crioulos e angolanos [sic] continuavam dividindo o poder na confraria. Para 1º juiz o vencedor foi o angolano [sic] Gaspar Costa Júlio. Da série dos crioulos, João Luiz das Virgens (2º juiz)".[19] Outros mecanismos menos sutis de preservação do

---

18 Compromisso da Irmandade de N. S. do Rosário dos Pretos da Vila de Santo Amaro da Purificação.

19 Farias, *Irmãos de cor, de caridade e de crença*, op. cit., p. 30.

critério de antiguidade também foram utilizados na Bahia setecentista. Os africanos de Angola e da Costa da Mina, fundadores da Irmandade do Senhor Bom Jesus da Ressurreição dos Pretos Naturais de Barra fora, embora dividissem os cargos de direção com os crioulos, instituíram um conselho dos Irmãos Criadores que "em todos os casos [eram] ouvidos e deles só [haveria] de pertencer a admissão de tudo, afim de que sempre [houvesse] paz, sossego pelo qual sempre vai em aumento as Irmandades e do contrário arruinam".[20]

Uma das grandes preocupações das autoridades com relação às confrarias negras era garantir a vigilância e, se possível, o controle do processo eleitoral.[21] Por esta razão, a presença do vigário/capelão durante o pleito eleitoral, e também na divulgação oficial dos resultados, quando não indicado no próprio estatuto, era prescrição obrigatória nas provisões régias de aprovação dos compromissos após 1765. Em verdade, em termos formais, a presença do vigário ou capelão era obrigatória em todas as reuniões da mesa. Os conflitos decorrentes dessa situação foram muitos, como veremos mais adiante.

O que importa ressaltar, neste momento, é que as irmandades maiores buscavam garantir certo controle sobre a presença dos vigários e capelães em seus negócios, chegando inclusive a regulamentar a possibilidade de expulsão e dispensa sumária dos religiosos nos casos

---

20 Compromisso da Irmandade do Senhor Bom Jesus da Ressurreição dos Pretos Naturais de Barra fora ereta na Igreja de Santo Inácio da Cidade da Bahia, 1783, IAN/TT, Chancelarias da Ordem de Cristo, D. Maria I, Livro 17, fl.72.

21 As Constituições Primeiras do Arcebispado da Bahia dedicam um título especial à eleição dos oficiais de cada confraria. Ver: Livro IV, título LXII. *Constituições Primeiras do Arcebispado da Bahia (1707)*. São Paulo: Tipografia Dois de Dezembro de Antônio Louzada Antunes, 1853.

mais graves.²² As irmandades menores, por seu turno, eram obrigadas a tolerar a intervenção dos sacerdotes no processo eleitoral. A título de exemplo, vale mencionar que, na pequena irmandade do Rosário dos pretos da Vila Nova Real do Rio São Francisco, o vigário tinha o voto de minerva, em caso de empate na escolha dos oficiais.²³ Na vila de Jaguaripe, Recôncavo Baiano, a situação era ainda mais vexatória, uma vez que ficava a cargo do vigário da freguesia a escolha do tesoureiro, que servia ao mesmo tempo de administrador da irmandade. Este cargo deveria ser ocupado por "homem branco afazendado e fiel o qual terá em seu poder toda a fábrica da irmandade assim como ouro e prata e mais peças pertinentes dela".²⁴

Os cargos de tesoureiro e escrivão eram geralmente ocupados por homens brancos. A falta de domínio das letras, certa inserção social e a posse de um patrimônio minimamente considerável impossibilitaram, durante muito tempo, o acesso dos irmãos de cor a estes cargos. Desde o século XVIII, entretanto, tanto na América Portuguesa quanto na metrópole, os homens de cor foram paulatinamente conquistando o direito a esses prestigiados cargos. Nos acrescentamentos feitos ao antigo compromisso, por ocasião do decreto pombalino de 1765, a irmandade do Rosário da Matriz da Vitória omitiu a antiga cláusula que reservava aos "homens brancos de sã consciência" os cargos de tesou-

---

22 Compromisso da Irmandade de N. S. do Rosário dos Pretos da Matriz da Vitória, fl. 62; Compromisso da Irmandade de N. S. do Rosário dos Pretos de João Pereira, fl. 170.

23 Compromisso da Irmandade de N. S. do Rosário dos Pretos da Vila Nova Real do Rio São Francisco – Sergipe Del Rei.

24 Compromisso da Irmandade de N. S. do Rosário dos Pretos da Freguesia da Ajuda, Vila de Jaguaripe.

reiro e escrivão.[25] Neste caso, a omissão pode ter aberto uma brecha para a eleição de homens de cor aos cargos em questão. Deste tipo de brecha se aproveitaram os irmãos do Rosário da Rua de João Pereira, na freguesia de São Pedro. No ano de 1784, o padre Joaquim Álvares, então escrivão da confraria dos pretos, denunciou às autoridades que os mesários da dita irmandade planejavam "a exclusão" dos brancos e mesmo dos pardos na disputa pelos cargos de tesoureiro e escrivão. Segundo o padre denunciante, embora o compromisso não impedisse o acesso dos pretos, o "costume" e a preocupação com o "bom governo dos cabedais e esmolas da irmandade" vinham reservando estes cargos aos brancos.[26]

Entretanto, esse costume, defendido tão ardorosamente pelo padre Joaquim Alvares, já estava sendo colocado abertamente em xeque pelas confrarias negras no final do Setecentos. A irmandade do Rosário dos pretos da Matriz de Camamu estabelecia em seu compromisso, feito no ano de 1788, que apenas se admitiriam homens brancos para os cargos de escrivão e tesoureiro "quando sucede[sse] haver falta de algum irmão preto para [estes cargos]". Uma vez que,

---

25 "Traduzindo a presença e a fiscalização cada vez maior da metrópole, característica da administração pombalina, foi expedida a provisão de 8 de março de 1765, obrigando todas as irmandades a confirmarem seus compromissos naquele tribunal [da Mesa de Consciência e Ordens]". Antonia Aparecida Quintão, *Lá vem o meu parente. Irmandades de pretos e pardos no Rio de Janeiro e Pernambuco*. São Paulo: Annablume/Fapesp, 2002, p. 186. Ver também Caio Boschi, *Os leigos e o poder. Irmandades leigas e política colonizadora em Minas Gerais*. São Paulo: Editora Ática, 1986, p. 116 e ss.

26 Requerimento do Padre Joaquim Alvares escrivão da Irmandade do Rosário da Rua de João Pereira desta cidade sobre as desordens que alega praticadas pela mesa no governo da mesma irmandade. APEB, Ouvidoria do Crime: 1780-1784, Maço 176, doc. 41.

> Deve ser o escrivão pessoa livre de escravidão inteiramente liberta para poder ter aceitação em juízo e fora dela as suas assinaturas, tanto nas procurações que fizer para os negócios da irmandade, como nos despachos dos requerimentos que fizerem à Mesa e a tudo isto já ponderado, e o mais que pode acontecer, se antecipe remediando-se em eleger para este cargo homens deste caráter, e do contrário servirão irmão branco.[27]

É também possível que em muitos lugares a prática tenha se adiantado às mudanças estatutárias. No Estatuto de 1781, a Irmandade de Nossa Senhora do Rosário e São Benedito do Convento de São Francisco da cidade do Porto, em Portugal, reservava em compromisso os cargos de escrivão e tesoureiro aos "principais da cidade, (…) brancos e abonados".[28] Ainda assim, no ano de 1769, a mesma irmandade elegeu para o cargo de escrivão o preto forro Manoel Henriques Ferreira.[29]

---

27 Compromisso da Irmandade de N. S. do Rosário dos Pretos ereta na Igreja da Assunção, Matriz de Camamu.

28 Adição e reforma feita aos capítulos do Compromisso da Irmandade de N. S. do Rosário e São Benedito sita no Convento do São Francisco da Cidade do Porto, 1781, IAN/TT, Conventos, Província de Portugal de São Francisco do Porto, livro 3, cap. V.

29 Livro do Inventário e assentos das esmolas que se recebeu na confraria da Senhora do Rosário e São Benedito da Igreja de São Francisco, IAN/TT, Conventos, Província de Portugal de São Francisco do Porto, livro 9, fl. 55. Russell-Wood apresenta uma discussão muito interessante sobre o crescimento da massa de homens negros e mulatos na segunda metade do século XVIII e sugere que as irmandades funcionavam como canais de expressão para esses libertos. A. J. R. Russell-Wood, *The black man in slavery*

A posição de maior poder e prestígio nas irmandades negras coloniais era ocupada pelo juiz. Cabia ao juiz, ou presidente, ou ainda juiz-presidente em algumas confrarias, convocar a mesa todas as vezes que fosse necessário; fazer cumprir as determinações da mesa diretora; chamar a atenção de procuradores e mordomos para suas obrigações; controlar a frequência dos escrivães nas reuniões da mesa; estar presente nas procissões e enterros dos irmãos e irmãs. Enfim, cabia a ele a obrigação máxima de manter a ordem e o bom andamento dos projetos da confraria.

Além dos cargos de juiz ou presidente, escrivão e tesoureiro, outro cargo de grande importância na mesa diretiva era o de procurador. Além da obrigação de coletar esmolas semanalmente em prol da irmandade, geralmente cabia ao procurador o cuidado especial com o altar e o andor da padroeira. Em algumas irmandades, o procurador também atuava como uma espécie de fiscal dos assuntos financeiros da confraria. Desse modo, cabia a ele estar sempre atento aos atrasos de pagamento de anuais dos irmãos, assim como ao pagamento de enterros e missas, fazendo cobrança aos devedores e imediatamente "[dando] conta ao Escrivão do que tem cobrado para lançar no Livro de Receita e entregar ao Tesoureiro".[30]

Em geral, as irmandades do Rosário elegiam dois ou mais oficiais para os cargos de juiz e procurador. Além de muitas tarefas que sobrecarregavam estes oficiais, o recurso, certamente, correspondia a uma equitativa divisão dos poderes entre os grupos mais fortes. A administração podia dar-se por revezamento ou mesmo em conjunto. Na ir-

---

and freedom in Colonial Brazil. Nova York: St. Martin's Press, 1982, p. 128-160.

30 Compromisso da Irmandade do Rosário dos pretos na igreja sita na Rua de João Pereira, Freguesia de São Pedro, fl. 173.

mandade do Rosário da Freguesia de São Pedro, os dois procuradores, o dos angolas e o dos crioulos, se revezavam mensalmente nas funções do cargo.[31] O revezamento, entretanto, não parece ter sido uma boa solução para os irmãos do Rosário da Baixa dos Sapateiros. Durante o século XVIII, a irmandade era presidida durante seis meses pelo juiz dos angolas e outros seis pelo juiz dos crioulos. O fracasso da experiência levou à modificação dos termos no compromisso elaborado em 1820:

> Enquanto as Mesas que se acha esta Irmandade de presidir um Juiz seis meses, do que nasce ter êxito, e vigor a emulação de cada um querer nos seus seis meses desfazer o que o outro determinou nos seus, se ordena com o justo acordo e razão que se unam ambas as vontades como fica determinado no Cap. 3º, e presidirão ambos em todas as Mesas do ano (…).[32]

O cargo de consultor poderia ser ocupado por homens brancos ou negros. Entretanto, pela sua importância na direção das entidades, algumas irmandades negras restringiam o acesso a este cargo apenas aos irmãos negros. Do mesmo modo, em algumas irmandades do Rosário, o cargo de consultor também era restrito aos angolas e crioulos.[33] Geralmente era formado um conselho de consultores com qua-

---

31 Compromisso da Irmandade do Rosário dos pretos na igreja sita na Rua de João Pereira, Freguesia de São Pedro, fl. 173.

32 Compromisso da Irmandade do Rosário dos pretos das Portas do Carmo, 1820, AINSRP, cx. 1, Série Compromissos.

33 Compromisso da Irmandade de N. S. do Rosário dos Homens Pretos ereta na Capela da Conceição e São Bento na Beira da Mata de Paramirim, cap. V.

tro, seis ou mais membros.³⁴ As atribuições dos consultores destacam a importância e o prestígio do cargo:

> Os Consultores (…) serão como já fica determinado virão ser pessoas prudentes bom juízo, e conselho, para tudo procederem com acerto, e serão sempre pronto nas ocasiões de Mesas assistir e nelas cada um por si dará o seu parecer, e votaram humildade, modéstia, sem alteração de palavras (…).³⁵

Nas irmandades do Rosário da Bahia setecentista, as mulheres ocupavam cargos determinados. Elas podiam ocupar os cargos de juízas, procuradoras ou mordomas, independente da condição jurídica, "porque pela qualidade do sexo não exercitam ato de Mesa".³⁶ Os ofícios femininos também eram divididos entre angolas e crioulos. Nos cargos de juízas e procuradoras, suas atribuições eram, frequentemente, relacionadas ao cuidado com altares, andores e imagens, bem como com a arrecadação periódica na forma de peditórios semanais. Embora suas atribuições as distanciassem das instâncias decisórias mais importantes, elas eram fundamentais na correlação de forças dos grupos em dis-

---

34 Compromisso da Irmandade de N. S. do Rosário dos Pretos da Vila de Santo Amaro da Purificação, cap. II; Compromisso da Irmandade de N. S. do Rosário dos Homens Pretos ereta na Capela da Conceição e São Bento na Beira da Mata de Paramirim, cap. V.

35 Compromisso da Irmandade do Rosário dos pretos das Portas do Carmo, cap. XIII.

36 Compromisso da Irmandade de N. S. do Rosário dos Homens Pretos das Portas do Carmo, cap. XVI.

puta. Em termos de procedência e filiação étnica, parece ter havido uma maior flexibilidade no acesso aos ofícios femininos. Creio que isso não decorria exclusivamente da marginalização das mulheres nas instâncias decisórias. Do contrário, este fenômeno aponta para um complexo campo de relações interétnicas no âmbito do "mercado afetivo".[37]

Efetivamente controlada por homens, africanos e/ou crioulos, as irmandades de pretos na Bahia setecentista costumavam tratar as irmãs, de qualquer cor ou etnia, de forma muito mais cortês que os irmãos "estrangeiros". Em 1765, a Irmandade do Senhor Bom Jesus dos Martírios dos homens pretos da nação jeje da cidade de Cachoeira levantou obstáculos financeiros à entrada de homens crioulos, mas não colocou empecilho à participação de mulheres do mesmo grupo. Este dado parece indicar que, além da já reconhecida disparidade numérica entre os sexos no interior da população escrava, particularmente entre os africanos, havia possíveis arranjos étnicos e acirramento de conflitos em torno do mercado amoroso. A dificuldade em encontrar parceiras africanas deve ter influído muito na decisão dos irmãos africanos dos Martírios no tocante à entrada de mulheres crioulas para sua irmandade.[38]

Alguns anos mais tarde, ainda na Vila de Cachoeira, mas, agora, na vizinha freguesia de São Gonçalo dos Campos, uma irmandade de crioulos também demonstrou grande tolerância em relação à ala feminina. A irmandade do Bom Jesus da Cruz dos Crioulos, em estatuto elaborado em 1800, não admitia entre seus associados qualquer africano, fosse ele Angola, Benguela ou da Costa da Mina. Entretanto, as

---

37 João José Reis, "Identidade e diversidade étnicas nas irmandades negras no tempo da escravidão". *Tempo*, vol. 2, n. 3, Rio de Janeiro, 1997, p. 16.

38 *Idem, Ibidem*, p. 16-17.

mulheres africanas, casadas com homens crioulos, eram bem-vindas à associação e só perderiam esta honra caso, em razão de viuvez, em segundas núpcias se casassem com "algum de mar a fora".[39]

Na irmandade do Rosário das Portas do Carmo, embora a restrição dos cargos de juízas às angolas e crioulas estivesse prescrita nos compromissos conhecidos até o final do século XIX, encontrei um número significativo de mulheres jejes que ocuparam este cargo entre os anos de 1719-1826. Num universo de 137 associadas jejes, 36 foram juízas, perdendo apenas para as crioulas que somaram 71 juízas ao longo daqueles anos.[40]

Os mordomos e mordomas constituíam uma categoria mais humilde de irmãos, ainda que, em algumas irmandades, fizessem parte da mesa diretiva. Sua função principal era o patrocínio e organização do acontecimento público mais importante na vida da confraria: sua festa anual.

Festas dos confrades pretos

No ano de 1760, a festa da irmandade do Rosário dos pretos das Portas do Carmo coincidiu com os festejos das bodas do infante Dom Pedro. A narração do evento, deixada pelo Padre Manuel Cerqueira Torres, assevera que a grandeza daquela festa, uma das mais aplaudidas da cidade, era fruto do empenho da "devota confraria" dos homens pretos.

---

39 Compromisso da Irmandade do Senhor Bom Jesus da Cruz dos Crioulos naturais da Vila de Cachoeira, ereta na Freguesia de São Gonçalo dos Campos da mesma vila. Feito em 28 de Abril de 1800. AINSRP, cx. 1 – Compromissos.

40 Livro de Irmãos, AINSRPC, cx. 7.

> No Domingo doze [de outubro] ocorreu a festa de Nossa Senhora do Rosário da confraria dos pretos, na sua igreja sita às portas do Carmo, com majestosa pompa festejam o sempre vitorioso Rosário de Maria Santíssima, estava a capela ricamente ornada. Houve missa solene, com música, sacramento exposto e sermão. De tarde saíram com sua procissão com igual asseio e primor, e sendo esta uma das procissões mais plausíveis, que faz esta cidade pelo muito em que se empenha esta devota confraria.[41]

A festa do padroeiro era a principal atividade das irmandades. Era o momento mais notável, de maior mobilização e visibilidade pública dos confrades. Nestes eventos a rivalidade entre as confrarias saía às ruas com muitas cores, formas, sons e movimentos. As irmandades negras não apenas rivalizavam entre si, mas também com as de brancos e pardos. Em suas festas, sempre que possível, "em tudo [excediam] aos brancos, esmerando-se muito em levar vantagem a todos os mais".[42] Mas nem tudo era rivalidade! Nas ocasiões festivas, as confrarias negras tinham a oportunidade de marcar um lugar de distinção na sociedade colonial. Por esta razão, buscavam "criar um espaço no interior da sociedade colonial, para que fossem aceitos tanto pelas autoridades civis e eclesiásticas como atrair as elites e outros setores

---

41 Anais Biblioteca Nacional, vol. 31, p. 413. *Apud* Luís Viana Filho, *O negro na Bahia*. Rio de Janeiro: Nova Fronteira, 1988, p. 95.

42 Frei Agostinho de Santa Maria, "Santuário Mariano", *op. cit.*, p. 86.

da sociedade para nelas participarem, garantindo, dessa forma, uma retaguarda na defesa de seus interesses".[43]

A data das festividades e os procedimentos a serem tomados durante a realização das mesmas estavam prescritos nos compromissos. O calendário religioso festivo da cidade de Salvador contava com as comemorações das várias confrarias.

Logo no início do ano, preferencialmente no dia 6 de janeiro, acontecia a festa da Irmandade do Santo Rei Baltazar. Na primeira oitava da Páscoa era a vez das irmandades de São Benedito do Convento de São Francisco e a da Freguesia de Itapagipe. A irmandade de Santa Ifigênia do Convento de São Francisco realizava seus festejos em setembro, no dia dedicado a São Mateus. No mês de outubro, aconteciam as festas das irmandades do Rosário da Freguesia da Conceição da Praia, do Rosário de João Pereira e da confraria da mesma invocação localizada em igreja própria nas Portas do Carmo. No quarto domingo de novembro ocorria a festa em honra a Santo Antonio de Categeró. Na segunda oitava do Natal era a vez da irmandade do Rosário da Vitória. E seguem por aí outras tantas.

No Recôncavo e noutras partes da capitania as festas das irmandades se conformavam a um calendário mais rígido. A maioria das festas ficava concentrada nas oitavas de natal, ou seja, nos dezesseis dias que se seguiam à realização da festa do nascimento de Jesus. Este calendário especial fora instituído ainda no início do século XVIII, pelo arcebispo D. Sebastião Monteiro da Vide. Considerou-se então o tempo do Natal como o mais "acomodado para se fazerem as solenidades religiosas com grandeza e concurso de devotos", nas

---

43 Marcos Magalhães Aguiar, *Vila Rica dos confrades. A sociabilidade confrarial entre negros e mulatos no século XVIII*. Dissertação (Mestrado) – USP, São Paulo, 1993, p. 220.

freguesias do Recôncavo e noutras partes do interior do arcebispado. Este período do ano ficava preservado das grandes chuvas que tornavam os caminhos praticamente intransitáveis aos sacerdotes que percorriam longas e penosas distâncias para atender aos reclames de seus fregueses.[44]

A organização dos eventos festivos era responsabilidade da irmandade, enquanto ao capelão ou vigário da paróquia cabia a assistência nas celebrações e em outros atos litúrgicos. As irmandades geralmente festejavam seu padroeiro ou padroeira com missa cantada, música e pregação especialmente preparada para a data. Algumas até faziam questão de escolher um "pregador idôneo", como dispunha em compromisso a irmandade do Rosário de João Pereira.[45] O sermão era um ato de grande importância dentro da festa. Numa sociedade iletrada, a palavra falada, proferida no alto do púlpito, tinha um peso inegável. Daí advinha a preocupação com a contratação de um pregador especialmente escolhido para a ocasião e em perfeita sintonia com os interesses da irmandade contratante. Sempre que possível, as irmandades convidavam pregadores de fama, sendo que o pagamento recebido costumava ser proporcional ao prestígio do orador.[46]

---

44 Frei Agostinho de Santa Maria, "Santuário Mariano", *op. cit.*, p. 88; D. Sebastião Monteiro da Vide, "Notícias do Arcebispado da Bahia para suplicar a Sua Majestade. Em favor do culto divino e das almas, 1712". *Revista do Instituto Histórico e Geográfico Brasileiro*, 54, 1891, p. 323-364.

45 Compromisso da Irmandade do Rosário na Igreja Paroquial de João Pereira, fl.169v.

46 Julita Scarano, *Devoção e Escravidão: A Irmandade de N. S. do Rosário dos Pretos do Distrito Diamantino no Século XVIII*. São Paulo: Editora Nacional, 1978, p. 76-77.

Vésperas solenes, exposição do Santíssimo Sacramento, música de órgão e procissões também eram apreciados pelos confrades negros. Os atos litúrgicos da festa custavam muito aos cofres das irmandades, especialmente o pagamento dos sacerdotes que celebravam as missas e acompanhavam as procissões. Os valores pagos aos vigários e capelães, frequentemente, eram motivos de discórdias e disputas que chegavam à mesa do arcebispo e, por inúmeras vezes, a Lisboa. No ano de 1762, os irmãos do Rosário da Freguesia de São Pedro do Monte, na vila de Cachoeira, encaminharam ao Rei uma denúncia contra o vigário da paróquia. As queixas mais virulentas eram contra os preços dos emolumentos, considerados abusivos pelos irmãos pretos do Rosário: assistência às missas e festas, 4$000 réis; e pelo acompanhamento de procissões, novenas e enterros, 2$300 réis.[47]

A procissão era outro momento destacado nas festas, mas nem sempre era possível arcar com seus altos custos. A Irmandade do Rosário de João Pereira dispunha em seu compromisso todos os procedimentos cabíveis para organização da procissão: posição dos oficiais e irmãos no cortejo, insígnias sustentadas de acordo com o cargo, ornamentos da santa imagem do Rosário, horário do acompanhamento, postura requerida pelo ato etc. Entretanto, ficava declarado no mesmo estatuto que, caso não houvesse, em algum ano, mordomos suficientes para o patrocínio da festa, esta ficaria resumida "a missa cantada, Santíssimo exposto durante a missa da festa, sem procissão".[48]

---

47 Representação dos Pretos, irmãos da Irmandade de N. S. do Rosário, vila de Cachoeira, ao rei [D. José] solicitando que se baixem os preços dos funerais para que os suplicantes possam ser enterrados na capela [da irmandade] e não no adro da Matriz, AHU, Bahia, Avulsos, cx. 148, doc. 11395.

48 Compromisso da Irmandade do Rosário na Igreja Paroquial de João Pereira, fl. 169v.

Apesar das dificuldades, sempre que possível e à custa de sacrifícios mil, as irmandades baianas faziam questão de sair às ruas das freguesias ou das vilas em alto estilo. Na freguesia de São José das Itapororocas, a festa da Virgem do Rosário patrocinada pela irmandade dos pretos acontecia anualmente no domingo do Espírito Santo, segundo do mês de maio, precedida de uma novena de nove tardes seguidas. No dia da festa, se fazia

> A procissão com sua charola paramentada e i[am] as mais irmandades eretas na mesma capela. Guia[va] a procissão um dos juízes do ano presente passado ou de outro qualquer ano em sua falta com opa branca nova, e o irmão escrivão atual diante da charola, e atrás do Pálio abri[ra] a mesma procissão ambos os juízes daquele ano.[49]

As procissões eram acontecimentos à parte, uma vez que respeitavam um cerimonial e uma etiqueta próprios. Os participantes deveriam jogar bem esse jogo de mensagens veladas, carregado de simbolismos. Pois "a mais pequena modificação do lugar atribuído a uma pessoa num cerimonial equivalia a uma alteração da sua posição social".[50] Por este motivo, a Mesa de Consciência e Ordens exigiu modificações no compromisso da irmandade do Rosário de São José

---

49 Compromisso da Irmandade de Nossa Senhora do Rosário dos homens pretos na Capela de Paramirim, Freguesia de São José das Itapororocas, fl. 79v.

50 José Pedro Paiva, "Etiqueta e cerimonias públicas na esfera da Igreja (séculos XVII-XVIII)". In: Istaván Jancsó e Iris Kantor (orgs.), *Festa. Cultura e Sociabilidade na América Portuguesa*. São Paulo: Edusp/Imprensa Oficial, 2001, p. 85.

das Itapororocas, especialmente no capítulo que regulava a festa da padroeira. As autoridades rejeitaram a posição do juiz diante do Pálio, alegando que cabia ao juiz apenas abrir a procissão de sua própria irmandade, não das demais abrigadas na mesma capela.[51] O pálio era uma espécie de sobrecéu portátil, com varas, que se conduzia em cortejos e procissões; debaixo dele ficava o santo festejado ou o sacerdote que levava a custódia. Era o centro da procissão, o local de maior destaque. Assim, a posição do indivíduo em relação ao pálio traduzia a hierarquia social mais abrangente.

Nesse aspecto, vale a pena distinguir as diferentes procissões ocorridas na Bahia colonial. Havia as procissões solenes, também chamadas de preceito, ou gerais. Essas procissões públicas não precisavam de licença para sua realização, pois foram "ordenadas pelo Direito Canônico, Leis e Ordenações do Reino e costumes" estabelecidos no arcebispado.[52] As procissões dispensadas de licença do Ordinário eram várias. Dentre as mais conhecidas, destacam-se a das Onze mil Virgens, sob a responsabilidade dos religiosos da Companhia de Jesus; a da Sexta-feira da Paixão, organizada pelos religiosos do Carmo; as de São Francisco Xavier e São Sebastião, patrocinadas pelo Senado da Câmara; além das célebres procissões do Corpo de Deus e do Santíssimo Sacramento, entre outras. Nesses verdadeiros espetáculos públicos havia a participação de todos os setores da sociedade. As músicas, danças, mascaradas e encenações, nada sacras à primeira vista, foram motivos de escândalo para vários estrangeiros que as testemunharam na

---

51 Provisão de aprovação do Compromisso da Irmandade de Nossa Senhora do Rosário dos homens pretos na Capela de Paramirim, Freguesia de São José das Itapororocas, fl. 82.

52 *Constituições Primeiras do Arcebispado da Bahia*, Livro III, Títulos XIII, XIV, XV.

América Portuguesa. Entretanto, tratava-se, com algumas adaptações locais, é claro, de uma herança claramente portuguesa.

Nas procissões do Santíssimo Sacramento, ocorridas em Lisboa no século XVIII, desfilavam as confrarias com seus trajes especiais, os monges de todos os conventos e os membros do clero. No centro vinha o Santíssimo Sacramento, num mostruário de prata sob o pálio. As varas que sustentavam o pálio eram disputadas entre os príncipes e nobres do reino, e pelos cavaleiros das ordens militares. Logo atrás do pálio, vinha o rei a pé, solenemente vestido com uma capa da confraria de São Jorge, juntamente com sua corte. Atrás do rei vinha a sociedade, em ordem hierárquica: negros, bufões, doentes, aleijados, leprosos, até os cães vadios e sarnentos.[53] As procissões solenes acontecidas na América Portuguesa seguiam as mesmas regras e etiquetas.

A posição de cada irmandade ou confraria no cortejo era definida pela antiguidade. Este critério gerou disputas e estranhamentos em várias partes da colônia. Na década de 1780, a Irmandade de Nossa Senhora das Mêrces, ereta na Igreja de Nossa Senhora do Parto, no Rio de Janeiro, acusou o bispo Dom José Joaquim Justiniano Mascarenhas Castelo Branco de haver cometido grave injúria. Os irmãos das Mercês exigiram que sua irmandade fosse restituída "na posse de ir na solene procissão do Corpo de Deus, com as sua insígnias e no lugar competente com as mais irmandades acompanhar o Santíssimo Sacramento". Alegavam os irmãos que o bispo, "ao espoliar os suplicantes de sua posse", levara em consideração a "diferença das cores" e não o critério de antiguidade estabelecido pelos cânones, bulas e leis de Portugal.[54]

---

53 Suzanne Chantal, "La vie quotidienne au Portugal vers 1755", 1962, p. 165. *Apud* Pierre Verger, "Procissões e Carnaval no Brasil". *Ensaios e Pesquisas* 5, Salvador, 1980, p. 3-4.

54 Ver Antonia Quintão, *Lá vem o meu parente, op. cit.*, p. 111-113.

Caderno de imagens

O terramoto de Lisboa de 1755
João Glama Strobleable, Séc. XVIII
Lisboa, Museu Nacional de Arte Antiga

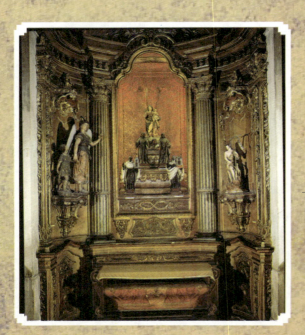

Capela da antiga confraria d
Nossa Senhora do Rosário do
Pretos, Séc. XVIII. Lisboa, Igrej
da Graça

Nossa Senhora do Rosário
Séc. XVIII (c. 1730)
Escultura em madeira policromada,
estofada e ancarnada, 118 x 50cm
Sines, Igreja Matriz

São Paulo de Luanda
Sec. XIX. Colecção de Gravuras Portuguesas.

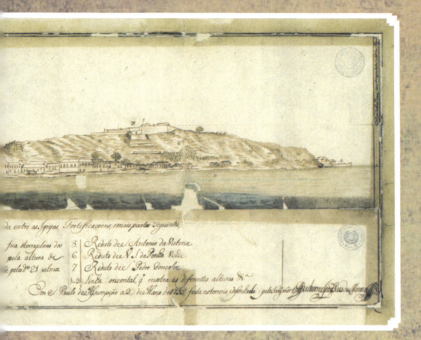

Luanda em 1755, Guilherme Paes de Menezes

São Benedito, Santa Ifigênia, Santo Elesbão. Acervo pessoal. Foto de Clemente Santos

Frezier
Bahia, século XVIII

Frezier
Bahia, século XVIII

Frezier
Salvador, século XVIII

Froger
Salvador, 1699

Villena, Cidade da Bahia, Igreja do Rosário dos Pretos da Baixa dos Sapateiros, 1801

Mapa do Congo e Angola

As procissões organizadas pelas irmandades não eram solenes e sim devocionais. Desse modo, para sua realização necessitavam de autorização prévia do Ordinário. O séquito era protagonizado pela irmandade patrocinadora e, quando dividia o espaço do templo com outras, também estas participavam do cortejo. Dispunham os irmãos do Rosário das Portas do Carmo, nas primeiras décadas do Oitocentos, por exemplo, que na procissão da Senhora deviam participar "as mais irmandades eretas na mesma Capela com suas charolas decentemente ornadas seguindo a ordem dos lugares pelas suas antiguidades".[55]

Os gastos com o pagamento dos emolumentos sacerdotais cobrados pelas missas e procissões geralmente somavam-se a outros de grande peso no orçamento das festas. As irmandades investiam na ornamentação dos templos e capelas "com todo o asseio necessário".[56] As vestimentas e as insígnias ostentadas pelos oficiais e mordomos também deviam ser apropriados à grandeza do evento. Trajados com capas brancas e empunhando tochas ou velas nas mãos, os irmãos e oficiais das mesas acompanhavam todos os eventos programados. Todos esses requintes custavam muito!

Geralmente as irmandades dispunham de um recurso especial para suprir os gastos festivos. Em muitas confrarias os oficiais da mesa, principalmente os juízes e mordomos, contribuíam de maneira especial para a realização desses eventos. Na irmandade de Santa Ifigênia do Convento de São Francisco, as esmolas oferecidas pelos mordomos

---

55 Compromisso da Irmandade de Nossa Senhora do Rosário das Portas do Carmo, 1820.

56 Compromisso da Irmandade do Rosário na Igreja Paroquial de João Pereira, fl. 169v.

e mordomas tinham como destino certo a preparação da festa.[57] Na irmandade do Santo Rei Baltazar, toda a festa da padroeira ficava "à custa do juiz, juíza, oficiais mordomos e mordomas".[58] Entre os rosarianos pretos de Santo Amaro da Purificação, a quantia resultante dos anuais, retiradas as despesas ordinárias, os sufrágios dos irmãos falecidos e a capela de missas anuais, era reservada à organização da festa da Senhora do Rosário. Quantia certamente insuficiente, uma vez que todos os mesários eram obrigados a cooperar diretamente para o orçamento da festa da padroeira, cabendo aos oficias de mais alta categoria as contribuições mais generosas. Os valores podiam variam muito de acordo com o cargo: "Os mesários [...] serão obrigados a dar cada um 3$000 réis, o Escrivão, o Andor, ou em falta deste 6$400 réis, o Tesoureiro 8$000 réis, e os Consultores, 2$000 réis cada um, e as esmolas dos juizes e juízas 10$000 réis cada um".[59] Com igual intuito de garantir mais verbas para a festa da padroeira, os irmãos pretos do Rosário da Vila Nova Real de El Rei do Rio São Francisco, Comarca de Sergipe de El Rei, instituíram juizes específicos para este fim, além de um grande número de mordomos.

> Porque as esmolas (...) arbitradas ao Juiz, oficiais, irmãos de mesa para a festividade anual da Padroeira são limitadas, atendendo a pobreza dos irmãos, e não chegar

---

57 Compromisso da Irmandade de Santa Ifigênia no Convento de São Francisco, IAN/TT, Chancelarias Antigas – Ordem de Cristo, Livro 301, fl. 108.

58 Compromisso da Irmandade do Santo Rei Baltazar na Freguesia de São Pedro Velho, IAN/TT, Chancelarias Antigas – Ordem de Cristo, Livro 297, fl. 252v.

59 Compromisso da Irmandade de N. S. do Rosário dos Pretos da Vila de Santo Amaro da Purificação, fl. 13.

a sua soma para o gasto da festa, sendo impróprio nas Confrarias não festejar aos padroeiros, se faz preciso eleger um Juiz e uma Juíza da Coroa como também um Juiz e uma Juíza com 15 mordomos em louvor aos 15 mistérios do Rosário, para que todos juntos com suas esmolas se possa com mais modo fazer a festa da Mãe Santíssima.[60]

Outra forma de arrecadação para o financiamento das festas eram os conhecidos peditórios. Três semanas antes da festa de São Benedito de Itapagipe, os juízes, procuradores e alguns irmãos saíam às ruas da Freguesia da Penha tirando esmolas para a realização da festa. O esforço conjunto dos irmãos de São Benedito de Itapagipe visava custear os gastos com "missa cantada pelo reverendo vigário e seus coadjutores, sermão, música e Santíssimo Sacramento exposto".[61]

A extrema liberalidade nas festas dos patronos não era uma prática exclusivamente baiana, como pode parecer aos apressados julgamentos contemporâneos. No ano de 1742, o visitador eclesiástico frei João da Cruz, a mando da Sé do Rio de Janeiro, esteve na Freguesia de Santo Antonio de Itatiaia, comarca de Ouro Preto. O visitador ficou escandalizado com a prodigalidade dos irmãos de Nossa Senhora do Rosário e São Benedito.

---

60 Compromisso da Irmandade de Nossa Senhora do Rosário ereta em Igreja própria que as suas custas fundaram os Homens Pretos na Vila Nova Real Del Rei do Rio São Francisco, Cap. III.

61 Compromisso da Irmandade do Glorioso São Benedito ereta na Freguesia de N. S. de Itapagipe da Cidade da Bahia, 1777, BNL, Cód. 13029.

> Estando em visita nesta freguesia [...] os irmãos da Irmandade de Nossa Senhora do Rosário e São Benedito nos apresentou este livro de contas, e vendo que nele se acham, havemos por incapaz para se fazerem as festas com tanta solenidade quando se vê pelas despesas que são feitas consumindo nelas o rendimento da irmandade, ficando os irmãos sem sufrágios anuais, não sendo ereto para o proveito das almas dos que falecem, e sim para a ostentação humana.[62]

Os excessivos gastos com as festividades têm sido interpretados por muitos estudiosos como uma espécie de válvula de escape, uma exaltação do lazer permitido no duro cotidiano da escravidão e do trabalho contínuo. Uma "espécie de ideal oposto ao mundo do cativeiro, o que talvez ajudaria os confrades negros a construírem uma outra forma de interpretação de seus cotidianos baseados nas festividades". Estaria igualmente imbuído neste espírito, exageradamente pomposo, uma cultura barroca "marcada pelo prazer em contemplar a exuberância das imagens, dos incensos, das músicas, dos sermões e das procissões com badaladas de sinos e queimação de fogos de artifício".[63] Para os homens e mulheres do século XVIII, o culto pomposo visava mais que o prazer da contemplação, também tinha influência nas relações estabelecidas com os santos de devoção. "Nessa visão barroca do catolicismo, o santo não se contenta com a prece individual. Sua intercessão será tão

---

62 Alisson Eugênio, "Tensões entre os visitadores eclesiásticos e as irmandades negras no século XVIII mineiro". *Revista Brasileira de História*, vol. 22, 14, 2002, p. 34, 36, 37.

63 *Idem, Ibidem*, p. 38.

mais eficaz quanto maior for a capacidade dos indivíduos de se unirem para homenageá-lo de maneira espetacular."[64] Nesse sentido, o culto pomposo era muito importante para a "saúde" espiritual dos irmãos.

Entendo, em acréscimo, o culto pomposo como elemento essencial também para a saúde material das confrarias negras. Sem excluir totalmente as interpretações acima, sugiro um olhar mais pragmático sobre as festas patrocinadas pelas confrarias negras, tendo em vista interesses de conservação e manutenção de seu patrimônio material e simbólico.

Como vimos, frequentemente, por ocasião das festividades, ocorriam as eleições dos novos oficiais das irmandades. Os irmãos do Rosário de Santo Amaro da Purificação deixaram registrado em seu compromisso a preocupação com esse momento de muita conturbação e de várias "disputas e discórdias".[65] Durante as eleições os grupos em competição tornavam explicitas suas diferenças. A preocupação com a regulação dos processos eleitorais faz acreditar que, nestas associações, os cargos diretivos eram muito cobiçados. É importante recordar que a antiga diretoria encerrava seu mandato com o acontecimento mais importante no cotidiano da confraria. Talvez a grandeza ou a modéstia da festa fosse a coroação ou a prova do fracasso da administração que findava. Nesse sentido, creio que, do ponto de vista simbólico, a festa consagrava o prestígio social de alguns membros das confrarias.

Ainda em termos pragmáticos, Marcos Aguiar aponta a importância das festas não apenas como momento de esbanjamento, mas também como catalisador de recursos financeiros.

---

64 João José Reis, *A morte é uma festa: ritos fúnebres e revolta popular no Brasil do século XIX*. São Paulo: Companhia das Letras, 1991, p. 61.

65 Compromisso da Irmandade de N. S. do Rosário dos Pretos da Vila de Santo Amaro da Purificação, fl. 19

> Normalmente, as eleições e festas realizavam-se em dias ou semanas subsequentes, quando não ocorriam no mesmo dia. Essas ocasiões coincidiam com os atos de entrega de esmolas e pagamento de anuais e de entradas dos irmãos, enquanto durante o ano se faziam as coletas regulares de esmolas da bacia e da caixinha, além do recebimento de rendimentos avulsos, como acompanhamento de enterros, aluguéis de casas e recebimento de legados. Eram, portanto, os momentos fortes de contribuição econômica das irmandades, e os irmãos conheciam muito bem os riscos da ausência dos festejos para a sobrevivência da devoção.[66]

Nesse sentido, a festa não apenas trazia prestígio aos membros da diretoria, mas à própria associação – o que contribuía, muito eficazmente aliás, para a atração de novos associados. Mais ainda, a beleza, a pompa e a solenidade da festa do padroeiro poderia também ser uma mostra de sua capacidade de celebrar rituais fúnebres que, juntamente com a garantia de cova em lugar sagrado, era outro inquestionável atrativo para a adesão de novos membros.

A irmandade do Rosário da Conceição da Praia tinha um esquife próprio para enterrar seus irmãos. Os não associados que manifestassem desejo de serem enterrados no esquife da irmandade deveriam pagar cinco patacas. Os muito pobres poderiam pagar menos, quanto aos forros, comprovada sua extrema pobreza, seriam enterrados, "pelo amor de Deus". Cada irmão falecido tinha direito ao cortejo fúnebre,

---

[66] Marcos Magalhães Aguiar, "Festas e rituais de inversão hierárquica nas irmandades negras de Minas Gerais", In: Jancsó e Kantor (Org.), *Festa, Cultura e Sociabilidade na América Portuguesa*, op. cit., p. 370.

além de oito missas pela sua alma. Seus filhos menores de dezesseis anos também tinham direito ao acompanhamento mortuário.[67] A leitura dos compromissos das irmandades de brancos e negros revela um contínuo zelo com a garantia de sepultamento decente para seus associados, leia-se, segurança de sepultura em lugar sagrado, certeza de liturgia apropriada presidida por um ou mais sacerdotes, acompanhamento, senão pomposo, ao menos, digno e honrado.

Segundo Reis, "a pompa fúnebre fazia parte da tradição cerimonial das confrarias, formando, ao lado das festas de santo, importante fonte de prestígio".[68] Os confrades de São Benedito do Convento de São Francisco da Bahia acompanhavam os irmãos falecidos até a sepultura empunhando velas e vestindo suas opas.[69] Esta atitude era comum e corrente no cotidiano da irmandades. Na verdade, as irmandades, de brancos e negros, eram as principais responsáveis pela grandeza dos funerais antigos. Estes verdadeiros espetáculos públicos primavam pela profusão de signos, gestos e objetos simbólicos e, sobretudo, pelo tamanho e impacto do cortejo com acompanhamento de músicos, velas, tochas, mendigos cegos e muitas qualidades de estropiados.

Desde o século XVII, as confrarias negras buscaram igualar-se às brancas na suntuosidade dos cortejos funerários. No decorrer dos séculos XVIII e XIX, o Rosário dos Pretos das Portas do Carmo foi, certamente, a mais prestigiada entre suas congêneres de cor. O acom-

---

67 Compromisso da Virgem Santíssima Mãe de Deus N. S. do Rosário dos Pretos da Praia, 1686, Cap. XVII.

68 Reis, *A Morte é uma festa*, op. cit., p. 144.

69 Compromisso da Irmandade de São Benedito do Convento de São Francisco da Bahia, IAN/TT, Chancelarias AntigasOrdem de Cristo, Livro 293, fl. 121.

panhamento fúnebre oferecido por esta confraria era, portanto, mais um símbolo de seu poder e prestígio.

> Quando qualquer irmão falecer, e for enterrado no ato da Irmandade se convocará esta no maior número de que puder ser, e todos com suas capas, e velas em duas alas com o Esquife, guião, e manga, irão buscar para a capela onde será enterrado, e não faltará sair com o Esquife o Capelão, ou outro sacerdote a seu rogo, e os Juizes com mais irmãos que poderem, e se acharem no dito ato, cobrirão a Irmandade levando capas e tochas distintas.[70]

Os cortejos fúnebres tinham muita semelhança com as procissões festivas. A irmandade de São Benedito ereta no Convento do Bom Jesus, Comarca de Sergipe Del Rey, chamava a atenção para o respeito às precedências e antiguidades, a fim de evitar "dúvidas e contendas que entre as irmandades costumavam haver" não só nas procissões, mas também durante os acompanhamentos fúnebres.[71] Aguiar observou a mesma semelhança entre os enterros e as procissões festivas nas Minas setecentistas. A irmandade de Nossa Senhora do Rosário dos Pretos de Ouro Preto ordenava o cortejo fúnebre ao modo de uma procissão festiva das mais elaboradas. Apesar de longa, a citação do documento que descreve o cortejo é deliciosa:

---

70 Compromisso da Irmandade de Nossa Senhora do Rosário das Portas do Carmo, 1820. Cap. XXI.

71 Compromisso da Irmandade de São Benedito ereta no Convento do Bom Jesus na Comarca de Sergipe Del Rey, Arcebispado da Bahia, IAN/TT, Chancelarias Antigas – Ordem de Cristo, Livro 280, fl. 350v.

> Assim que falecer algum Irmão ou Irmã, branco ou preto forro ou cativo, se fará logo saber ao Procurador, ou Sacristão da Irmandade, o qual avisará logo esta, não só fazendo com os sinos os sinais costumados para o enterro, e juntos que sejam, sairão todos com suas opas brancas, levando o Sacristão, ou outro qualquer irmão adiante a cruz, e quatro Irmãos a tumba da Irmandade e atrás de todos, irá o Juiz de Nossa Senhora, ou outro qualquer dos mais santos, que presente se achar, com sua vara, e levará à sua mão direita o Reverendo pároco Capelão, e chegados à porta do Irmão defunto, entrará o Reverendo Pároco Capelão com licença do Reverendo Pároco a encomendá-lo, o que feito mandará o juiz meter na tumba o corpo do defunto, e postos os Irmãos em duas fileiras com a cruz adiante, levantada, levarão o corpo até a sepultura, que lhe estiver destinada em nossa igreja ou outra qualquer onde for sepultado nesta vila, e o Procurador irá regendo a Irmandade para que vá com toda modéstia, e compostura, que se requer em aqueles atos, rezando pela alma do dito defunto.[72]

Nesse sentido, a festa do orago, com suas belas procissões, não deixava de ser uma bela mostra da capacidade da confraria na organização dos inexoráveis cortejos funerários.

---

72 Compromisso da Irmandade de Nossa Senhora do Rosário dos Pretos de Ouro Preto, na sua capela, 1750. *Apud* Aguiar, *Vila Rica dos confrades, op. cit.*, p. 236-37.

Mas havia o outro lado da festa! Alguns poucos registros permitem vislumbrar os festejos profanos patrocinados pelos confrades negros nas freguesias da velha Bahia.

> Fazem a festa da Senhora em uma das oitavas do Natal pelas razões referidas e com tanta alegria e tantos instrumentos dos que eles usam a seu modo, que é muito para ver e também para admirar os seus grandes festejos, que parece que só nisso cuidam; e nesta grande alegria se reconhecem as maravilhas de Deus, e os favores, e mercês da Maria Santíssima, pois faz com a sua devoção se alegrem tanto os seus pretinhos, que parecem uns doidos de contentes.[73]

As festas organizadas pelas irmandades negras não se resumiam, por conseguinte, aos atos litúrgicos. Era também ocasião para manifestações de alegria menos contidas e solenes. Essas comemorações, ocorridas fora do âmbito da igreja, com música, dança e comilanças, tudo regado com muita geribita, dificilmente são mencionadas nos registros oficiais das irmandades. Na certa porque fugiam aos objetivos devocionais, os gastos destinados à festa profana raramente aparecem nos livros de receita e despesa, como puderam atestar os pesquisadores que tiveram em mãos farta documentação desta natureza.[74] Durante os festejos do santo ou santa de devoção, os devotos pretos tocavam seus instrumentos, cantavam e dançavam "a seu modo" e com tanta alegria que pareciam até "uns doidos de contentes", como

---

[73] Frei Agostinho de Santa Maria, "Santuário Mariano", *op. cit.*, p. 86.

[74] Ver, entre outros Scarano, *Devoção e Escravidão, op. cit.*; Aguiar, *Vila Rica dos Confrades, op. cit.*; Farias, *Irmãos de Cor, de Caridade e de Crença, op. cit.*

registrou Frei Agostinho. Não resta dúvida de que as festas das confrarias negras foram ocasiões ímpares de manifestações culturais dos africanos e seus descendentes na Bahia.

Reinados dos Rosários

Senhor, os negros juízes
Da Senhora do Rosário
Fazem por uso ordinário
Alarde nestes países:
Como são tão infelizes,
Que por seus negros pecados
Andam sempre mascarados
Contra as leis da polícia,
Ante vossa Senhoria
Pedem licença prostrados.

A um General capitão
Suplica a Irmandade preta,
Que não irão de careta,
Mas descarados irão.
Todo o negregado irmão
Desta Irmandade bendita,
Pendem que se lhe permita
Ir ao alarde enfascados
Não de pólvora atacados
Calçados de geribita.[75]

---

[75] Gregório de Matos, *Obras Completas de Gregório de Matos*. Salvador: Editora Janaina, 1970, p. 186. Vol. 1.

No ano de 1786 os pretos devotos da Gloriosa Senhora do Rosário da Cidade da Bahia pediram à Rainha D. Maria I que "lhes seja permitido para maior e geral aplauso da festividade da mesma Senhora, máscaras, danças no idioma de Angola com os instrumentos concernentes, Cânticos e louvores". Segundo os peticionários, tais práticas, anteriormente permitidas pelas autoridades, eram comuns em muitos países da cristandade.[76] O apelo dos devotos da Senhora do Rosário apresentava uma justificativa interessante, embora as manifestações culturais africanas tenham assumido papéis muito diferentes, a depender do contexto em que se tornavam públicas, como veremos mais adiante.

Nas festas públicas promovidas pela Coroa e autoridades do reino, os costumes africanos tinham um lugar de destaque. Os africanos, com toda a particularidade de suas danças, músicas e instrumentos exóticos, marcavam presença nas entradas, casamentos, aniversários da família real, aclamações etc.[77]

Segundo Saunders, em Portugal, desde a Idade Média, "os acontecimentos de caráter oficial eram frequentemente assinalados pela participação dos povos minoritários subjugados".[78] Nestas ocasiões, os mouros e judeus eram convocados a mostrar suas canções e danças exóticas. A participação dos "povos conquistados/convertidos" não estava restrita aos cortejos civis. Também se faziam presentes nas cerimônias públicas da Igreja como recepções de bispos, procissões e

---

76 Requerimento dos Pretos Devotos da Senhora do Rosário da Bahia, 1786, AHU, cx. 71, doc. 12235 (cota antiga). Cópia gentilmente cedida por Maria Inês Cortes de Oliveira.

77 Marina de Mello e Souza, *Reis Negros no Brasil Escravista: História da Coroação do Rei Congo*. Belo Horizonte: Editora da UFMG, 2002, p. 160.

78 A. C. de C. M. Saunders, *História social dos escravos e libertos negros em Portugal (1441-1555)*. Lisboa: Imprensa Nacional – Casa da Moeda, 1994, p. 142.

visitas eclesiásticas. Nos séculos XV e XVI, nas grandiosas procissões do Corpo de Deus acontecidas em Lisboa, não faltavam representações de danças judias, de ciganos, e de mouros; tudo isso em meio a palhaços, serpentes, diabos, cruzes alçadas, hinos sacros, sacerdotes e freiras.[79] As demonstrações de costumes exóticos eram mais que puro divertimento para a população espectadora, que certamente assistia curiosa e perplexa aquele desfile de mundos tão distantes e diferentes. Era, sobretudo, um momento marcante de reafirmação do poder do império português sobre os territórios incorporados através de relações comerciais, diplomáticas e religiosas.[80]

Desde sua incorporação ao Império português, os africanos também passaram a compor os cortejos públicos civis e eclesiásticos. Em 1451, nas celebrações em honra ao casamento, por procuração, da Infanta D. Leonor com o imperador Frederico III, participaram dançarinos negros e canarinos. Em 1521, durante os festejos de entrada em Lisboa do Rei D. Manuel com sua nova rainha, os confrades negros de Nossa Senhora do Rosário representaram um entremez, espécie de pequena farsa de um só ato, burlesca e jocosa, de caráter popular ou palaciano, finalizada, geralmente, por um número musical cantado, e cujas origens remontam ao século XII.[81]

A manifestação dos costumes africanos não era encarada com a mesma tolerância quando ocorriam nos dias de folga dos escravos e

---

79 Pierre Verger, "Procissões e Carnaval no Brasil", *op. cit.*, p. 3.

80 Ver Silvia Lara, "Significados cruzados: um reinado de congos na Bahia setecentista". In: Clementina Pereira Cunha (org.), *Carnavais e outras frestas: ensaios de História Social da Cultura*. Campinas: Editora da Unicamp, Cecult, 2002.

81 Saunders, *História social dos escravos e Libertos negros em Portugal, op. cit.*, p. 142-143.

sem controle ou patrocínio das autoridades. Em 1461, as autoridades municipais de Santarém proibiram os negros da realização de celebrações nos domingos e dias santos, costume autorizado pelas mesmas autoridades desde os primórdios do século XV. Alegavam, ao justificar a proibição, que para sustentar seus festejos, os escravos roubavam patos e galinhas, além de sonegarem dinheiro de seus senhores, para compra de pão e vinho.[82]

Vinho em Portugal, geribita no Brasil! O consumo de bebida alcoólica foi uma marca destes festejos negros, também na América portuguesa.[83] No poema de Gregório de Matos sobre os festejos de Nossa Senhora do Rosário na Bahia seiscentista, a propósito, primeira notícia conhecida deste acontecimento, o autor faz questão de destacar o abusivo consumo de aguardente por parte dos "descarados" devotos. Segundo Fernando Peres, o poema de Gregório de Matos foi inspirado numa proibição das autoridades coloniais da época das manifestações de caráter africano ocorridas durante as festas das irmandades.[84]

O ócio permitido aos escravos podia se transformar numa ótima oportunidade de transgressão, e mesmo em ameaça à ordem. Roubos, sonegações, desacatos e bebedeiras poderiam também acobertar planos de fugas e rebeliões. Não obstante o perigo, as ocasiões festivas tinham fortes justificativas do ponto de vista da lógica escravista. Eram necessárias para o controle social do contigente escravo, uma vez que

---

[82] *Idem, Ibidem*, p. 143-144.

[83] Sobre o consumo de álcool nas festas patrocinadas por escravos e libertos ver: Julita Scarano, "Bebida alcoólica na sociedade colonial". In: Jancsó e Kantor (orgs.), *Festa, Cultura e Sociabilidade na América Portuguesa, op. cit.*, vol. 2, p. 480.

[84] Fernando da Rocha Peres, "Negros e Mulatos em Gregório de Matos". *Afro-Ásia*, 4, Salvador, 1967, p. 73.

representavam uma espécie de "válvula de escape" para o regime. Tendo em vista o projeto evangelizador, as festas dos santos patronos eram parte fundamental da vida religiosa devocional, ainda que seus "excessos" fossem duramente perseguidos pelas autoridades.[85]

A aceitação dos cortejos negros nos eventos laudatórios, em contraposição à difícil aceitação das festas negras "independentes", chama a atenção para o perigo das armadilhas das "continuidades progressivas" tão a gosto dos folcloristas nacionais. Como bem sugere Silvia Lara, é preciso atentar para as "diferenças entre a coroação teatral das festas religiosas e os cortejos de reis negros das festividades públicas dinásticas". O não reconhecimento destas diferenças "implica desconsiderar quais sujeitos mantêm o controle sobre a festividade".[86]

Apesar das perseguições sofridas no século XVII, as manifestações culturais africanas, integrantes das festas das confrarias dos negros, continuaram a ser noticiadas em período posterior. Durante os festejos negros, uma manifestação se destacou de modo especial. As coroações de reis e rainhas, embora não estivessem circunscritas exclusivamente às irmandades, tiveram dentro destas associações seu melhor desenvolvimento.

José Ramos Tinhorão, embora não tenha encontrado prova documental do evento, sugeriu a possibilidade de existência de coroações de reis Congo em Portugal já no século XVI. Para o autor, estas coroações seriam contemporâneas e, ao mesmo tempo, "um reflexo na nova

---

85 Ver especialmente: Vera Lucia Amaral Ferlini, "Folguedos, feiras e feriados: aspectos socioeconômicos das festas no mundo dos engenhos". In: Jancsó e Kantor (orgs.), *Festa, Cultura e Sociabilidade na América Portuguesa*, op. cit., vol. 2, p. 449-463

86 Lara, "Significados cruzados: um reinado de congos na Bahia setecentista", op. cit., p. 90.

política posta em prática desde D. João II em relação aos negócios de África".[87] Mais que o "reconhecimento" simbólico das realezas africanas, a instituição dos reis negros parece ter ocupado, em diferentes contextos históricos, uma função de "mediação" entre os poderes constituídos e a população negra, escrava e liberta.

A tradição de coroação de reis e rainhas entre os escravos e libertos na diáspora africana vai além da experiência escravocrata portuguesa. Desde o século XV, cidades como Lisboa e Sevilha começaram a se deparar com o problema do controle da população escrava de origem africana, residente ou em trânsito, já que estes centros se tornaram grandes entrepostos escravistas. A solução encontrada pelas autoridades locais "foi transferir uma parte da responsabilidade de polícia para os próprios cativos, o que se fazia através da nomeação de chefes escolhidos entre os componentes da comunidade escrava julgados mais responsáveis e confiáveis".[88] Se nenhum documento português sobre o tema chegou às mãos dos pesquisadores contemporâneos,

> em relação à Espanha, sabe-se que ainda no século XV os reis católicos Fernando e Isabel, em despacho de 11 de Novembro de 1478, já concediam a um negro de nome Juan de Valladolid o título de Mayoral o que lhe dava responsabilidade sobre os negros cativos e forros de Sevilha, sujeito pelos mesmo documentos às suas decisões.[89]

---

87 José Ramos Tinhorão, *Os negros em Portugal: uma presença silenciosa*. Lisboa: Editorial Caminho, 1988, p. 148.

88 *Idem, Ibidem*, p. 155.

89 *Idem, Ibidem*, p. 155, 156.

A instituição dos mayorais atravessou o Atlântico e fincou raízes nas colônias hispânicas. Bastide relacionou uma série de realezas negras espalhadas pelas colônias hispano-americanas nos séculos XVIII e XIX. Na Hispaniola, há notícias de reis ou governadores negros, escolhidos por suas respectivas nações, desde a década de 1540. Reis e governadores negros foram eleitos na Martinica, Cuba, Colômbia, Santa Lúcia, Jamaica, Venezuela, Peru, México, Uruguai e Argentina. Esta instituição trazia, quase sempre, uma marca de distinção étnica.[90] É possível que os cabildos de nação, organizações de suma importância para a história da população negra em Cuba, tenham se originado desta tradição da eleições de reis negros.[91]

A eleição de reis negros também foi uma organização social muito difundida nas colônias inglesas da América do Norte nos séculos XVIII e XIX. O Pikster Day era o nome dado a uma festa realizada na Pensilvânia e Maryland. O termo tem origem holandesa e significa Pentecostes. Nesta data, celebrada 50 dias depois da Páscoa, os católicos comemoram a descida do Espírito Santo sobre os apóstolos. Naquelas regiões da Nova Inglaterra, os negros comemoravam o Pikster Day durante uma semana, ao som de um tambor tocado pelo velho rei Charley e danças originárias do Congo. O Rei Charley, segundo os mais velhos do lugar, havia sido um príncipe em sua terra africana natal, e daí advinha sua herança real.[92]

---

90 Roger Bastide, *As Américas Negras*. São Paulo: DIFEL/Edusp, 1974, p. 91-94.

91 Martha Escalona Sánchez, "Matanzas colonial e los cabildos congos". *Actas. VII Taller Internacional de África en el Caribe "Ortiz – Lachatañeré"*. Centro Cultural Africano "Fernando Ortiz". Santiago de Cuba de 08 a 11 de abril de 2003, p. 143-148.

92 Mello e Souza, *Reis Negros no Brasil Escravista, op. cit.*, p. 174-179.

No Novo Mundo, os reis negros, escolhidos por grupos étnicos, mantiveram em algumas regiões vínculos mais efetivos com o poder colonial, ou seja, exercendo a função de "controle" da comunidade escrava, fazendo as vezes de uma autoridade intermediária e, ao mesmo tempo, submetida às autoridades coloniais ou provinciais.[93] Da mesma forma, estas realezas não deixaram de ter um caráter subversivo da ordem, patrocinando revoltas e desacatos ou mesmo pequenas picuinhas.

Dentro das confrarias de homens negros, esta instituição ganhou contornos aparentemente mais inofensivos. Acredito que, para o caso brasileiro, a sobrevivência das realezas negras só foi possível graças ao abrigo das confrarias negras. Talvez, dentro das irmandades, a verdadeira subversão provocada pelos reis e rainhas negros tenha sido uma insubordinação mais "discreta". Um bando publicado em 1729 proibiu, na Bahia, os reinados nas festas de Nossa Senhora do Rosário, alegando que "a gente preta, para fazerem aquele ato com grandeza roubam até os próprios altares". Afirma o mesmo documento que, na ocasião dos reinados, ocorriam "inexplicáveis desordens" tais como invasões violentas "em casas de muitos moradores, tirando delas os escravos que se acham em troncos ou reclusos em castigos". Por este motivo, o Governador e Capitão General Vasco Fernandes de Menezes decretava que, a partir da proclamação do bando, "não haja função alguma de Reinados podendo só os Juizes e Juízas de Nossa Senhora do Rosário fazer nas Igrejas as suas festas".[94]

---

93 Sobre o envolvimento do Rei do Congo com os movimentos políticos e sociais em Pernambuco ver: Marcelo Mac Cord, "*O Rosário dos Homens Pretos de Santo Antonio*": *Alianças e conflitos na história social do Recife, 1848-1873*. Dissertação (Mestrado) – Unicamp, Campinas, 2001.

94 Consulta do CU ao Rei D. João V sobre os abusos do reinado dos negros e seus folguedos. Cópia do Bando que se publicou sobre não haver

Marina de Mello e Souza entende que a intensa repressão aos reinados negros, associada à forte e crescente influência dos iorubas na Bahia, fez desaparecer as coroações dos reis negros. A autora ressalta ainda não ter encontrado nenhuma referência a estes reinados nos compromissos de irmandades negras no começo do século XIX.[95]

É importante salientar, primeiramente, que a omissão do evento nos compromissos não significa, necessariamente, sua inexistência ou supressão. Marcelo Mac Cord verificou que na irmandade do Rosário do Recife, na segunda metade do século XIX, os reis não estavam no compromisso, mas eram eleitos e continuavam a ser importantes. As "hierarquias do Rei do Congo" acabaram por constituir-se numa instituição separada da irmandade, ainda que mantivesse com aquela estreitos vínculos corporativos. Esta independência subtraiu "as hierarquias do Rei do Congo" do controle e perseguição da Igreja em processo de romanização.[96] Esta instituição, por sua vez, deu origem aos maracatus que, paulatinamente depurados de seus aspectos mais políticos, acabou por tornar-se um dos mais belos folguedos populares de Pernambuco.[97] Bastide observa processo análogo no Sudeste, onde

---

Reinados nas Festas de Nossa Senhora do Rosário, AHU, Bahia – Avulso, cx. 33, doc. 2978

95 Mello e Souza, *Reis Negros no Brasil Escravista*, op. cit., p. 236.

96 Mac Cord, *O Rosário dos homens pretos de Santo Antonio*, op. cit.

97 Sobre os maracatus de Pernambuco ver: Leonardo Dantas da Silva, "A instituição do Rei do Congo e sua presença nos maracatus". In: Leonardo Dantas da Silva (org.), *Estudos sobre a escravidão negra*. Recife: FUNDAJ/Editora Massangana, 1988, vol. 2, p. 13-53.

as congadas, expulsas dos templos pela romanização, "perdeu pouco a pouco o domínio da religião para entrar no campo do folclore".[98]

Os distúrbios causados pelos reinados de negros, e sua consequente repressão por parte das autoridades coloniais, não foram restritos à Bahia. Célia Borges constatou que em Minas Gerais "repetidas vezes as autoridades locais solicitaram à Metrópole disposições claras que impedissem o exercício da realeza nas irmandades". Entretanto, apesar das reclamações das autoridades locais, a Coroa nunca estabeleceu uma política definitiva em relação às realezas negras. O que de fato ocorreu foram medidas localizadas, como o bando que proibiu, em 1720, a eleição de reis negros em Serro Frio.[99]

Apesar disso, os reis negros continuaram sendo coroados nas irmandades mineiras no decorrer dos séculos XVIII e XIX. No ano de 1771, o vigário colado de São Sebastião de Mariana denunciou uma série de distúrbios ocorridos na capitania envolvendo reis e rainhas negros. Numa das denúncias, contou o sacerdote que o rei da Irmandade do Rosário da vila chegou ao desplante de dirigir-se até a cadeia pública e exigir a libertação de alguns presos. O que realmente preocupava o vigário de Mariana não era o "inofensivo" papel ritual exercido pelos reis nas festas da padroeira, mas sim a autoridade de fato destes personagens na vida cotidiana da comunidade escrava e liberta.[100]

---

98 Roger Bastide, *As religiões africanas no Brasil: contribuição a uma sociologia das interpretações de civilizações*. São Paulo: Editora Pioneira/Edusp, 1971, vol. 1, p. 178.

99 Célia Aparecida Resende Maia Borges, *Devoção branca de homens negros: As irmandades do Rosário em Minas Gerais no século XVIII*. Tese (Doutorado) – Universidade Federal Fluminense, Niterói, 1998, p. 96.

100 *Idem, Ibidem*, p. 97.

É provável que os reis eleitos na Bahia no início do século XVIII também tivessem autoridade reconhecida pelos seus súditos. E, justamente fundamentados neste poder delegado, invadiam casas, retirando os escravos dos troncos e castigos. Ao que parece, a proibição dos reinados, proclamada em 1729, não foi respeitada pelas irmandades baianas. Pelo menos é o que atestam alguns compromissos aprovados, diga-se de passagem, sem restrição pela autoridade régia, na segunda metade do século XVIII.

Os irmãos do Rosário da Matriz da Vitória determinavam em seu compromisso, aprovado em Lisboa no ano de 1767, que os oficiais eleitos deveriam definir "em mesa, no seguinte domingo ao dia da festa, o Rei e Rainha para o ano, que darão parte aos Senhores, e sendo assim determinarão o dia para se coroarem para que saibam todos".[101] Quase 40 anos após a proclamação do bando que proibiu os reinados, a Irmandade do Rosário da Vitória escolhia seu rei e rainha, no domingo seguinte à realização da festa anual. Os escolhidos reinavam durante um ano e culminavam seus mandatos com a festa da irmandade. A princípio, todos os esforços da realeza, durante este período, seriam concentrados na arrecadação de donativos para a organização da festa, principalmente através de peditórios.

As realezas negras escolhidas pelos confrades do Rosário alocados na Matriz da Vitória deveriam ser apresentadas aos Senhores, antes de sua coroação. É possível que os senhores, mencionados no texto do compromisso, fossem as autoridades constituídas. Nesse sentido, o ritual de apresentação poderia significar tanto um gesto de sub-

---

101 Compromisso de Nossa Senhora do Rosário da Matriz de Nossa Senhora da Vitória da cidade da Bahia.

missão dos irmãos negros, como um reconhecimento, por parte das autoridades coloniais, do reinado negro.

Outra hipótese seria a possibilidade de serem os mencionados senhores os proprietários dos escravos eleitos. Nesse caso, antes de assumirem o destacado cargo, precisariam da aprovação de seus amos. A Irmandade do Rosário dos Homens Pretos da Vila de Santo Antonio do Recife, para prevenir problemas futuros com os eleitos para os cargos de Rei e Rainha, estabelecia que

> Todo irmão ou irmã assim preto como branco ou pardo que por sua devoção quiser servir de Rei ou Rainha se poderá acordar na Eleição advertindo que nunca se assentará quem for cativo sem licença de seu Senhor, e na qual se o obrigue a pagar a esmola por razão que muitos se assentaram e depois nem eles nem seus senhores pagaram [e por recusar dividas] se não se assentará sendo cativo sem licença de seus senhores o que não se entenderá sendo forros (...).[102]

Nas duas hipóteses, os ditos Senhores seriam, de certa forma, "cúmplices" dos "seus" escravos devotos. Em Minas Gerais, à semelhança do ocorrido na Bahia, as ordens de proibição dos reinados, expedidas já no tempo do Conde de Assumar, não obtiveram o resultado desejado. Para Marcos Aguiar, o fracasso das proibições foi consequência do "comportamento das elites, não só coniventes com estas manifestações, mas delas participando, através de ajuda material". Ao

---

102 Compromisso da Irmandade do Rosário dos homens pretos da Vila de S. Antonio do Recife, fl. 117.

acompanhar o livro de Termos de Eleições da Irmandade de Nossa Senhora do Rosário de Ouro Preto (1761-1892), o autor observa que muitos eleitos para os cargos de reis, rainhas, príncipes e princesas, eram escravos de pessoas brancas ou "pardas" de participação destacada na Irmandade.[103] Parece que, para muitos senhores, ter um escravo rei era um sinal de distinção e grande apreço.

Embora o cargo de juíza exigisse pagamento de joia e anuidades de grande valor, Catherina, escrava de Luís Pereira Lopes, com o patrocínio de seu senhor, foi juíza da Irmandade do Rosário das Portas do Carmo no ano de 1794.[104] Catherina não é um caso isolado. São vários os escravos, principalmente escravas, que assumiram cargos de juízes nesta irmandade no período em questão. Considerando a norma de que os senhores deveriam pagar as joias e anuidades de seus escravos, é interessante observar que, por devoção, como sinal de distinção, ou qualquer outra razão mais ou menos piedosa, muitos senhores se dispunham a contribuir com valores superiores às taxas de assento e anuais basilares.

A Irmandade do Rosário ereta na Matriz de São Pedro Velho também elegia seus reis e rainhas, a despeito das proibições. Pelo menos assim dispunha seu compromisso, aprovado em 1767. Chama a atenção na redação do capítulo que regula a eleição de Rei e Rainha a não obrigatoriedade do preenchimento destes cargos.

> Estes sobreditos oficiais, no domingo seguinte depois de eleitos farão mesa na igreja paroquial de João Pereira e tratarão nela do bem e aumento da irmandade e do

---

103 Aguiar, *Vila Rica dos Confrades*, op. cit., p. 216.

104 Livro de Irmãos (1722-1806), AINSRP, fl. 115v.

necessário para o ornato e asseio do altar da Senhora e aumento de sua fábrica, e do que se determinará um livro pelo escrivão em que todos assinarão. E feito isto votarão ali entre todos quem serão Rei e Rainha no dia da festa da Senhora, o que feito irão logo todos a dar parte aos [ileg.] Rei e Rainha serão contentes desta eleição e sendo assim determinarão logo aí o dia em que se há de coroar para que saibam todos: Esta diligência de Rei e Rainha não é obrigatória [ileg.] e se observará enquanto houver por bem.[105]

Célia Borges sugere que as pressões de membros da igreja e funcionários da Coroa contra as coroações nas irmandades levaram a que muitas delas abolissem estes cargos, passando as atribuições específicas aos juizes e juízas. Em outras irmandades os compromissos simplesmente eram omissos a este respeito, o que podia significar uma estratégia dos confrades para fugir das pressões das autoridades e, do mesmo modo, facilitar a aprovação de seus estatutos nas instâncias superiores. [106]

Além da omissão, a mudança de termos também foi utilizada pelos confrades negros para burlar a vigilância dos eclesiásticos e funcionários da coroa. A irmandade do Rosário da Vila de Nova Real de El Rei, preocupada com a realização da festa anual da padroeira, instituiu, no ano de 1800, um juizado especial. Além do juiz presidente da mesa e da juíza ordinária, a irmandade elegia também um Juiz

---

[105] Compromisso da Irmandade do Rosário dos Pretos na Matriz de São Pedro Velho, fl. 170v.

[106] Borges, *Devoção Branca de Homens Negros, op. cit.*, p. 95, 96.

de Coroa e uma Juíza de Coroa.[107] Os irmãos pretos do Rosário de Itabira, Minas Gerais, também criaram a figura do Juiz Coroado.[108] Assim, o Rei passava a chamar-se Juiz de Coroa! O rei mudou de nome, mas não perdeu a realeza!

Os estatutos das irmandades do Rosário da Vitória e de São Pedro Velho são excessivamente lacônicos ao tratar dos cargos de Rei e Rainha. Há uma diferença marcante entre a concisão, no tocante às realezas negras, e o cuidadoso detalhamento das atribuições, direitos e obrigações dos demais cargos de mesa. Creio que a menção resumida, assim como a omissão e a mudança de nomes, fazem parte de um recurso para evitar polêmicas perigosas ao bom relacionamento com as autoridades. Os irmãos pretos do Rosário da Freguesia de N. S. do Rosário da Várzea abusaram da concisão ao tratarem das realezas negras. O texto é curto e direto: "Cap. 2. Nesta irmandade por antiguidades antigas se determina fazer um oficial com manto de Rei do Congo e Rainha os quais pagam 40 $ [réis] de esmola cada para ajuda dos gastos da festividade de N. S. do Rosário e mais despesas que fazemos com a nossa Igreja".[109] Ponto final! Nesse sentido, a discrição poderia ser uma estratégia para minimizar a importância do evento aos olhos das autoridades responsáveis pela aprovação do compromisso.

Por esta razão, creio eu, maiores detalhes sobre as coroações e festas dos reis negros não foram descritos nos compromissos. Estes eventos faziam parte do "conjunto de atividades não plenamente aceitas pelas

---

107 Compromisso da Irmandade do Rosário dos homens pretos na Vila Nova Real de El Rei, 1800, cap. III.

108 Borges, *Devoção Branca de Homens Negros*, op. cit., p. 96.

109 Compromisso da Irmandade do Rosário dos homens pretos da Freguesia e matriz de N. S. do Rosário da Várzea de Pernambuco, 1767, Chancelarias Antigas – Ordem de Cristo, Livro 297, fl. 179.

autoridades eclesiásticas, mas toleradas nas comemorações religiosas, frequentemente os compromissos traziam algo a respeito do processo como se deveria dar a escolha de reis e rainhas".[110]

A Irmandade de São Benedito de Cairu registrou em seus estatutos de 1777 que:

> Aquele irmão que com mais votos sair eleito em Rei, sendo do corpo da Irmandade será obrigado a aceitar o cargo, e dará de esmola quatro mil reis, e o mesmo queremos se entenda com a Irmã, que for nomeada em Rainha e no caso, que algum irmão deles recuse o cargo, que por votos da mesa lhes tocar, pagará sempre dois mil reis, o que não se entenderá sendo de fora da Irmandade, para o que se nomeará outro irmão, que com suficiência sirva naquela ocupação fazendo-se para isso no dia seguinte à festa nova eleição, a qual pertence ao Rei que acabar naquele ano.[111]

Enquanto no ato de posse um irmão mordomo pagava a esmola de 1 pataca, a esmola oferecida pelas realezas era de 4$000 réis.[112] Este fato demonstra o prestígio e, sobretudo, a boa situação financeira que

---

110 Mello e Souza, *Reis Negros no Brasil Escravista, op. cit.*, p. 193.

111 Compromisso da Irmandade do Glorioso São Benedito no Convento de Santo Antonio da Vila de Cairu, 1777, IAN/TT, Chancelarias da Ordem de Cristo, D. Maria I, Livro 14, fls. 41-51v, cap. III.

112 Scarano observa que no Distrito Diamantino os reis "pagavam uma anuidade correspondente a quarenta anuidades de cada um dos demais". Scarano, *Devoção e Escravidão, op. cit.*, p. 113.

deveriam ter os reis e rainhas ou seus patrocinadores. É provável que a maior parte dos recursos necessários para a realização da festa "profana" vinha, senão das esmolas, de outros recursos despendidos pela realeza, próprios ou arrecadados durante seu ano de governo.

As coroações realizadas pelos irmãos de São Benedito da Vila de Cairu estiveram na mira das autoridades até, pelo menos, meados do século XIX. Em 1846, o juiz municipal da vila, Francisco Xavier de Souza Figueiredo, apresentou uma indignada denúncia contra os reinados promovidos pelos irmãos e, segundo o magistrado, acobertados pelos franciscanos. O reinado que acontecia no dia da festa de São Benedito era protagonizado por "um Rei com calamagua [calamalha?], coroa e cetro, e uma rainha com as mesmas reais insígnias, acompanhados de danças e muitas pessoas que até fazem promessas por ocasião de moléstias". Segundo o juiz municipal, em 1832, um visitador eclesiástico, escandalizado com atos tão indecorosos, já havia proibido a festa e exigido que a interdição passasse a constar em compromisso.[113] Se os irmãos acataram as ordens do visitador e omitiram de seu compromisso os reinados, não sabemos, o certo é que as coroações continuaram por mais de uma década.

A tradição dos reinados na Irmandade de São Benedito, ereta no Convento de Santo Antonio da Vila de Cairu, tinha raízes muito profundas. Segundo o estatuto feito em 1777, o rei não só fazia parte de mesa administrativa, como exercia um poder de fato nos negócios da irmandade.

A participação do rei na administração da irmandade, assim como suas possíveis atribuições, para além do patrocínio da festa da

---

113 Francisco Xavier Figueiredo para o presidente da Província, 30/11/1846, APEB, Juizes de Paz, Maço 2296. *Apud* Reis, *A Morte é uma festa, op. cit.*, p. 64.

padroeira, ordinariamente não foram mencionadas, com frequência, nos compromissos. Nos estatutos de 1778 da irmandade do Rosário de São Paulo, o rei tinha direito a voto na mesa "todas as vezes que se fizer visto de sua esmola avantajada". A propósito, como vimos acima, a esmola paga pelos reis em Cairu era certamente das mais avantajadas! Entre outras atribuições, cabia ao rei de São Benedito de Cairu a nomeação do procurador da irmandade, cargo da maior importância para o bom governo da associação. Em termos rituais, seu poder era manifesto de forma patente. Durante a procissão da irmandade, o rei caminhava atrás do pálio, ou seja, no lugar de maior destaque, restrito sempre à autoridade máxima presente no cortejo.[114]

A tradição dos reis negros na Bahia setecentista sugere ainda outras frentes de investigação. Refiro-me, mais especialmente, aos vínculos entre esta tradição da diáspora negra e as culturas de origem centro-africanas. Exceção feita à irmandade de São Benedito de Cairu, na Bahia setecentista todas as irmandades que deixaram notícias de coroação de reis e rainhas tinham como patrona Nossa Senhora do Rosário e, além disso, explicitavam em seus compromissos a presença destacada dos angolas em suas associações.

Em seus estudos sobre as procedências africanas dos negros brasileiros, Nina Rodrigues vinculou a sobrevivência dos reinados à presença de significativos contingentes centro-africanos na população negra de algumas regiões. Isso explica, segundo o autor, o vigor dessas manifestações em Pernambuco, até pelo menos o final do século XIX, e seu desaparecimento das terras baianas ainda no século XVIII. Malgrado seu engano no que diz respeito ao desaparecimento

---

114 Compromisso da Irmandade do Glorioso São Benedito no Convento de Santo Antonio da Vila de Cairu, 1777, Caps. II, III, XVI.

dos reinados na Bahia no século XVIII, Nina Rodrigues estabeleceu um vínculo, mais tarde confirmado por vários pesquisadores, entre os reinados e os grupos de procedência centro-africanos, particularmente reunidos nas confrarias do Rosário. Assim sugere, em rápida digressão, que

> Na Bahia, a irmandade da N. S. do Rosário, na igreja da mesma invocação na Baixa dos Sapateiros, templo edificado em longínqua data colonial, pertenceu igualmente aos angolas e pelo compromisso ou estatuto primitivo também aqui é possível se tivessem eleito rei e rainha em vez de juiz e juíza da festa.[115]

De acordo com Luís Viana Filho, outro pesquisador das procedências africanas dos negros baianos, "essa ideia de rei, do reinado, nas solenidades religiosas é um fato que assinala de logo a presença do banto. É peculiar aos negros dessa origem".[116] Julita Scarano, investigando as confrarias negras do Distrito Diamantino no século XVIII, da mesma forma vincula a tradição dos reinados aos centro-africanos:

> Ligado a tradições africanas e mesmo europeias, o reinado será uma instituição comum à maior parte das irmandades de Nossa Senhora do Rosário. De peso superior no aparecimento dessa peculiaridade típica de confraria

---

115 Raimundo Nina Rodrigues, *Os Africanos no Brasil*. São Paulo/Brasília: Editora Nacional/Editora da Universidade de Brasília, 1988, p. 32

116 Luís Viana Filho. *O negro na Bahia: um ensaio clássico sobre escravidão*. Rio de Janeiro: Nova Fronteira, 1988.

de negros foram as tradições angolanas, segundo a opinião da maior parte dos estudiosos.[117]

Em investigação recente sobre o tema, Mello e Souza afirma que

"a princípio realizadas por diversos grupos de procedência, as eleições de reis e os festejos que as acompanhavam persistiram por mais tempo, chegando muitas vezes até os dias atuais, nas áreas onde predominaram africanos de origem banto".[118]

A existência de coroações de reis e rainhas negros em irmandades de outras invocações, e mesmo sob o controle de outros grupos de procedência, foram exceções, tanto em Portugal como na América Portuguesa.[119] Em Lisboa, na década de 30 do século XVIII, pelo menos duas confrarias elegiam seus reis e rainhas: a confraria do Rosário do Convento do Salvador elegia um rei angola, e a irmandade de São Benedito elegia seu rei Mina.[120] Também em Portugal as coroações de rainhas negras foram mais frequentes nas irmandades do Rosário diri-

---

117 Scarano, *Devoção e Escravidão*, op. cit., p. 113.

118 Mello e Souza, *Reis negros no Brasil escravista*, op. cit., p. 192.

119 Sobre as coroações de reis minas no Rio de Janeiro ver Mariza de Carvalho Soares, *Devotos da cor: Identidade étnica, religiosidade e escravidão no Rio de Janeiro, século XVIII*. Rio de Janeiro: Civilização Brasileira, 2000, p. 154-161.

120 Didier Lahon, *Os negros no coração do Império: uma memória a resgatar – séculos XV-XIX*. Lisboa: Secretariado Coordenador dos Programas Multiculturais/Ministérios da Educação, 1999, p. 71; Maria do Rosário Pimentel, "El Rei do Congo em Portugal e no Brasil. Da realidade à fic-

gidas por centro-africanos. Segundo Lahon, "os Congos/Angola eram mais agarrados a essa tradição, cuja existência em Portugal remonta às primeiras décadas – se não antes – do século XVII, quando os bantos reforçam a sua posição numérica e cultural".[121] Pimentel acrescenta ainda que na confraria do Rosário do Convento de Santa Joana, em Lisboa, "estas entidades régias deviam ser originárias ou descendentes da nação congo, designação que na época se aplicava a um vasto conjunto de povos e regiões".[122]

A tradição centro-africana dos reinados negros no Brasil, observada por estudiosos de diferentes épocas, recebeu variadas interpretações. Luís Viana Filho defende a existência de um "temperamento" banto que, mais aberto à integração e ao sincretismo, tinha como marca fundamental o "cultivo das exterioridades públicas, das danças e festas em plena rua".[123] Para este autor, os Reinados não seriam mais que uma manifestação deste gosto pela festa. Embora reconheça que os folguedos em questão "lembravam sempre Angola", acabaria por sugerir que a lembrança era expressa tão somente através dos ritmos e danças, ou seja, das exterioridades públicas tão cara ao grupo.

Estudos mais recentes, vale dizer, preocupados com a recriação dos referenciais africanos na diáspora, sugerem que se interprete os reinados levando em consideração aspectos políticos e religiosos das

---

ção". In: Maria do Rosário Pimentel (org.), *Portugal e Brasil no Advento do Mundo Moderno*. Lisboa: Colibri, 2001, p. 387.

121 Didier Lahon, Catálogo da exposição *Os negros em Portugal, séculos XV a XIX*. Lisboa: Comissão Nacional para as comemorações dos descobrimentos portugueses, 1999, p. 146-147

122 Maria do Rosário Pimentel, "El Rei do Congo em Portugal e no Brasil. Da realidade à ficção", *op. cit.*, p. 385.

123 Viana Filho, *O negro na Bahia, op. cit.*, p. 92-96.

organizações sociais centro-africanas. Desse modo, a influência africana extrapola os aspectos rituais e formais (dança, música, ritmos), tornando-se uma chave interpretativa fundamental para uma leitura mais profunda do fenômeno social. Nesse sentido existem pelo menos dois aspectos que devem ser levados em consideração. Primeiro, a organização social das comunidades centro-africanas nos primeiros séculos de contato. Segundo, as representações sociais e políticas destes primeiros contatos, para europeus e africanos, sobretudo no que diz respeito à conversão ao cristianismo dos soberanos do Congo e a formação de um catolicismo centro-africano.

Segundo Mello e Souza, na África Central:

> A forma básica de organização social, logo depois das linhagens que uniam as famílias em torno de seus ancestrais e suas regras de casamento, era a reunião de diversos grupos familiares em torno de chefes tribais, eleitos conforme a tradição, sendo sempre fundamental a sua confirmação pelo líder religioso, uma vez que poder político e religioso estavam associados.[124]

Segundo a autora, afinidades, antes fundadas nas relações de parentesco foram recriadas na diáspora sob outras bases.[125] Nesse sentido, a reunião de grupos da mesma etnia ou de regiões próximas,

---

124 Mello e Souza, *Reis negros no Brasil escravista*, op. cit., p. 181.

125 Sobre o parentesco africano recriado nos candomblés e nas irmandades ver: Vivaldo da Costa Lima, *Família de santo nos candomblés jeje-nagô da Bahia*. Salvador: Universidade Federal da Bahia, 1971; Reis, *A Morte é uma festa*, op. cit., p. 55.

ou ainda pertencentes a um complexo cultural mais amplo em uma associação religiosa, como foi o caso das confrarias negras, e/ou sob a autoridade de um rei, fariam parte deste esforço de recriação.

As embaixadas protagonizadas por africanos, referências fundamentais nas cortes festivas dos reinados negros, fizeram parte da história do império colonial português.[126] Após a conquista e conversão do Congo, D. Manoel planejou organizar uma embaixada a Roma, para que representantes do próprio Mani Congo dessem testemunho da magnífica conversão do soberano africano e seu povo ao cristianismo. Depois de muitos contratempos e polêmicas, a embaixada africana acabou não se realizando da maneira como havia sido idealizada. Em 1514, uma embaixada portuguesa levou ao Papa Julio II uma declaração de fé assinada por Afonso I (O Mani Congo).[127]

Embora a embaixada do Congo a Roma tenha se tornado uma espécie de mito na história da conversão do reino africano, "houve porém embaixadas africanas, no sentido pleno da expressão, tal como a relatada por Barléus em 1643, quando enviados do rei Congo foram a Pernambuco negociar com Maurício de Nassau, que os recebeu com todas as honras".[128] Silvia Lara aponta assim para a importância simbólica das embaixadas "reais ou míticas" na diáspora negra.

---

126 Sobre as embaixadas africanas na época moderna ver o sugestivo artigo de Silvia Lara. "Uma embaixada africana na América portuguesa". In: Jancsó e Kantor (orgs.), *Festa, Cultura e Sociabilidade na América Portuguesa*, op. cit., p. 151-165.

127 Antonio Brásio, "Embaixada do Congo a Roma em 1514?". *Studia*, 32, jun. 1971, p. 51-87.

128 Cf. Gaspar Barléus, *História dos feitos recentemente praticados durante 8 anos no Brasil* (trad.). São Paulo: Edusp, 1974, p. 254-255. Apud Lara, "Uma

Apesar da ausência conguesa no cortejo de 1514, sua importância simbólica no universo negro colonial foi enorme, em especial para as danças e reinados de Congos que ocorriam em festas públicas dinásticas na América portuguesa ou para as coroações de reis e rainhas Congos nas irmandades negras em diversos pontos do Império.

As coroações dos reis do Congo e de Angola nas irmandades brasileiras, de alguma forma, nos remetem ao processo de conversão do reino do Congo, no século XVI.[129] Desse modo, os reinados negros na América portuguesa, resguardadas as particularidades de cada momento e região, dão mostras do vigor de antigas tradições centro-africanas lembradas e recriadas nas Américas. Nesse sentido, concordo com Elisabeth Kiddy quando afirma que:

> Os centro-africanos continuaram no Brasil um processo de síntese cultural que começou combinando criativamente elementos culturais que os ajudaram em seu novo lar (novo mundo). Eles escolheram símbolos transculturais que fizeram a mediação entre o seu mundo antigo e o mundo novo. Os reis e rainhas nas irmandades e em outros contextos serviram como mediadores. Eles também

---

embaixada africana na América portuguesa". In: Jancsó e Kantor (orgs.), *Festa, Cultura e Sociabilidade na América Portuguesa, op. cit.*, p. 152.

129 Segundo Dantas Silva, "as guerras do Congo (1641-1665) vêm explicar o porquê da ausência, no Brasil, da coroação dos reis do Congo, logo após a Restauração Pernambucana. (...) Estas guerras repercutiram em Pernambuco, "onde por muitos anos, enquanto durou a subordinação do Manicongo ao governo de Angola, os Reis do Congo foram substituídos nas festividades negras do Recife pelos reis e rainhas de Angola". Leonardo Dantas Silva, "A instituição do Rei do Congo e sua presença nos maracatus". *Estudos sobre a Escravidão Negra*, vol. 2, p. 19 e 23.

serviram como mediadores em um sentido africano, entre o mundo dos vivos e o mundo dos mortos. O título de Rei do Congo veio a ser usado devido ao legendário poder político e ritual dos reis do Congo, bem conhecido tanto entre os escravos centro-africanos como entre os europeus. Longe de representar um triunfo da religião e dos costumes europeus, O Rei do Congo representa o triunfo de estratégias contínuas para preservar as ligações com a África. Comunidades afro-brasileiras com reis e rainhas do Congo mantêm laços vivos com a África.[130]

Diante das autoridades

A princípio, a definição da autoridade máxima sobre determinada irmandade dependia de qual instância era a responsável pela autorização de seu funcionamento e a aprovação de seu estatuto. Não havia uma norma fixa: "Se [a irmandade] fosse ereta com o reconhecimento do bispo seria eclesiástica, e sob a autoridade do Ouvidor seria secular".[131] Na prática, entretanto, as coisas eram muito mais complicadas. A instituição do Padroado Régio, e, por conseguinte, as diferentes conjunturas políticas que marcaram a relação do Rei de Portugal com o Papado criaram um quadro de referências extremamente complexo durante todo o século XVIII. Assim, as irmandades seculares também eram fiscalizadas pelas autoridades eclesiásticas, incumbidas de zelar pela vida espiritual dos irmãos. Por seu turno, as irmandades eclesi-

---

130 Elisabeth Kiddy, "Who is the King of Congo". In: Linda Heywood (ed.), *Central Africans and cultural transformations in American Diaspora*. Cambridge: Cambridge University Press, 2002, p. 181.

131 Quintão, *Lá vem o meu parente, op. cit.*, p. 119.

ásticas deviam prestar contas às autoridades seculares, apresentando o balanço de receita e despesas sempre que este fosse requisitado. No final das contas, as dúvidas eram muitas e, num sem número de vezes, acabavam sendo "resolvidas" nos tribunais.

As irmandades de pretos na Bahia colonial souberam muito bem aproveitar as ambiguidades do poder, recorrendo ora ao secular, ora ao eclesiástico. Quando ignorados ou indeferidos por um deles, era comum que recorressem ao outro. Em muitas situações, autoridades seculares e eclesiásticas entravam em longos embates provocados por litígios envolvendo irmandades de pretos e outros setores da sociedade. Os litígios mais comuns, entretanto, envolveram irmandades e autoridades eclesiásticas, mais especialmente vigários e capelães.[132] Estas eram as autoridades mais próximas do cotidiano das irmandades, o que explica em grande parte as desavenças. A interferência dos vigários e capelães nas eleições, como discutimos acima, é um dos melhores exemplos desta complexa relação. Era certamente no dia-a-dia de suas atividades que as confrarias de pretos lutavam mais bravamente pela sua autonomia e prestígio. Nesses termos, entende-se

---

132 "Na cidade, o padre nomeado pelo Estado (vigário colado) ou pelo bispo (vigário encomendado) estava a frente de uma paróquia e tinha o 'encargo das almas' que nela habitavam. Mas também podia servir como coadjutor ou ser contratado por uma irmandade religiosa. A denominação de capelão, por sua vez, encobria três realidades diferentes: a do padre responsável por uma capela situada no perímetro de uma paróquia e submetida à autoridade de seu pároco (o vigário podia exercer este cargo), a do que exercia funções sacerdotais junto a uma irmandade religiosa ou uma família, e a do que ajudava o coro da catedral, apesar de não se cônego". Kátia Queirós Mattoso, *Bahia Século XIX: uma província no Império*. Rio de Janeiro: Nova Fronteira, 1992, p. 337.

porque justamente aí se travavam as batalhas mais duras e decisivas, ainda que, por vezes, tivessem a aparência de pequenas pendengas.

O litígio que envolveu a irmandade do Rosário da Conceição da Praia e o vigário da matriz durou mais de três décadas. Tudo começou no ano de 1717, quando o Padre Custódio Rodrigues Landim tomou posse como pároco da matriz. Desde então, o novo pároco negou-se a acompanhar, ao lado do juiz da irmandade, os corpos dos irmãos defuntos até a sepultura, embora não deixasse de cobrar o valor de 1$280 réis pela encomendação do corpo. Os irmãos do Rosário da Praia sentiram-se usurpados da posse de um direito plenamente reconhecido pelo costume. Recorreram ao Ouvidor Geral do Cível e no ano de 1719 "foram providos por sentença definitiva pela qual se mandou restituir os suplicantes de sua posse".[133]

Como muito se falou acima, a morte era um assunto levado a sério pelas confrarias em geral, e pelas da gente preta de modo particular.[134] Muitas vezes os procedimentos eram exaustivamente discriminados em vários capítulos dos compromissos. O estatuto da irmandade do Rosário da Matriz da Conceição da Praia, datado de 1686, estabelecia, entre outras determinações, que "será obrigatório o capelão acompanhar o nosso esquife, e não levar esmola dos ditos irmãos; e para isso será a dita irmandade obrigada a se lhe fazer maior procissão e depois do corpo sepultado lhe rezará o dito cape-

---

133 Consulta do Conselho Ultramarino ao Rei D. João V sobre o pedido dos Homens Pretos Irmãos da confraria de Nossa Senhora da Matriz da Conceição da Praia da cidade da Bahia para que tomem providência contra o pároco da dita Matriz, Custódio Rodrigues Landim. 11 de Março de 1735, AHU, Bahia, cx. 50, doc. 4440.

134 Ver o já clássico estudo sobre o tema: Reis, *A Morte é uma festa, op. cit.*.

lão um responcio".¹³⁵ Percebe-se logo que a recusa do pároco feria diretamente o compromisso da irmandade.

O acompanhamento de sacerdotes nos rituais fúnebres na Bahia colonial era um diferencial importantíssimo. O número de sacerdotes presentes na procissão de acompanhamento e sepultamento estava diretamente relacionado com a idade e a posição social do indivíduo. "Em 1759, por exemplo, d. Florência Cavalcanti e Albuquerque, viúva do capitão-mor José Pires de Carvalho e Albuquerque, ambos fidalgos do Solar do Unhão, foi à sepultura no convento do Carmo acompanhada de seu pároco e mais cem sacerdotes".¹³⁶

As Constituições Primeiras determinavam a presença dos párocos, ou na sua falta, outro sacerdote, na encomendação, acompanhamento e sepultamento de seus paroquianos. Assim, a recusa do vigário da Conceição da Praia em acompanhar o sepultamento dos irmãos onerava a irmandade duplamente. Mais que seguir as determinações eclesiásticas, os irmãos da Praia, ao defender a presença do padre nos sepultamentos, estavam zelando pela importância social e simbólica da presença sacerdotal nos enterros. O vigário da Matriz da Praia, além de não comparecer, invariavelmente cobrava seus estipêndios; desse modo, caso a irmandade quisesse contratar um sacerdote especialmente para o evento, deveria pagar duplamente os serviços sacerdotais.

Embora as autoridades seculares tenham dado ganho de causa à irmandade em 1719, a história não acabaria aí. No ano de 1727, o juiz e irmãos do Rosário da Conceição da Praia recorreram à Coroa alegando que "a Sentença de Possessório que alcançaram na Ouvidoria Geral do Cível da mesma cidade [Bahia], contra o Reverendo Pároco

---

135 Compromisso da Virgem Santíssima Mãe de Deus N. S. do Rosário dos pretos da Praia, 1686, cap. XVII.

136 Reis, *A morte é uma festa, op. cit.*, p. 143.

da dita Matriz, Custódio Rodrigues Landim" não havia sido executada. Dois anos mais tarde, a Coroa confirmou a decisão da Ouvidoria Geral do Cível da Bahia e deu razão aos irmãos.

O Pároco Custódio Landim permaneceria irredutível e, apoiado pelo Arcebispo D. Luiz Alvarez de Figueiredo, não cede à decisão da justiça secular corroborada pela Coroa. A queda de braço que, a princípio, envolvia o pároco da Praia e a irmandade do Rosário passava agora a envolver autoridades seculares e eclesiásticas. Inúmeras consultas, petições, pareceres e decretos foram redigidos e analisados no decorrer da década de 1730. Em 1739, num claro recurso de "virar o feitiço contra o feiticeiro", o Promotor da Mitra moveu um libelo contra a irmandade do Rosário da Praia sobre a impropriedade de ir o juiz da irmandade ombreado com o sacerdote no cortejo de sepultamento.[137]

O pároco da matriz da Praia não era imortal! Mas, infelizmente, a questão não se encerrou com seu falecimento. O novo pároco também resolveu levar adiante a pendenga criada por seu antecessor. No ano de 1750, o juiz e irmãos do Rosário da matriz da Praia enviaram uma terceira petição ao rei, solicitando sua intervenção para que se cumprisse a sentença proferida pela Ouvidoria Geral do Cível há décadas.[138] Não foi possível saber como e quando terminou esta disputa,

---

137 Requerimento do juiz e mais irmãos da confraria de N. S. do Rosário dos homens pretos da Matriz da Conceição da Praia ao rei [D. João] solicitando que mande o pároco da referida matriz Custódio Rodrigues Landim satisfazer a sentença de força que os suplicantes alcançaram para poderem acompanhar os corpos dos irmãos defuntos à sepultura. 9 de maio de 1747, AHU, Bahia – Avulsos, cx. 89, doc. 7272.

138 Requerimento do juiz e irmãos da Irmandade de N. S. do Rosário da matriz da Conceição da Praia, solicitando ao rei [D. José] ordem para que o pároco da freguesia acompanhe os enterros da irmandade. 12 de Setembro de 1750, AHU, Bahia – Avulsos, cx. 103, doc. 8164.

mas ela certamente aponta para algo muito comum no cotidiano das irmandades de pretos.

A irmandade do Rosário das Portas do Carmo também protagonizou um longo conflito com outro vigário da cidade. Em atenção à solicitação feita pelo Arcebispo D. Sebastião Monteiro Da Vide, em 1712, o rei de Portugal autorizou, em 1718, a criação de mais 20 freguesias no Arcebispado.[139] Dentre estas, criou-se, na cidade da Bahia, a freguesia do Passo, desmembrada do curato da Sé. Como não possuía matriz, a sede da freguesia instalou-se, provisoriamente, na igreja do Rosário dos pretos das Portas do Carmo. Poucos anos depois, os irmãos pretos já percebiam as manobras dos fregueses e do vigário do Passo para apropriação definitiva de seu templo. Os confrades do Rosário recorreram ao Rei e, em 1722, receberam um despacho real em seu favor. Mais uma vez as autoridades eclesiásticas não atenderam prontamente a decisão secular, ainda que o próprio Vice-Rei do Brasil, o Conde de Sabugosa, intercedesse, em nome da Coroa, em favor dos irmãos do Rosário. As obras da matriz do Passo foram iniciadas apenas em 1736, ficando a matriz instalada no Rosário dos pretos até pelo menos 1740.[140]

É curioso constatar que, no decorrer do século XVIII, em outras partes da América portuguesa, pelo menos mais duas irmandades do Rosário de pretos sofreram tentativas de usurpação de seus templos. Alguns anos após a instituição da diocese do Rio de Janeiro (1676), depois de uma conflituosa permanência na Igreja da Cruz dos militares, no ano de 1737, a sede do bispado instalou-se na Igreja de Nossa Senhora do Rosário e São Benedito. Os conflitos que resulta-

---

139 Vide, "Notícias do Arcebispado da Bahia", *op. cit.*, p. 332.

140 Ott, "A irmandade de Nossa Senhora do Rosário dos pretos do Pelourinho", *op. cit.*, p. 122.

ram na retomada da posse e administração do templo pelos irmãos do Rosário se estenderam ao longo do século XVIII. Teve início em 1700, em Olinda, um longo embate entre confrades do Rosário e autoridades eclesiásticas, quando estas tentaram transformar a igreja dos pretos em hospício dos Missionários.[141] Penso que, mais que tentativa de controle das irmandades de pretos, estes eventos demonstram a importância dos templos dos pretos, em termos de estrutura física e comodidade, e a hercúlea tarefa de seus administradores para a preservação do espaço duramente conquistado.

Na Bahia setecentista, a importância real e simbólica da igreja do Rosário da Baixa dos Sapateiros ou das Portas do Carmo para os confrades africanos e crioulos ali congregados justificava o embate com as autoridades brancas, mas também com seus irmãos de cor.

Quando os confrades do Rosário da Matriz de São Pedro Velho deram início à construção de sua capela, na Rua de João Pereira, a irmandade do Rosário da Baixa dos Sapateiros entrou na justiça na tentativa de embargar a obra, alegando que esta nova capela, tão próxima à sua, lhe traria prejuízos materiais. Os irmãos do Rosário da Freguesia de São Pedro se defenderam alegando que:

> Tal prejuízo não possa haver na dita cidade em razão de que nela podem haver mais de duas capelas pela grande multidão que nela há de pretos tanto para as suas festividades, como para o enterro deles, havendo em cada freguesia sua Irmandade, podem estar ambas as Capelas

---

141 Quintão, *Lá vem o meu parente*, op. cit., p. 105-107.

decentemente paramentadas, e com todo o preciso para se fazer o culto Divino.[142]

Os confrades do Rosário das Portas do Carmo não conseguiram impedir a construção da capela do Rosário da Rua de João Pereira. Mas nem por isso perderam seu lugar de destaque na história das confrarias de pretos da cidade da Bahia. A força desta associação se revela nos embates que travaram com a Freguesia do Passo em favor de sua autonomia ao longo do século XVIII.[143]

Desconfiados e atentos em decorrência do "trauma" da ocupação do templo pela freguesia do Passo, desde o final da década de 1730 os irmãos do Rosário buscaram formas para subtrair-se da jurisdição da freguesia. A mesa administrativa da irmandade do Rosário das Portas do Carmo buscou, ainda nos tempos da ocupação, manter seu próprio capelão, em detrimento do descontentamento do vigário. No ano de 1737, o vigário colado da matriz do Passo, Miguel Vieira Monteiro, pediu ao rei que não confirmasse no cargo o capelão da irmandade dos pretos. Padre Miguel sentia-se lesado e desrespeitado pela irmandade pois o capelão, segundo ele, usurpava os emolumentos, a jurisdição e os direitos paroquiais. Percebe-se que a grande indignação do vigário

---

142 Requerimento da Irmandade de N. S. do Rosário sita na Freguesia de São Pedro ao rei solicitando concessão de licença definitiva para construção de sua capela não aceitando o embargo da obra solicitado pela irmandade do Rosário das Portas do Carmo, 23 de Agosto de 1749, AHU, Bahia – Avulsos, cx. 106, doc. 48 (cota antiga).

143 Os conflitos entre a irmandade do Rosário e a Freguesia do Passo se estendem até o período imperial. Ver: Farias, *Irmãos de Cor, de Caridade e de Crença, op. cit.* Especialmente o capítulo II: "O Triunfo do Rosário sobre o 'Espírito Maligno': conflitos entre irmãos e padres".

tinha como motivo principal a usurpação dos emolumentos: missas semanais, encomendação dos irmãos defuntos, administração dos sacramentos. Todos estes serviços eram pagos ao capelão da irmandade. Nem mesmo nas missas especiais, como a de Santo Antonio de Catalagerona, a irmandade permitia a intervenção do vigário.[144]

A instituição do Padroado régio criou inúmeros problemas relacionados à jurisdição eclesiástica e temporal nos domínios do Império português.[145] No capítulo anterior apresentei, brevemente, alguns dos problemas gerados pelas "abusivas" cobranças dos emolumentos sacerdotais, diretamente ligada ao recolhimento dos dízimos eclesiásticos, por parte da coroa, e seu desvio para fins distantes da manutenção dos templos e do corpo clerical. O conflito acima relatado, em certo sentido, está relacionado ao mesmo problema. Foram inúmeras as reclamações de padres e bispos com respeito ao baixo, e por vezes, inexistente pagamento de suas côngruas.[146] Por esta razão, os clérigos sobreviviam da cobrança das conhecenças – taxas cobradas pelas confissões, comunhões, extrema-unção etc. Se a atitude dos irmãos do

---

144 Requerimento do vigário colado da matriz de N. S. do Rosário da cidade da Bahia, Miguel Vieira Monteiro ao rei [D. João V] solicitando que não confirme título algum ao capelão dos pretos, padre Pedro Silva Pinto. 23 de Novembro de 1737, AHU, Bahia – Avulsos, cx. 60, doc. 1727.

145 "O Padroado português pode ser amplamente definido como uma combinação de direitos, privilégios e deveres concedidos pelo papado à Coroa de Portugal como patrona das missões e instituições eclesiásticas católicas romanas em vastas regiões da África, da Ásia, do Brasil. Esses direitos e deveres advinham de uma série de bulas e breves pontificiais, tendo começado com a *Inter caetera* de Calisto III em 1456 e culminando com a *Praecelsae devotions* de 1514". Boxer, *O Império Marítimo Português, 1415-1825*. São Paulo: Companhia das Letras, 2002, p. 243.

146 Pensão que se concedia aos párocos para seu sustento.

Rosário contratando um capelão visava à manutenção de uma certa autonomia diante do vigário da paróquia, por outro lado, acabava ferindo duramente o "bolso" do padre que se via desfalcado das preciosas rendas de sua única filial.

Em 1750, os confrades do Rosário das Portas do Carmo recorreram, mais uma vez, a D. João V, implorando que, em nome do Padroado régio, tomasse o templo da irmandade sob sua proteção, subtraindo-a, desse modo, de qualquer ingerência das autoridades eclesiásticas.

> Rogam a Vossa Majestade em nome da mesma Senhora do Rosário dos pretos, queira dignar-se por sua Real [...] de tomar debaixo de sua proteção a Igreja e Irmandade dos suplicantes por ser de Padroado Leigo, para efeito de gozarem dos privilégios concedidos aos Padroados da Coroa e em todas as causas que se moverem sobre as suas regalias ser ouvido nelas pelo Procurador Régio, concedendo-lhes para esse efeito Provisão (...).[147]

Como vimos, a partir de 1765, com a determinação que obrigava as irmandades a enviarem seus compromissos a Lisboa para serem aprovados pela Mesa de Consciência e Ordens, a ingerência do es-

---

147 Requerimento do juiz e mais irmãos da irmandade de N. S. do Rosário dos pretos ao rei [D. João V] solicitando tomar sob sua proteção a igreja da irmandade dos suplicantes para efeito de gozarem dos privilégios concedidos aos padroados da Coroa, e que em todas as causas movidas sobre as regalias seja ouvido o procurador régio, além de declarar em provisão que ao capelão da irmandade pertence fazer dentro da igreja todas as funções da encomendação dos corpos. 24 de Janeiro de 1750, AHU, Bahia – Avulsos, cx. 101, doc. 7972.

tado sobre as irmandades aumentaram muito. Até então, muitas irmandades haviam sido eretas apenas com a aprovação da autoridade eclesiástica local. A medida pombalina, de certo modo, vinculou todas as irmandades e confrarias, mesmo aquelas eretas com aprovação do Ordinário, ao poder secular. Em carta enviada à Santa Sé no ano de 1779, o bispo do Rio de Janeiro deixa transparecer que, além da imposição régia, parece ter havido certa inclinação das associações leigas a submeterem-se à jurisdição eclesiástica.

> As irmandades (...) são tantas quantas são as igrejas paroquiais e até mesmo quantas são as capelas e altares das mesmas igrejas. Praticamente todas, nas suas origens foram eretas pela autoridade diocesana e sob a mesma autoridade eram administradas e lhe estavam sujeitas; mas de alguns anos para cá, aos poucos foram se subtraindo do foro eclesiástico e começaram a recorrer ao foro civil e, por lei, prestavam conta aos juízes de sua gestão.[148]

Esta tendência notada pelo bispo do Rio de Janeiro assinala uma maior "flexibilidade" das autoridades seculares em relação ao tratamento dos interesses das irmandades e confrarias. Por outro lado, considerando que os embates mais frequentes na vida das confrarias negras costumavam envolver vigários e capelães, nada mais previdente do que se resguardar na proteção das autoridades seculares. Restava

---

148 Carta de D. José Justiniano Mascarenhas Castelo Branco, bispo do Rio de Janeiro na relação à Santa Sé, 01 de Outubro de 1779. *Apud* Arlindo Rubert, *A Igreja no Brasil: expansão territorial e absolutismo estatal (1700-1822)*, Santa Maria: Palloti, 1988, vol. 3.

ainda o recurso ao rei que, no Antigo Regime, colocava-se como uma instância superior a que todos os súditos podiam recorrer. No Império português, devido às especificidades da política do Padroado, o rei era, ao mesmo tempo, uma autoridade civil e religiosa, razão porque as irmandades recorriam a ele, duplamente, para evitar ingerências eclesiásticas ou civis.[149]

O que os irmãos do Rosário da Baixa dos Sapateiros intentaram, em 1750, foi uma espécie de reafirmação de sua submissão à autoridade da coroa, colocando o próprio templo da irmandade, além da associação propriamente dita, sob a proteção do Padroado Régio. Em termos práticos, a irmandade dos pretos da Baixa dos Sapateiros queria preservar sua autonomia da freguesia do Passo, livrando-se da condição de filial da freguesia.

Seguindo os procedimentos de praxe, o arcebispo da Bahia foi devidamente consultado sobre a pretensão dos irmãos. Sua resposta, apesar de francamente tendenciosa, é um precioso testemunho sobre a história de luta da irmandade da Baixa dos Sapateiros.[150] Segundo o arcebispo da Bahia, esta irmandade tinha uma conhecida fama de perturbadora da ordem. Já havia entrado em contendas com a irmandade do Santíssimo Sacramento, quando sua capela era matriz do Passo, e também com a Misericórdia. Por estas e outras, nas palavras

---

149 Ver: Russell-Wood, "Vassalo e soberano: apelos extra-judiciais de africanos e de indivíduos de origem africana na América portuguesa". In: Maria Beatriz Nizza da Silva (org.), *Cultura portuguesa na terra de Santa Cruz*. Lisboa: Editorial Estampa, 1995, p. 215-233.

150 Carta resposta da consulta feita ao arcebispo da cidade da Bahia ao Rei [D. Jose] à respeito da solicitação do juiz e mais irmãos da irmandade do Rosário dos Pretos desta cidade para que lhe concedam privilégios do Padroado régio. 5 de Setembro de 1751, AHU, Bahia – Avulsos, cx. 107, doc. 8391.

do arcebispo "faziam mais perturbações que todas as irmandades de brancos juntas". Ele defendeu seu vigário veementemente – "um dos mais prudentes, pacíficos e cuidadoso de suas obrigações que tem o arcebispado" – e acusou a irmandade de causar polêmica com todos os padres que passaram pela dita freguesia e também com alguns vigários de outras paróquias. Por fim, o arcebispo primaz alertou:

> Vossa Majestade me dará o que for mais justo, deixando por sua Real grandeza de acreditar nestas importunas e repetidas queixas dos suplicantes, por serem efeitos da soberba, presunção e altivez, com que essa casta de gente vive, e que com algum, e não pequeno perigo de se quererem *Levantar* contra ele, como já o tem intentado, segundo indícios que disso houveram.

A altivez dos irmãos pretos na defesa de seus interesses, aos olhos do arcebispo, era muito perigosa porque podia anunciar outros perigos. Mais do que o anúncio de algo grandioso, a história das irmandades do Rosário representam, por si só, um árduo trabalho de invenção de uma comunidade negra na diáspora.

A importância singular dos angolas na história das irmandades baianas, especialmente nas do Rosário, é justificado por alguns autores pela precedência deste grupo em relação aos demais grupos africanos. Bacelar observa que, no século XVII, quando foi criada a irmandade do Rosário dos Pretos das Portas do Carmo, assim como outras congêneres na cidade, como vimos no capítulo anterior, "era incontestável a superioridade numérica dos negros de Angola e Congo". E, por esta razão, estas primeiras irmandades compunham-se "exclusivamente de negros vindos de Angola e seus descendentes".[151]

A precedência é, sem sombra de dúvida, um fator relevante nessa história. Interessante observar que, não apenas as irmandades do Rosário fundadas no século XVII, mas também outras irmandades nascidas sob invocações distintas, no mesmo período em questão, deram destaque à presença dos angolas. Os cargos da mesa diretora da Irmandade de Santo Antonio de Categeró, segundo seu compromisso de 1699, estavam divididos entre angolas e crioulos, o que atesta o controle da irmandade por parte destes dois grupos.[152] Entretanto, a precedência é insuficiente para explicar a identificação criada entre os angolas e as confrarias católicas ao longo dos séculos, mesmo nos momentos em que o grupo passou a minoria no tráfico baiano.

A importância do catolicismo na África Central, longamente discutida no capítulo 1, é outro elemento de inquestionável importância. Talvez se a precedência fosse de africanos que ignorassem o universo do catolicismo e, sobretudo, as experiências e vivências do cristianismo africanizado por longos séculos de contatos, esta poderia não ter tido um peso tão considerável. Creio, então, que o fato dos angolas terem sido os primeiros africanos a se congregarem em irmandades na Bahia não se explica, tão somente, por terem estes constituído as primeiras grandes levas de africanos, mas também por trazerem consigo uma experiência muito particular do catolicismo. Esta experiência

---

151 Bacelar e Souza, *O Rosário dos Pretos do Pelourinho*, op. cit., p. 9.

152 Compromisso da Irmandade de Santo Antonio de Categeró sita na Igreja matriz de São Pedro desta cidade da Bahia, 1699, cap. 2. *Apud* Cardozo, "As irmandades da antiga Bahia", *op. cit.*, p. 248.

talvez possa explicar, em grande parte, a propalada "permeabilidade" dos bantos à catequese católica.[153]

O contato anterior com o universo católico e a experiência de um catolicismo africano não podem, por sua vez, dar conta de uma experiência dinâmica como foi a escravidão e a formação de novas identidades na diáspora negra. Nos embates cotidianos das irmandades entre si e com as autoridades civis e eclesiásticas se forjaram e, ao mesmo tempo, se fortaleceram identidades novas, fundadas ou não nas origens africanas. Como bem formula Russel-Wood, as irmandades negras foram um dos lugares mais importantes de concretização do desejo dos homens de cor, escravos e libertos, "de formar entidades corporativas".[154]

Acredito que os angolas na Bahia, mais que qualquer outro grupo, conseguiram apropriar-se do espaço das confrarias e aí concretizaram seus desejos corporativos. A experiência africana do catolicismo foi fundamental para a apropriação e consolidação deste espaço. Por outro lado, as lutas cotidianas, os arranjos e as alianças também foram cruciais na delimitação e identificação desse espaço particular. Assim, acredito que a identificação dos angolas com as irmandades do Rosário foi um processo paralelo e conectado com a formação de uma identidade angola na Bahia. Por esta razão, inicio o capítulo que se segue com uma pergunta fundamental para esse debate: Afinal, por que caminhos se forjaram a construção da chamada identidade angola na Bahia?

---

153 Viana, *O negro na Bahia, op. cit.*, p. 212.
154 A J. R. Russell-Wood, "Black and mulatto brotherhoods in Colonial Brazil: a study in collective behavior". *Hispanic American Historical Review*, vol. 54, n. 4, 1974, p. 577.

Capítulo IV

Outros africanos: os angolas da Bahia

> Quanto aos negros cativos, só posso informar-te que os vindos da Costa da Mina são mais bem reputados que os vindos de Angola e Benguela e dizem ser gente melhor; eu porém acho que a preferência é por serem mais asseados e caprichosos; eles porém são mais ásperos e traidores, quando os de Benguela são mais amoráveis e dóceis, e percebem e falam a nossa língua melhor e com mais facilidade.
>
> Luís dos Santos Vilhena, 1802

"Mais amoráveis e dóceis": o tráfico e a propaganda

O reconhecimento e a valorização de diferenças físicas e "comportamentais", além de habilidades especiais para a execução de determinadas tarefas, era um fato corrente quando se tratava do comércio de africanos escravizados. Nestes termos, as peculiaridades poderiam indicar qualidades mais ou menos valorizadas no mercado, determinando assim escolhas e predileções. No início do século XVIII, o famoso cronista Antonil registrou, com muita clareza, esta postura mercantil escravista num conhecido alerta aos senhores de escravos: "E porque comumente são de nações diversas, e uns mais boçais que outros e de forças muito diferentes, se há de fazer repartição com reparo e escolha, e não às cegas".¹

Fruto de preconceitos, de contatos diretos ou, ainda, de interesses econômicos particulares, as qualidades e habilidades eram, quase sempre, vinculadas à origem geográfica dos africanos.

> Os que vêm para o Brasil são ardas, minas, congos, de São Tomé, de Angola, de Cabo Verde e alguns de Moçambique, que vêm nas naus da Índia. Os ardas e os minas são robustos. Os de Cabo Verde e São Tomé são mais fracos. Os de Angola, criados em Luanda, são mais capazes de aprender ofícios mecânicos que os das outras partes já nomeadas. Entre os congos, há também alguns bastante industriosos e bons não somente para o serviço da cana, mas para as oficinas e para o meneio da casa.

Não apenas os africanos foram avaliados segundo qualidades e habilidades pretensamente inatas ou específicas ao grupo de origem. Também os crioulos – como eram denominados os negros nascidos no Brasil, em Luanda ou ainda em outras colônias portuguesas na África² – foram objeto deste tipo de avaliação. O jesuíta Antonil percebeu de

---

1 André João Antonil, *Cultura e Opulência do Brasil (1711)*. Belo Horizonte/São Paulo: Editora Itatiaia/Edusp, 1982, p. 89.

2 Sobre os crioulos "africanos" ver: John Thornton, *Africa and Africans in the making of Atlantic World, 1400-1800*. Cambridge: Cambridge University Press, 1998; Ira Berlim, "From creole to african: atlantic creoles and origins of african-american society in Mailand North America". *The Willian and Mary Quartely*, vol. 52, n. 3, 1996, p. 251-288; Mary C. Karasch, *A vida dos escravos no Rio de Janeiro 1808-1850*. São Paulo: Companhia das Letras, 2000.

pronto que os crioulos constituíam um grupo particular, e assim, para melhor rendimento de seus negócios, lembrou aos senhores que os "que nasceram no Brasil, ou se criaram desde de pequeno na casa dos brancos, afeiçoam-se a seus senhores, dão conta de si, e levado em bom cativeiro, qualquer deles vale por quatro boçais".[3] Assim como se passava com os africanos, como veremos no decorrer deste texto, as opiniões sobre os "pretos nacionais" eram, por vezes, controversas. Em relação aos mesmos crioulos, tão valorizados por Antonil, um cronista do final do século XVIII, mais cauteloso e desconfiado, advertia sobre os riscos de se confiar inteiramente num escravo, ainda que "criados nos braços e camas de seus senhores, pois era comum que, assim que encontravam uma boa oportunidade, matavam-nos a facadas, golpes de machado e cacetadas".[4]

Ao longo dos séculos de escravidão, algumas imagens foram se cristalizando. É possível dizer que alguns estereótipos a respeito de determinados grupos tornaram-se tão marcantes que sobreviveram ao seu próprio tempo.

A construção de determinados quadros de valores esteve submetida a conjunturas específicas do tráfico e, portanto, aos interesses do comércio escravista deste ou daquele setor. Começo este capítulo discutindo a construção de certas representações sobre um grupo específico: os angolas. Imagens que ressaltavam a docilidade e a plasticidade dos angolas calaram fundo entre cronistas e estudiosos desde o século XVIII até muito recentemente.

---

3 Antonil, *Cultura e Opulência do Brasil (1711), op. cit.*, p. 89.
4 Luís dos Santos Vilhena, *A Bahia no século XVIII (1802)*. Salvador: Editora Itapuã, 1969, p. 135. Vol I.

No final do Setecentos, o cronista Luís dos Santos Vilhena notou uma certa preferência, por parte dos senhores de escravos baianos, pelos africanos da Costa da Mina, apesar de uma presumível fama de rebeldia e aspereza deste grupo. Em contraposição, o cronista também registrou a qualidade mais apreciada em relação aos escravos procedentes da região centro-africana (angolas e benguelas): a disposição e facilidade para se integrarem ao mundo dos brancos.[5]

A preferência pelos "asseados e caprichosos" africanos da Costa da Mina permaneceu no discurso corrente na Bahia no início do século XIX, tanto na boca dos brasileiros quanto na dos estrangeiros. Segundo um viajante inglês que visitou a cidade no ano de 1836, havia uma superioridade evidente nos negros que ali habitavam.

> Porque toda a população dessa província é originária da Costa do Ouro (sic). Não somente os homens e as mulheres são mais altos e melhor constituídos que os moçambiques, os benguelas e outros africanos mas ainda possuem uma grande energia de caráter, possível consequência das relações estreitas destes povos com os mouros e árabes. Há muitos entre esses indivíduos que leem e escrevem em árabe.[6]

---

5   Idem, Ibidem.

6   G. Gardner, *Travels in the Interior of Brazil, Principally Trough the Northern Provinces and the Gold Diamond Districts, during the Years 1836-1841*. Londres: Reeve Brothers, 1846. *Apud* Stephania Capone, "Entre Yoruba et Bantou: l'influence des stéréotypes raciaux dans les études afro-américaines". *Cahiers d'études africaines*, XL (1), 157, 2000, p. 67.

O francês Agassiz, tendo visitado a Bahia na segunda metade do século XIX, emitiu opiniões semelhantes. Afirmou, por exemplo, que angolas e congos, "em geral de língua banto", eram "menos inteligentes e mais dóceis" que os originários da África Ocidental, servindo bastante bem para os serviços da lavoura.[7]

É importante lembrar que este comentário sobre a docilidade angola tinha como contraponto implícito a rebeldia dos africanos ocidentais, corporificada nas inúmeras revoltas que proliferam na Bahia desde o início do século XIX. Naqueles tempos, em "rebeliões espontâneas ou planejadas, na capital e nas vilas do Recôncavo, nos engenhos, fazendas e armações de pesca, os escravos africanos mantiveram os senhores em estado de insegurança constante".[8] Tanto no discurso estrangeiro quanto no dos nacionais, a suposta superioridade física e intelectual dos africanos ocidentais foi vista como uma afiada e perigosa faca de dois gumes. As vantagens econômicas para um grupo de comerciantes foram, sem sombra de dúvidas, os grandes sustentáculos da política de valorização do tráfico com a Costa da Mina e o Golfo do Benin. Desse modo, o acalorado debate em torno da "valorização" das "peças africanas" que envolveu, durante o século XVIII, traficantes portugueses e baianos, constituiu-se num momento privilegiado de construção das representações sobre os diferentes grupos africanos na Bahia.

O conflito entre os plantadores de cana-de-açúcar da Bahia e os negociantes de escravos portugueses, em torno do abastecimento de mão de obra escrava de origem africana, remonta ao século XVI. Neste século, os portugueses controlavam as principais fontes de suprimento

---

7 Agassiz, "Viagem ao Brasil". *Apud* Luís Viana Filho, *O negro na Bahia*: um ensaio clássico sobre a escravidão. Rio de Janeiro: Nova Fronteira, 1988, p. 87.

8 João José Reis, *Rebelião escrava no Brasil*: a história do levante dos Malês em 1835. São Paulo: Companhia das Letras, 2003, p. 68-69.

de escravos na África. Durante a União Ibérica (1580-1640), os traficantes portugueses estabeleceram lucrativos negócios com as colônias de Castela, nas Índias Ocidentais. Este fato agravou ainda mais a carência de mão de obra nas plantações de cana no nordeste da América Portuguesa, elevando, por conseguinte, o preço dos cativos.[9]

Este quadro perdurou até o momento em que o monopólio português na costa da África começou a sofrer seus primeiros abalos. Em 1637, a Companhia das Índias Ocidentais conquistou o Castelo de São Jorge da Mina e assumiu o controle daquele território. Enfraquecido pela guerra de restauração do trono, Portugal submeteu-se a um tratado com os holandeses, firmado em 1641, que previa "que os navios portugueses só poderiam frequentar aqueles portos (da costa a sotavento do Castelo da Mina) com carregação de mercadorias de suas colônias da América, como açúcar, aguardente e, evidentemente o fumo da Bahia".[10] Já na primeira metade do século XVII, o fumo de terceira categoria produzido no Recôncavo da Bahia era a "mercadoria preferida pelos africanos para o escambo de escravos naquela região".[11]

A situação de Portugal agravou-se ainda mais com a ocupação de Luanda, protagonizada pela mesma Companhia das Índias Ocidentais em 1641. Para evitar um colapso nas plantações do nordeste da América Portuguesa, em decorrência da escassez de mão de obra, por meio de uma provisão publicada em 1644, a Coroa portuguesa permitiu que os negociantes baianos comercializassem o tabaco diretamente

---

9 Maria Inês Cortes de Oliveira, "Quem eram os 'negros da Guiné'? A origem dos africanos na Bahia". *Afro-Ásia*, n. 19/20, 1997, p. 44.

10 O estudo pioneiro e, desde há muito, clássico sobre o tema é: Pierre Verger, *Fluxo e Refluxo do Tráfico de Escravos entre o Golfo do Benin e a Bahia de Todos os Santos Dos Séculos XVII ao XIX*. São Paulo: Corrupio, 1987.

11 Oliveira, "Quem eram os 'negros da Guiné'?", *op. cit.*, p. 45.

com a Costa da Mina, sem necessitarem passar pela metrópole.[12] Os grandes beneficiados desta medida foram os comerciantes da Bahia que controlavam diretamente o comércio do tabaco produzido na região. Assim, as restrições impostas pelos holandeses para o tráfico na Costa da Mina permitiram aos baianos romper com o clássico comércio triangular. O estabelecimento da preferência de um lado e da especialidade do outro tornou praticamente impossível aos comerciantes de outras regiões brasileiras, assim como aos de Portugal, o acesso aos escravos oriundos da Costa da Mina.[13]

Em 1648, Salvador Correia de Sá, em nome do patriotismo luso e dos interesses dos negociantes e plantadores fluminenses, reconquistou Luanda das mãos holandesas.[14] Mesmo após a expulsão dos holandeses, os comerciantes de escravos portugueses não alcançaram, de imediato, a recuperação do controle do tráfico na região. Novas alianças, a emergência de novos grupos de poder e, ainda, a quebra de hegemonias ocasionadas pela ocupação holandesa produziram violentas guerras internas entre sobas, tendo como consequência o despovoamento de várias regiões e dificuldade de organização dos

---

12 Verger, *Fluxo e Refluxo*, op. cit., p. 12.

13 Corcino Medeiros dos Santos, "A Bahia no comércio português da Costa da Mina e a concorrência estrangeira". In: Maria Beatriz Nizza da Silva (org.), *Brasil. Colonização e Escravidão*. Rio de Janeiro: Nova Fronteira, 2000, p. 223-24.

14 Luís Felipe Alencastro, *O trato dos viventes. Formação do Brasil no Atlântico Sul, séculos XVI e XVII*. São Paulo: Companhia da Letras, 2000, p. 233. Sobre a história da restauração em Angola, protagonizada por Salvador Correia de Sá ver: Charles Boxer, *Salvador Correia de Sá e a luta pelo Brasil e Angola (1602-1686)*. São Paulo: Companhia Editora Nacional, 1973.

antigos pumbos.¹⁵ Entretanto, não tardou muito para que Angola recuperasse seus índices de exportação de escravos. Além da demanda que vinha da América portuguesa, as plantações antilhanas contribuíram enormemente para esta recuperação. Enquanto isso, o tráfico baiano com a Costa da Mina, apesar de ainda não ter se consolidado como uma concorrência perigosa, demarcava, cada vez mais, seu espaço. No final do século XVII, um fato novo veio a contribuir para a intensificação do tráfico baiano com a Costa da Mina.

A descoberta das minas de ouro, a partir de 1698, aumentou consideravelmente a demanda por mão de obra escrava na América Portuguesa. Esta nova e intensa demanda fortaleceu ainda mais os negócios e os interesses dos comerciantes de escravos da Bahia. Esta situação preocupava cada vez mais os negociantes de Portugal que controlavam o tráfico desde Angola.¹⁶ No início do século XVIII, a preferência pelos negros da Costa da Mina na Bahia também preocupava as autoridades metropolitanas, temerosas de que esta preferência viesse a prejudicar os negócios do tráfico em Angola.¹⁷ A oposição de interesses entre os traficantes baianos e os da metrópole foi ponto focal de muitas polêmicas envolvendo autoridades coloniais e metropolitanas.

É exatamente no centro deste conflito que surge a propaganda, de cada um dos lados em questão, em favor de sua mercadoria. No início do século XVIII a propaganda dos traficantes baianos em favor dos negros minas já corria solta na colônia, inclusive no discurso das

---

15 Viana Filho, *O negro na Bahia, op. cit.*, p. 86-87. Os pumbos eram feiras de comércio de escravos estabelecidas no interior.

16 Oliveira, "Quem eram os 'negros da Guiné'?", *op. cit.*, p. 46.

17 Consulta do Conselho Ultramarino em 5 de novembro de 1737, AHU, Cód. 23, fls. 254-260.

autoridades. O mesmo se pode dizer da propaganda dos portugueses sobre as "peças" de Angola.

> Os baianos exaltavam os "negros minas" para os trabalhos da mineração, por serem mais fortes e resistentes que os angolas. Os portugueses, por seu turno, interessados no fim do tráfico com a Costa da Mina, divulgavam a excelência dos cativos de Angola e do Congo, especialmente pela maior facilidade de serem controlados.[18]

A diversidade de procedências dos africanos eram avaliadas não apenas visando o bom rendimento e as aptidões "inatas" para o cumprimento de determinadas tarefas. A preocupação constante com o controle e prevenção de ações rebeldes da escravaria também considerava a diversidade étnica e geográfica como um fator importante de análise. Desse modo, em diferentes épocas e localidades, as autoridades coloniais trocaram correspondências sobre as conveniências da homogeneidade ou da diversidade étnica dos cativos.[19]

Em decorrência de uma sublevação de escravos ocorrida em Minas Gerais, o Conselho Ultramarino e o governo do Rio de Janeiro travaram uma intensa correspondência sobre o assunto entre os anos de 1725-1728. Segundo o governador do Rio de Janeiro, a sublevação só não obteve sucesso em razão de uma disputa interna entre os rebeldes, pois "os negros de Angola queriam que fosse rei de todos um

---

18 Oliveira. "Quem eram os 'negros da Guiné'?", *op. cit.*, p. 46.

19 Silvia Hunold Lara, *Fragmentos Setecentistas: Escravidão, Cultura e Poder na América Portuguesa*. Tese (Livre Docência) – Unicamp, Campinas, 2004, p. 172.

do seu reino e os mina também de que fosse da mesma sua pátria".[20] Em resposta à consulta feita pelo Conselho Ultramarino sobre a conveniência de irem para as minas apenas os negros de Angola, "visto que estes e[ram] mais confidentes, e mais sujeitos e obedientes do que os minas", o governador do Rio de Janeiro, Luís Vânia Monteiro, em carta datada de 5 de julho de 1726, sustenta que:

> Os negros minas eram os de mais reputação para aquele trabalho, dizendo os mineiros serem os mais fortes e vigorosos, mas ele entendia que adquiriram aquela reputação por serem tidos por feiticeiros, e ter-lhes introduzido o diabo, que só eles descobrem ouro, e pela mesma causa não haver mineiro que possa viver sem uma negra mina, dizendo que só com elas têm fortuna (...).[21]

Se considerarmos que, muitas vezes, uma propaganda tem um fundo de verdade, é possível que os argumentos utilizados pelos traficantes, no tocante às habilidades dos minas para o trabalho na mineração, estivessem fundados em alguns conhecimentos objetivos sobre os povos da África Ocidental. Segundo Russell-Wood, "muitos escravos 'minas' tinham conhecimentos anteriores não só da mineração do ouro como da metalurgia".[22]

---

20 Consulta feita ao governador do Rio de Janeiro, sobre a conveniência de irem para as minas só os negros de Angola. Lisboa, 18 de setembro de 1728. *Documentos Históricos* – Biblioteca Nacional do Rio de Janeiro Vol. XCIV, p. 28-30. Coleção Carvalho 15, 4, 16.

21 *Idem*.

22 A. J. R. Russell-Wood, "Technology and Society: The impact of Gold Mining on the institution of slavery in Portuguese America". *Journal of*

Os estados Akan, localizados na Costa do Ouro, ocupavam o território onde os portugueses estabeleceram um de seus mais antigos entrepostos na costa africana – o castelo de São Jorge da Mina. Nestes estados, utilizava-se o ouro fundido em barras e em pó como principal moeda corrente.[23] No início do século XVI, o principal objeto de tráfico africano-europeu nesta região era o cobiçado metal.

> Os princípios que presidiam as trocas levaram os navegadores portugueses a trocar barras de ferro por escravos no Congo, a permutar em seguida com ouro tais escravos no castelo de São Jorge da Mina, realizando assim uma assaz transmutação de ferro em ouro.[24]

Mas não foram apenas os estados Akan que dominavam as técnicas de extração e fundição de minérios.

> Ifé havia sido o berço das especialidades metalúrgicas, exemplificadas por sua arte desenvolvida a partir da fundição do bronze por meio do método denominado "cera perdida". No interior da cidade do Benin, os ferreiros e os fundidores de bronze viviam em quarteirões especiais e gozavam de certas prerrogativas. Na fundição do bronze e do latão obtiveram um alto grau técnico, demonstrando um grande e sofisticado conhecimento

---

Economic History, 37, 1, 1977, p. 78.

23 *Idem, Ibidem.*

24 Verger, *Fluxo e Refluxo, op. cit.*, p. 10.

das proporções dos dois metais constitutivos, do ferro, do níquel, do zinco e do estanho".²⁵

Nestes termos, é possível conjeturar que a propalada força física dos minas, assim como seus misteriosos atributos mágicos para encontrar ouro, seriam, na verdade, habilidades fundadas em conhecimentos técnicos de manuseio de metais, dominados por muitos povos da costa ocidental africana.

No início do século XIX, como resultado da boa propaganda dos traficantes portugueses, e/ou dos interesses dos negociantes luso-fluminenses em Angola, os senhores de escravos do Rio de Janeiro tinham especial predileção, dentre todos os africanos, pelos angolas, "sob todos os aspectos, os mais dóceis".²⁶ A apregoada docilidade dos angolas era exemplificada, como vimos, pela facilidade e disposição dos centro-africanos para aprender a língua portuguesa e, especialmente, sua integração mais rápida às instituições, hábitos e religião dos senhores.²⁷

A exemplo de Luís Viana Filho, gerações de estudiosos tomaram esse argumento da propaganda do tráfico como verdade incontestável, che-

---

25 Russell-Wood, "Technology and Society", *op. cit.*, p. 78.

26 R. Walsh, *Notícias do Brasil* (1828-1829). Belo Horizonte/São Paulo: Itatiaia/Edusp, 1985, p. 155.

27 É importante ressalvar, como bem sugere Soares, que o grupo de procedência denominado angola no Rio de Janeiro no século XIX não tem, necessariamente, a mesma composição étnica do grupo denominado angola na Bahia, Pernambuco ou Maranhão, e nem mesmo no próprio Rio de Janeiro nos séculos precedentes. Marisa de Carvalho Soares, "O Império de Santo Elesbão na cidade do Rio de Janeiro, no século XVIII". *Topoi*, n. 4, 2002, p. 60.

gando a afirmar que a capacidade de assimilação e adaptação ao Novo Mundo foi "o traço que separou nitidamente bantos e sudaneses".[28]

Segundo Viana, a maior disposição à integração também explica a grande proeminência dos centro-africanos na formação do sincretismo afro-baiano. Para este autor, a propagação do culto aos santos pretos e à Senhora do Rosário, através das irmandades e confrarias formadas por negros, estaria diretamente vinculada aos centro-africanos, muito mais abertos às ressignificações religiosas que os africanos da costa ocidental. No mesmo sentido, se explicaria a maior disposição para o sincretismo vivenciado nos candomblés bantos ou congo-angola, assimilando não apenas os santos católicos mas, também, os deuses sudaneses.[29]

O sincretismo, tanto em termos conceituais quanto em termos de práticas religiosas, tem sido objeto de antigos e acalorados debates acadêmicos e políticos.[30] Nina Rodrigues pode ser considerado o pri-

---

28 Viana Filho, *O negro na Bahia*, op. cit., p. 90.

29 *Idem, Ibidem*, p. 207. Sobre a maior flexibilidade dos cultos de origem banto ver, especialmente: Edison Carneiro, *Religiões Negras/Negros Bantos*, 2ª ed. Rio de Janeiro/Brasília: Civilização Brasileira/INL, 1981.

30 No que toca às posições político-religiosas refiro-me mais diretamente aos movimentos de "reafricanização" das religiões afro-brasileiras, mais notadamente a algumas lideranças do candomblé de rito nagô, que desde os anos 80 vem levantando a bandeira da crítica e abandono das práticas sincréticas. Para esta corrente, o sincretismo foi tão somente um recurso utilizado pelos antigos escravos para preservação de suas religiões de origem sob uma situação de dominação senhorial. Desse modo, uma vez eliminada a situação de dominação, o sincretismo perderia sua razão instrumental primeira, ou seja, a preservação dos cultos negros reprimidos pela cultura dominante. Ver, entre outros: Josildeth Gomes Consorte, "Em torno de um Manifesto de ialorixás baianas contra o sincretismo. In: Jeferson Bacelar e Carlos Cardoso (orgs.), *Faces da tradição afro-brasileira*. Rio de Janeiro: Pallas, 1999.

meiro teórico do fenômeno, muito embora a grafia do termo não apareça em seus escritos. Em seu estudo *O Animismo fetichista dos negros baianos*, publicado no início do século XIX,[31] Rodrigues discorre sobre o fenômeno utilizando expressões como: "fusão e dualidade de crenças, justaposição de exterioridades e de ideias religiosas, associação, adaptação e equivalência de divindades, ilusão da catequese e outras".[32] Nos escritos do precursor dos estudos afro-brasileiros, o sincretismo era analisado segundo uma visão racializada e hierárquica das culturas. Em última instância, ele seria resultado da incapacidade "das raças inferiores para as elevadas abstrações do monoteísmo".[33]

Discípulo mais famoso de Nina Rodrigues, o também médico Arthur Ramos dá continuidade à preocupação com o esclarecimento do fenômeno, lançando mão, entretanto, de outros instrumentais teóricos. Arthur Ramos foi "o primeiro estudioso brasileiro a analisar o sincretismo sob o ponto de vista da teoria culturalista, difundida largamente desde a década de 30".[34] Nessa perspectiva de análise, Ramos entende o sincretismo como um dos resultados culturais da aculturação.

> Será preferível chamarmos ao resultado harmonioso, ao mosaico cultural sem conflito, com participação igual de duas ou mais culturas em contato, de sincretismo.

---

31 Raimundo Nina Rodrigues, *O animismo fetichista dos negros baianos*. Rio de Janeiro: Civilização Brasileira, 1935. Especialmente o capítulo "A ilusão da catequese".

32 Sérgio Figueiredo Ferreti, *Repensando o sincretismo*. São Paulo/São Luís: Edusp, FAPEMA, 1995, p. 41.

33 Rodrigues, *O animismo fetichista dos negros baianos, op. cit.*, p. 13.

34 Ferreti, *Repensando o sincretismo, op. cit.*, p. 44.

Ampliamos assim o significado de um termo que já havíamos empregado com referência à cultura espiritual, especialmente religiosa. Parece-nos que o significado de sincretismo deva ser estendido a todos aqueles casos de resultados harmoniosos de contatos culturais, não só espirituais como materiais, ou todos aqueles casos que os norte-americanos chamam de adaptação.[35]

Posteriormente, o próprio Ramos relativizou a ideia de "adaptação harmoniosa". Nesses termos, expressou sua concordância com o mestre Herskovits ao reconhecer que, tanto num processo de adaptação amistosa quanto numa situação hostil, a aculturação poderia se processar.[36]

Vários autores, alguns críticos e outros ainda em concordância com a teoria culturalista, levantaram novas questões sobre o "problema" do sincretismo nas décadas de 1940, 1950 e 1960.[37] Dentre estes es-

---

35 Arthur Ramos, *A aculturação negra no Brasil*. São Paulo: Companhia Editora Nacional, 1942, p. 41-42.

36 Ferreti, *Repensando o sincretismo, op. cit.*, p. 49.

37 Ferretti destaca os mais importantes expoentes deste debate. Gonçalves Fernandes, médico pernambucano, em 1941 publica uma coletânia de artigos sobre as transformações nas religiões populares. Waldemar Valente, outro médico do Recife, publica em 1976 um trabalho intitulado *Sincretismo Religioso*. Adotando elementos da teoria culturalista, logra ampliar o quadro de análise do sincretismo, "acrescentando novos dados aos elementos coletados por Nina Rodrigues e Arthur Ramos". Quanto aos críticos da análise culturalista do sincretismo, vale destacar, especialmente: Renato Ortiz, que em 1978 publica um dos mais importantes estudos sobre a umbanda no Brasil – *A morte branca do feiticeiro negro* –, e Roger Bastide, que cultivou a preocupação com o tema desde seus primeiros trabalhos sobre

tudiosos, tendo em vista as preocupações específicas desta pesquisa, Roger Bastide merece menção especial. A análise elaborada por Bastide sobre o tema do sincretismo é bastante refinada e complexa, uma vez que leva em conta aspectos sociológicos e psicológicos do contato entre os africanos e seus descendentes com as sociedades ocidentais.[38] Embora não esteja no centro das análises de Bastide sobre o sincretismo, a formação e importância do catolicismo negro emerge como um tema sugestivo neste trabalho de investigação, sobretudo na compreensão do propalado sincretismo afro-católico.[39]

Para Bastide, o catolicismo negro resultou de duas situações impostas pelo regime escravista. A separação entre brancos e negros, inclusive nos momentos mais importantes do culto católico, permi-

---

as religiões afro-brasileiras na década de 1950. Ferreti, *Repensando o sincretismo, op. cit.*, p. 46-58.

38 *Idem, Ibidem*, p. 53-64. Ver também: Vilson Caetano de Sousa Júnior, *Orixás. Santos e Festas: Encontros e desencontros do sincretismo afro-católico na cidade de Salvador*. Salvador: EDUNEB, 2003, p. 36-39.

39 Para Carlos Lima, a ausência de aportes documentais inviabiliza a tese das irmandades como palco ou veículo de sincretismo. Para este autor, o culto católico era o centro dos investimentos das irmandades. Segundo Lima, "o exercício indica que efetivamente investia-se muito no próprio culto, de modo a ser improvável que este constituísse fachada para outros tipos de atividade social". Creio, no entanto, que a formação de um catolicismo africanizado resultou de práticas e vivências cotidianas muito mais profundas do que uma mera fachada. Esta simplificação, em última instância, comunga da velha tese do sincretismo/disfarce que, do meu ponto de vista, é insuficiente para explicar um processo histórico tão rico e complexo quanto a história do catolicismo praticado pelos africanos e seus descendentes em diferentes partes do Brasil e das Américas. Carlos A. M. Lima, "Em certa corporação: politizando convivências em irmandades negras no Brasil escravista (1700-1850)". *História: Questões e Debates*, 30, 1999, p. 28.

tiu aos últimos a elaboração de celebrações particulares, a adoção de devoções especiais e, sobretudo, a criação de espaços de culto e reuniões mais ou menos autônomos, como o foram as irmandades e confrarias negras.[40] Por outro lado, a instrução catequética direcionada aos africanos, protagonizada especialmente pelos jesuítas, se baseava no princípio de que "não era preciso romper absolutamente com os costumes tradicionais [dos negros], mas fazer uma seleção deles, e dos que são considerados como aceitáveis, servir-se deles como de um trampolim para levá-lo[s] até a verdadeira fé". No intuito de "adaptar o dogma à mentalidade dos negros", a música, a dança e os cargos decorativos foram recursos utilizados para atrair os negros para o culto católico.[41]

Se o intuito primeiro era transformar os africanos em católicos ocidentais, na realidade não foi bem isso que ocorreu. Bastide sugere que o contexto colonial escravista ofereceu as condições para a criação de "dois catolicismos", cuja divisão fundava-se essencialmente na "hierarquia das cores". Nesta realidade, o catolicismo acabou por transformar-se num elemento fundamental da resistência negra. "Ponto de concentração de reivindicações sociais" e, ao mesmo tempo, "um relicário precioso que a igreja ofertou, não obstante ela própria, aos negros, para aí conservar, não como relíquias, mas como realidades vivas, certos valores mais altos de suas religiões nativas".[42]

---

40 Roger Bastide, *As religiões africanas no Brasil: contribuição a uma sociologia das interpenetrações de civilizações*. São Paulo: Pioneira/Edusp, 1971, p. 160-164. Vol. I.

41 *Idem, Ibidem*, p. 171-172.

42 *Idem, Ibidem*, p. 162, 172, 178.

Em Bastide, o chamado sincretismo afro-católico supera as análises que ressaltavam a "ilusão da catequese" e "a adaptação harmoniosa ou hostil das culturas" para tornar-se um elemento de resistência ativa forjado nas sociedades escravistas. Vale lembrar que, na maioria dos autores preocupados com o tema do sincretismo, o foco das atenções esteve voltado para a "fusão/dualidade" santo/orixá, circunscrevendo assim as discussões a apenas um aspecto, ou melhor dizendo, a uma realidade específica. Apesar de suas preferências pelo candomblé de rito nagô, e de sua interpretação "racializada" do tema, Bastide chama a atenção para a importância e destaque dos centro-africanos na formação do catolicismo negro. Sua análise, centrada especialmente nas confrarias e congados mineiros, pode igualmente servir de inspiração para o estudo das confrarias baianas no período colonial.

Nestes termos, a propalada assimilação religiosa dos centro-africanos não seria, necessariamente, um elemento de docilidade mas, do contrário, uma forma diversa, ainda que imposta, e, ao mesmo tempo, consciente de luta por um lugar dentro da sociedade comandada pelos senhores brancos. Nas belas palavras do poeta:

> Era a luta de classes – luta civil, urbana, longe dos quilombos. A Irmandade própria, forçando os negros à segregação, como que lhes inspirava um motivo de orgulho, induzindo-os a esmerar-se no adorno de suas capelas e na realização espetacular do culto, em emulação com os brancos.[43]

---

43 Carlos Drummond de Andrade, *Passeios na ilha: divagações sobre a vida literária e outras matérias*. Rio de Janeiro: Edições das Organizações Simões, 1952, p. 50.

Parece realmente que a força de instituições como as irmandades e seus vínculos com determinados grupos colaboraram, e muito, para facilitar a integração dos africanos ao mundo colonial. Para além da dicotomia resistência/acomodação, é provável que estas instituições proporcionassem a criação de vínculos identitários através da solidariedade e da luta cotidiana pela sobrevivência no mundo novo.[44]

O papel destacado dos centro-africanos na formação do catolicismo afro-baiano indica a existência de outro fator relevante: a precedência deste grupo sobre as outras levas de africanos que aqui se estabeleceram, como veremos mais adiante, ainda neste capítulo. Nesse sentido, seguindo as sugestões de Mintz e Price sobre a importância das primeiras gerações na formação cultural da comunidade escrava, é possível aventar que os centro-africanos fincaram as bases do catolicismo africanizado Bahia.[45] Desse modo, o que ocorreu depois, ainda

---

44 Viana também sugere que o processo de contato entre os centro-africanos e a religião católica, iniciado ainda em solo africano, e a força e importância da evangelização católica entre estes grupos seriam fatores relevantes para compreender sua maior assimilação. Como já discuti em capítulo anterior, acredito igualmente que a importância da evangelização cristã na África Central tenha sim cumprido um papel muito especial e, em certo sentido, ajuda a compreender a "familiaridade" dos centro-africanos com as crenças e instituições católicas. Viana Filho, *O negro na Bahia, op. cit.*, p. 207-8.

45 Os autores sugerem "com certa confiança que, durante as primeiras décadas da presença africana no Suriname, desenvolveu-se o núcleo de uma nova língua e uma nova religião; ao que parece, os séculos subsequentes de novas importações maciças da África tiveram pouco mais do que o efeito de levar as elaborações secundárias. Sugeriríamos, a título provisório, ser possível que situações semelhantes tenham ocorrido em muitas outras partes da Afro-América e também em relação a outros subsistemas culturais".

que protagonizado por outros grupos culturais africanos, não produziu mudanças substanciais em relação às primeiras bases.

Como vimos no capítulo 3, foram eles, os centro-africanos, que criaram as primeiras irmandades e, por conseguinte, foram agentes da propagação do culto ao rosário de Nossa Senhora dentro destas associações. Foram as primeiras gerações de angolas na Bahia que definiram o privilégio do grupo na ocupação dos cargos diretivos nas irmandades, garantindo este privilégio até meados do século XIX, quando o grupo já havia se tornado minoritário dentro das confrarias. Nesse sentido, é plausível considerar que a formação do catolicismo negro na Bahia foi profundamente marcado pela visão de mundo e pela ação dos primeiros grupos de imigrantes centro-africanos.

O mito da docilidade angola, criado no século XVIII no contexto da propaganda do tráfico, parece ter dado suporte a mitos recentes, criados no âmbito dos estudos antropológicos e historiográficos e que, igualmente, contribuíram para uma subvalorização da presença centro-africana na Bahia nos meios intelectuais, como pretendo demonstrar a seguir.

"Uns três congos e alguns angolas"

No ano de 1889 Raimundo Nina Rodrigues, médico maranhense, recém-formado na Faculdade de Medicina do Rio de Janeiro, passou a residir na cidade da Bahia. Coube ao médico legista, fundador e primeiro presidente da Sociedade de Medicina Legal e Criminologia

---

Sidney Mintz e Richard Price, *O nascimento da cultura afro-americana*: uma perspectiva antropológica. Rio de Janeiro: Pallas/Centro de Estudos Afro-Brasileiros – UCAM, 2003, p. 74.

da Bahia,[46] inaugurar uma área de pesquisa que viria futuramente a tornar-se o mais importante filão dos estudos afro-brasileiros: as manifestações religiosas de origem africana.[47]

O marco zero de suas pesquisas é o ensaio *O Animismo fetichista dos negros baianos*; segundo Arthur Ramos, o primeiro estudo sobre "as religiões, os cultos e as práticas mágicas dos negros na Bahia".[48] Esse trabalho foi primeiro divulgado na forma de artigos publicados na *Revista Brasileira*, nos anos de 1896/1897 (tomos VI, VII e IX). Em 1900, os artigos foram reunidos num só tomo e publicados em francês, com tradução do próprio autor.[49] As peregrinações de Nina Rodrigues pelos candomblés dos arrabaldes de Salvador e seu Recôncavo colocaram o médico maranhense diante de uma questão que se tornaria

---

46 Lamartine Andrade Lima, "Roteiro de Nina Rodrigues". *Ensaios/Pesquisas*, n. 2, 1984, p. 4.

47 Essa tendência se firmou, sobretudo, a partir dos estudos culturalistas centrados na preocupação com as sobrevivências africanas e com o processo de aculturação do negro no Novo Mundo. Para estes estudiosos, a religião seria o ponto focal das culturas africanas. Assim, "Os chamados cultos afro-brasileiros, a exemplo dos que se encontram em Cuba e no Haiti, figuram como o maior ponto de resistência que foi oferecido às culturas europeias pelas culturas africanas transplantadas para as Américas e como a mais notável derivação desse contato cultural". Yêda Pessoa de Castro e Guilherme de Souza Castro, "Culturas Africanas nas Américas: um esboço de pesquisa conjunta da localização dos empréstimos". *Afro-Ásia*, 13, 1990, p. 27.

48 Arthur Ramos. "Prefácio". In: Nina Rodrigues, *O Animismo Fetichista dos negros baianos*. São Paulo: Civilização Brasileira, 1935. p. 7.

49 Raimundo Nina Rodrigues, *L´Animisme fétichiste des nègres de Bahia*. Bahia: Edição Reis & Companhia, 1900. A publicação foi dedicada à Société Médico-pysychologique de Paris, da qual o autor era membro.

central em sua obra daí por diante, qual seja, a presença e grande influência cultural dos iorubas na Bahia.

Mas foi apenas com a publicação póstuma de *Africanos no Brasil*,[50] no ano de 1932, que o público leigo e acadêmico pôde conhecer mais profundamente as formulações de Rodrigues sobre as origens étnicas dos escravos africanos importados para o Brasil, ponto central de sua argumentação sobre a particularidade baiana/ioruba. Nesse sentido, chamo a atenção para a importância de sua tese sobre a superioridade sudanesa na constituição de um paradigma nas pesquisas históricas e antropológicas sobre os negros baianos.

Como fundador de uma "escola", Rodrigues inaugurou um novo campo de pesquisas e, ao mesmo tempo, deu o norte para os futuros pesquisadores ao conferir credenciais acadêmicas a determinados temas.[51] As qualidades atribuídas aos iorubas desde os estudos de Nina Rodrigues explicam, não totalmente, mas em grande parte, a profusão de trabalhos de investigação sobre os candomblés denominados jeje-nagô, em detrimento de outras manifestações religiosas afro-brasileiras tornadas menos nobres, aos olhos dos pesquisadores, como é

---

50 Raimundo Nina Rodrigues, *Os africanos no Brasil*, 7ª ed. São Paulo/Brasília: Editora Nacional/Editora da Universidade de Brasília, 1988. A impressão desse livro foi iniciada em 1906, mas foi interrompida devido ao falecimento do autor e, logo depois, de seu discípulo Oscar Freire, responsável pela publicação póstuma. Foi graças a outro discípulo de Rodrigues, o também médico Arthur Ramos, que em 1932 o livro pôde finalmente ser levado ao grande público através da coleção Brasiliana.

51 Sobre a construção do "modelo" de pureza do candomblé jeje-nagô, ver o clássico artigo de Vivaldo da Costa Lima, "O conceito de 'nação' nos candomblés da Bahia". *Afro-Ásia*, n. 12, 1976, p. 65-90.

o caso dos candomblés congo-angola, também conhecidos na Bahia como candomblés de caboclo.[52]

Rodrigues inicia *Os Africanos no Brasil* reconhecendo que seu livro é uma resposta ao "apelo justo e patriótico do distinto escritor" Silvio Romero para a necessidade urgente de estudos sobre as línguas e religiões africanas no país. Em seu apelo, Romero advertia e aconselhava os pesquisadores de seu tempo a correrem depressa "a nossas cozinhas", pois os últimos africanos estavam morrendo e, "malgrado sua ignorância, [o negro] é um objeto de ciência".[53] O médico legista foi além das cozinhas dos brancos e, assim, chegou aos terreiros dos negros. Desse modo, Nina Rodrigues singularizou a sua contribuição na grande tarefa proposta por Silvio Romero.

> Hoje é a Bahia talvez a única província ou estado brasileiro em que o estudo dos negros africanos ainda se pode fazer com algum fruto. Mas, ou esse estudo se faz de pronto, ou a sua possibilidade em breve cessará de

---

52 Não se trata aqui de negar a "intencionalidade e ação estratégica bem-sucedida dos oprimidos" implícita na tese da "invenção das tradições", como adverte Matory numa crítica às interpretações de Beatriz G. Dantas, *Vovó Nagô, Papai Branco. Usos e abusos da África no Brasil*. Rio de Janeiro: Graal, 1988; J. Lorand Matory, "Jeje: repensando nações e transnacionalismo". *Mana – Estudos de Antropologia Social*, vol. 5, n. 1, 1999, p. 57-89. Sugiro, no entanto, uma abordagem sobre a "hegemonia nagô" tendo em vista seu efeito de "invisibilidade" sobre outras "origens e heranças" africanas na Bahia. Nesse aspecto, não há como passar ao largo da velha tese da invenção da tradição nagô por parte dos intelectuais herdeiros de Nina Rodrigues.

53 Silvio Romero, *Estudos sobre a poesia popular do Brasil*. Rio de Janeiro, 1888, p. 10, 11. *Apud* Rodrigues, *Os africanos no Brasil*, op. cit.

todo. São todos os africanos de idade muito avançada e tal a mortalidade deles que dentro de poucos anos terão desaparecido os últimos.[54]

Estimulado, e porque não dizer, fascinado pelo contato direto com os africanos que conheceu nas ruas da Bahia, Rodrigues direcionou seus estudos para suas práticas religiosas "fetichistas". Nesse aspecto, sua primeira grande contribuição foi destacar a diversidade étnica dos africanos como fator relevante para as pesquisas sobre os negros no Brasil, particularmente no aspecto religioso. Assim, considera o autor que:

> bem longe está da realidade a uniformidade étnica aparente que dá ao homem africano o seu verniz negro pigmentário. A confusão do camita e até do semita com o sudanês e o banto tem algo, alguém já o disse, da ignorância que enxerga nos cetáceos simples peixes.[55]

Apesar de seguir os conselhos do mestre, Nina Rodrigues discordava abertamente da tese defendida por Romero e outros autores de seu tempo, como Macedo Soares, sobre a predominância numérica e cultural dos povos bantos na formação étnica da população escrava brasileira.[56] Seu conhecimento direto dos candomblés baianos mos-

---

54 Rodrigues, *Os africanos no Brasil*, op. cit., p. 17

55 *Idem, Ibidem*, p. 15.

56 J. Macedo Soares, "Dicionário brasileiro". *Anais da Biblioteca Nacional*, XIII, 1888; do mesmo autor: "Estudos lexicográficos do dialeto brasileiro". *Revista Brasileira*, 1880, também "Sobre as palavras africanas introduzidas no português do Brasil". *Revista Brasileira*, 1880.

trava, ao contrário, uma hegemonia dos povos sudaneses na Bahia, tanto numérica quanto cultural. Desse modo, Rodrigues deslocou o foco de observação ao substituir o método fundado na análise linguística, que forçava o reconhecimento de predominância banto por outro, fundado na observação dos fatos religiosos por ele etnografados entre os afro-baianos.[57]

> A crença que domina os cientistas pátrios é que foram os bantos os povos negros que colonizaram o Brasil. No erro deste exclusivismo incidem etnólogos, historiadores e literatos. E é talvez a grande autoridade de Spix e Martius, que mais o tem valido e propagado. Nos seus prestimosos estudos sobre o nosso país, reduzem estes autores as procedências do tráfico, para o Brasil às colônias portuguesas da África meridional e às ilhas de Guiné (...).[58]

De fato, as afirmações dos bávaros Spix e Martius, de Silvio Romero e muitos outros sobre a predominância – para alguns, exclusividade – dos centro-africanos na formação da população escrava brasileira era um consenso entre os estudiosos ao tempo de Nina Rodrigues. A revelação da predominância numérica dos iorubas em Salvador foi um fato novo para a época, abrindo assim novos horizontes para as pesquisas na Bahia.[59]

---

57 Stephania Capone, "Entre Yoruba et Bantou", op. cit., p. 59.
58 Rodrigues, Os africanos no Brasil, op. cit., p. 18.
59 Yêda Pessoa de Castro e Guilherme de Souza Castro, "Culturas Africanas nas Américas: um esboço de pesquisa conjunta da localização dos empréstimos", op. cit., p. 37.

Se, por um lado, Nina Rodrigues teve a primazia do questionamento do exclusivismo banto, por outro, parece ter colaborado para a criação de outros equívocos de igual monta. Na sequência de sua argumentação sobre a predominância ioruba, Rodrigues afirma categoricamente que os "nagôs" foram os africanos mais influentes e numerosos na Bahia. Talvez seu maior equívoco tenha sido a generalização da predominância ioruba para toda a Bahia, tendo como referência principal, e quase exclusiva, a cidade de Salvador. As pesquisas futuras, presas ao paradigma da "escola" de Nina Rodrigues, acabaram por confirmar suas assertivas, pois, na sua grande maioria, continuaram centrando o foco na cidade de Salvador, nos candomblés "tradicionais" selecionados pelo médico legista e no século XIX.[60]

A maioria nagô "descoberta" por Rodrigues "devia-se à sua introdução maciça e recente, nos começos do século XIX, sobretudo du-

---

[60] Não restam dúvidas de que os mais importantes estudos acadêmicos sobre a escravidão na Bahia, passando pelas várias gerações de pesquisadores nacionais e estrangeiros, concentraram seus esforços de pesquisa utilizando fontes referentes à cidade de Salvador e ao século XIX. As pesquisas voltadas para o Recôncavo escravista dos grandes engenhos, da produção fumageira, das intensas atividades comerciais e urbanas, e, sobretudo, para o sertão baiano e as peculiaridades de sua escravidão ainda têm muita documentação a explorar. Nesse sentido, pesquisas recentes com base em inventários têm revelado dados importantes sobre a presença dos centro-africanos no Recôncavo fumageiro e no sertão do médio São Francisco. Acredito que a "insignificância" dos centro-africanos na historiografia da escravidão na Bahia é, em grande parte, consequência dessa limitação geográfica e cronológica.

Ver, entre outros: Luís Nicolau Parés, *A formação do candomblé: história e ritual da nação jeje na Bahia*. Campinas: Editora da Unicamp, 2006; José Ricardo Moreno Pinho, *Escravos, quilombolas ou meeiros? Escravidão e cultura política no Médio São Francisco*. Dissertação (Mestrado em História) – Universidade Federal da Bahia, Salvador, 2001.

rante o período do tráfico considerado ilegal, a partir de 1813, com os portos superequatoriais, até a sua extinção efetiva em 1851".[61] A maioria dos africanos vivos na Bahia no final do século XIX foi certamente oriunda do último ciclo do tráfico baiano, denominado por Pierre Verger de ciclo do Golfo do Benin. "A partir da última terça do século XVIII, o tráfico tinha a tendência de se fazer a leste de Uidá, nos novos portos de Porto Novo, Badagris e Lagos (então chamado Onim) dando nascimento ao ciclo do Golfo do Benin".[62]

Partindo do contexto etnográfico, Nina Rodrigues buscou nas "estatísticas do tráfico, [n]a história do comércio de escravos de Portugal e Brasil, [n]os feitos dos africanos na história pátria, e [n]o estudo dos seus últimos representantes na América Portuguesa",[63] dados para a confirmação de uma tese ainda polêmica nos dias atuais. Afirma Rodrigues que:

> De todos estes dados, estamos autorizados a concluir que a importação dos negros superequatoriais para o Brasil não só foi contemporânea do início do tráfico, como se prolongou por todo o seu decurso: e, mesmo quando por fim a intervenção das potências europeias quis restringir o tráfico português à África Austral, ele

---

61 Yêda Pessoa Castro e Guilherme de Souza Castro, "Culturas Africanas nas Américas: um esboço de pesquisa conjunta da localização dos empréstimos", *op. cit.*, p. 37.

62 Verger, *Fluxo e Refluxo*, *op. cit.*, p. 13.

63 Rodrigues, *Os Africanos no Brasil*, *op. cit.*, p. 22.

tomou grandes proporções, nunca foi superior ao da procedência sudanesa.[64]

O precursor dos estudos afro-brasileiros reconhece, no entanto, que, ao contrário da Bahia, onde há o predomínio sudanês, "em Pernambuco e no Rio de Janeiro prevaleceram, sobretudo, os negros austrais do grupo banto".[65] Esta divisão, fartamente reproduzida em estudos posteriores, e até muito recentemente,[66] cindia o Brasil "em duas áreas de influência como se estivessem colocadas em dois compartimentos estanques e limítrofes, para os pesquisadores – os povos oeste-africanos (leia-se iorubas) na Bahia, e os bantos no resto do Brasil, grosso modo".[67] Como consequência, tem-se a impressão generalizada, porém inadequada, de que a influência dos povos da Costa da Mina foi apenas importante na Bahia, desconsiderando assim sua presença em Pernambuco, Maranhão e noutras partes onde foi minoria reconhecida, como no caso do Rio de Janeiro.[68]

---

64 *Idem, Ibidem*, p. 30.

65 *Idem, Ibidem*, p. 31.

66 Um bom exemplo da absorção desta ideia são as inúmeras reproduções em obras de nacionais e estrangeiros do mapa "Distribuição do Elemento Negro no Brasil Colonial". In: Renato Mendonça, *A influência africana no português do Brasil*, 4ª ed. Rio de Janeiro: Civilização brasileira, 1972. A primeira edição deste livro data de 1933. Apesar da maioria dos estudos acadêmicos terem superado esta dicotomia simplista, tive o espanto de encontrar a reprodução desta divisão estanque em livros didáticos ainda em circulação.

67 Yêda Pessoa Castro e Guilherme de Souza Castro, "Culturas Africanas nas Américas: um esboço de pesquisa conjunta da localização dos empréstimos", *op. cit.*, p. 36 e 39.

68 Sobre os povos da costa Ocidental no Maranhão, Pernambuco e Rio de Janeiro ver, respectivamente: Nuno Pereira, *A Casa das Minas: contribuição*

Os Rosários dos Angolas 273

O médico maranhense foi informado de "uns três congos e alguns angolas" moradores nos arredores de Brotas e Cabula, mas parece não ter dado nenhuma importância ao fato.[69] O mundo dos centro-africanos que ainda viviam na Bahia de seu tempo não despertou nele qualquer curiosidade. Sua crença na superioridade intelectual e social dos sudaneses foi certamente decisiva para este afastamento.

> Mas agora, a história dos negros no Brasil, corrigindo e completando a indicação bruta ou em grosso modo da sede do tráfico e da procedência dos navios negreiros, deve discriminar melhor a nacionalidade dos escravos. Dentre estes, se não a numérica, pelo menos a preeminência intelectual e social coube sem contestação aos negros sudaneses.[70]

De onde vem essa certeza incontestável da superioridade "intelectual e social" dos negros sudaneses? Creio que é possível reconhecer pelo menos duas grandes fontes de informação deste pensamento,

---

ao Estudo das Sobrevivências do Culto dos Voduns, do Panteão Daomeano, no Estado do Maranhão, Brasil. Petrópolis: Vozes, 1979; Waldemar Valente, *Sobrevivências daomeanas dos grupos de culto afro-nordestinos*. Recife: Instituto Joaquim Nabuco, 1964; Mariza de Carvalho Soares, *Devotos da Cor. Identidade Étnica, religiosidade e escravidão no Rio de Janeiro, século XVIII*. Rio de Janeiro: Civilização Brasileira, 2000; Flávio Gomes e Carlos Eugênio Líbano Soares. "Com o pé sobre um vulcão: africanos minas, identidades e repressão antiafricana no Rio de Janeiro (1830-1840)". *Estudos Afro-Asiáticos*, ano 26, n. 2, 2001, p. 1-44.

69 Rodrigues, *Os africanos no Brasil*, op. cit., p. 174.

70 *Idem, Ibidem*, p. 37.

que evidencia-se nos trabalhos citados por Rodrigues e, sobretudo, na sua "pressuposição incontestável" da influência decisiva de certas interpretações evolucionistas dos povos africanos.

O livro *Esquisse générale de l'Afrique et l'Afrique ancienne* de M. d'Avezac,[71] conceituado vice-presidente da Sociedade Etnológica de Paris e membro das Sociedades geográficas de Paris, Londres e Frankfurt, "se inscreve dentro de um debate fundamental do século XIX sobre a multiplicidade das raças humanas". Assim, esta obra pode servir de base para esclarecer as ideias dominantes de sua época sobre os povos africanos.[72] Contra os defensores da unidade da raça humana, d'Avezac sustenta a tese de que a Bíblia menciona três grandes ramos da raça branca. Dessa forma, tomando por sustentação, além das escrituras, a tese de um zoologista inglês de nome Swainson, ele defende a subdivisão das três raças humanas em subgrupos. Nesta subdivisão interna, também tríplice, assim como na divisão principal (brancos, negros e amarelos), apresenta-se sempre um tipo superior, um subtipo e um grupo aberrante ou menos desenvolvido.[73]

Sua hipótese com relação aos negros sugere uma hierarquia que, no sentido descendente, vai do negro africano do norte "das bordas do Mediterrâneo" – o tipo mais elevado –, aos papuas da Oceania – o sub-tipo – e, finalmente, aos hotentotes e cafres – grupo inferior ou aberrante.[74] "Dentro desta escala de civilização humana, os bantos e grupos a eles assemelhados, como os hotentotes, ocupam o último

---

71 M. d'Avezac, *Afrique. Esquisse Générale de l' Afrique et Afrique Ancieanne*. Paris: Firm Didot Frerès Editeurs, 1840.

72 Capone, "Entre Yoruba et Bantou", *op. cit.*, p. 56.

73 Avezac, *Afrique*, *op. cit.*, p. 16 e 17.

74 *Idem, Ibidem*, p. 18.

degrau."[75] Tem sido bastante explorada, em pesquisas recentes, a influência dos modelos científicos europeus no pensamento brasileiro a partir, sobretudo, da segunda metade do século XIX.[76]

Neste contexto em que a hierarquia das raças era uma verdade incontestável, os intelectuais de um país de negros e mestiços precisavam buscar saídas criativas para um futuro prenunciado catastrófico pela ciência. No caso específico de algumas regiões do Brasil, como por exemplo a Bahia, a presença africana era indisfarçável. A solução para tal impasse não poderia ser melhor: já que a herança dos povos negros era indiscutível, que fosse pelo menos dos africanos mais evoluídos. Desse modo, nas investigações de Nina Rodrigues emerge uma verdadeira aristocracia negra: os iorubas.[77]

Interessante observar que o discurso da superioridade ioruba, tomada por Rodrigues e seus discípulos como um fato incontestável, nascia justamente a começo do século XIX. Este enunciado derivou de interesses de poderosos agentes culturais negros, notadamente criado na convergência de afro-americanos retornados para a cidade de Freetown, na atual Serra Leoa, que depois se instalaram em Lagos, atual Nigéria; e afro-brasileiros retornados para Lagos. Em Lagos, esses dois grupos elaboraram uma cultura unitária, baseada numa língua Ioruba estandardizada e no discurso da civilidade da cultura iorubana.[78] Nesse sen-

---

75 Capone, "Entre Yoruba et Bantou", *op. cit.*, p. 56.

76 Lilia M Schwarcz, *O espetáculo das raças: Cientistas, instituições e questão racial no Brasil (1870-1930)*. São Paulo: Companhia das Letras, 1990; Renato da Silveira, "Os selvagens e a massa. Papel do racismo científico na montagem da hegemonia ocidental". *Afro-Ásia*, n. 23, 1999, p. 87-144.

77 Capone, "Entre Yoruba et Bantou", *op. cit.*, p. 59.

78 James L. Matory. "The English Professors of Brazil: On the diasporic roots of the Yorubá Nation". *Comparative Studies and History*, vol. 41, n. 1, jan. 1999, p. 77, 84, 85.

tido, uma leitura de níveis de elaboração deste discurso revela que estes agentes culturais, acima mencionados, foram prestigiadas fontes/informantes do discurso etnográfico na África para os estudantes baianos, que retornaram à Bahia depois de concluídos seus estudos em Lagos, com a ideia de serem os Iorubá uma nação sólida e civilizada. Por outra parte, continuavam chegando à Bahia pessoas da África Ocidental, já envolvidas no discurso criado pelos retornados. Nina Rodrigues menciona com detalhes seu contato com africanos de "quase todas as pequenas nações iorubanas" – os de Oyó, os de Lagos, os de Ibadan etc.[79] Observa também as relações diretas que estes nagôs estabeleciam com a Costa da África, especialmente com Lagos, de onde "quase sempre vinham nagôs negociantes, falando ourubano e inglês".[80] Segundo Matory, o termo Nagô era semelhante aos termos Oyo, Egba, Ijexa, Ijebu, pois se referia a uma cultura da África Ocidental; porém, no Brasil, nos séculos XVIII e XIX, todos os cativos vindos dessa região começaram a ser chamados de Nagô.[81] Estes indivíduos que atravessavam o Atlântico com grande frequência contribuíram definitivamente para o nascimento da identidade e, particularmente, da religião ioruba, nos dois lados do grande oceano. Destacamos um nome: Martiniano Eliseu do Bonfim foi um dos mais célebres informantes de Nina Rodrigues e de outros tantos etnógrafos do seu tempo.[82] Nascido escravo no Brasil, depois de alforriado, com mais ou menos 14 anos foi enviado a Lagos pelo pai. Em terras africanas recebeu os conhecimentos religiosos que o tornaram fa-

---

79 Rodrigues, *Os Africanos no Brasil*, op. cit., p. 104.
80 *Idem, Ibidem*, p. 105.
81 Matory, "The English Professors of Brazil", *op. cit.*, p. 84.
82 Ruth Landes, *A cidade das mulheres*. Rio de Janeiro: Editora da UFRJ, 2002, p. 61.

moso e respeitado quando do seu retorno ao Brasil e, ao mesmo tempo, aprendeu inglês nas escolas dos missionários. Certamente, Martiniano teve entre seus professores entusiastas e importantes formuladores do enunciado da grandeza ioruba.[83]

A tese de Nina Rodrigues de que "os escravos negros introduzidos no Brasil não pertenciam exclusivamente aos povos africanos mais degradados, brutais e selvagens", ou seja, os "bantos", amplia seu foco para além dos nagôs e jejes e seus complexos religiosos de orixás e voduns. Nina Rodrigues foi um dos primeiros estudiosos a interpretar as revoltas de escravos na Bahia no início do século XIX como obra de mulçumanos, como guerras religiosas que repercutiam de forma direta as guerras que ocorriam na África. Para o médico radicado na Bahia, apesar de revoltosos e perigosos, os rebeldes baianos eram dignos de admiração.

> Não eram boçais os haussás que o tráfico lançava no Brasil. As nações Haussá, os reinos célebres de Wurnô, Sôkotô, Gandô etc., eram florescentes e dos mais adiantados na África Central. A língua haussá, bem estudada por europeus, estendia-se como língua de comércio e das cortes por vastíssima área; e sua literatura, ensina E. Reclus, era principalmente de obras religiosas, mas além disso havia manuscritos da língua indígena, escritos em caracteres árabes. Dentre as suas cidades importantes destacam-se Kanô e Katsena, a que Richardson chamou de "Florença dos haussás".[84]

---

83 Matory,"The English Professors of Brazil", *op. cit.*, p. 85.

84 Rodrigues, *Os Africanos no Brasil, op. cit.*, p. 40.

Na continuação de sua exposição sobre os africanos islamizados introduzidos no Brasil, revela-se indiscutível a afiliação da interpretação de Nina Rodrigues com o pensamento evolucionista sobre os africanos.

> Aqui introduziu o tráfico poucos negros dos mais adiantados e mais do que isso mestiços camitas convertidos ao islamismo e provenientes de estados africanos bárbaros sim, porém dos mais adiantados. (...)
>
> De fato, a primeira discriminação a fazer entre os africanos vindos para o Brasil é a distinção entre os verdadeiros negros e os povos camitas que, mais ou menos pretos, são todavia um simples ramo da raça branca e cuja alta capacidade de civilização se atestava excelentemente na antiga cultura do Egito, da Abissínia etc.[85]

Retomando o tratado de M. d'Avezac sobre a divisão das raças humanas em tipos e subtipos, vimos que este autor subdividia a raça negra em três subtipos, sendo os "negros das bordas do Mediterrâneo os mais evoluídos e os do sul do continente africano a "espécie aberrante". M. d'Avezac propunha também três variedades para a raça branca: "O indo-germânico seria o grupo normal, o semítico ou sirio-árabe o subtipo e o hamita ou fenicio-egípcio formaria o grupo aberrante".[86] Segundo esta argumentação, os africanos de maior peso numérico e cultural na Bahia, conforme Nina Rodrigues, estariam entre os negros mais evoluídos. No mesmo argumento, os "povos cami-

---

85 *Idem, Ibidem*, p. 268, 269.

86 Capone, "Entre Yoruba et Bantou", *op. cit.*, p. 56.

tas de raça branca vindos como escravos da Senegâmbia", segundo Nina, estariam num patamar inferior ao branco germânico mas, certamente, no pódio das raças superiores. Em outras palavras, a Bahia de Nina Rodrigues não estaria fadada à barbárie!

Na continuação destes argumentos, entende-se porque no final do século XIX, os poucos "congos e angolas" de Salvador não mereceram nenhuma atenção de Nina Rodrigues. Afinal, na bibliografia disponível na época:

> Os Bantos, (...) eram caracterizados como possuidores de uma mitologia inferior. Ainda que o Reino do Congo fosse comparável ao dos iorubas, a inferioridade dos Bantos era sistematicamente teorizada nos raros trabalhos disponíveis sobre estes povos.[87]

Além da "pobreza mítica", outro estereótipo foi sendo construído em relação aos bantos na Bahia: sua docilidade e capacidade de adaptação em contraposição à rebeldia dos iorubas e malês. Nina Rodrigues não esconde sua admiração pela rebeldia dos povos sudaneses. A rebeldia sugere orgulho, altivez e, portanto, superioridade.

Os discípulos de Nina Rodrigues, com pequenos e compreensíveis "desvios", vão seguir à risca os estereótipos alimentados pelo mestre, ao menos no que diz respeito aos povos bantos. Arthur Ramos reconhece a falta de atenção de seu mestre quanto aos bantos em seus trabalhos sobre as religiões dos negros baianos.

---

87 *Idem, Ibidem*, p. 59.

> As únicas referências, e incidentais, a termos religiosos de origem bantu, que encontrei em toda obra de Nina Rodrigues, estão no seu ensaio sobre o quilombo dos Palmares, onde encontramos identificadas as expressões Zambi, Gane, Iomba, Gana Zona, Ganga Zumba, e no capítulo sobre os dialetos africanos, onde se refere a uma nota de Sylvio Romero sobre o termo Gananzamby, mostrando com acerto tratar-se da reunião de duas palavras: ngana e Zambi. E nada mais.[88]

Mas, nem por isso, deixa de corroborar a opinião de Rodrigues sobre o "pobre universo religioso" destes povos. O que, em certo sentido, aos olhos do discípulo, justifica a desconsideração do mestre.

> A religião negro-fetichista de origem banto, no Brasil, constitui uma pagina inédita na nossa etnografia religiosa. E isso por vários motivos. Em primeiro lugar estaria a pobreza mítica banto, em relação aos sudaneses, fato reconhecido por todos os etnógrafos, o que resultou na sua quase total absorção, no Brasil, pelo fetichismo jêje-nagô. Outra razão reside no fato de terem sido iniciados na Bahia os estudos sobre as religiões negras com Nina Rodrigues, ponto onde o tráfico de escravos foi principalmente de negros sudaneses, o que influenciou todos os trabalhos ulteriores sobre o assunto (…).[89]

---

88 Arthur Ramos, *O negro brasileiro: etnografia religiosa e psicanálise*. Recife: Fundação Joaquim Nabuco/Editora Massangana, 1988, p. 76

89 *Idem, Ibidem*.

Acrescentar e corrigir Rodrigues no que diz respeito aos bantos é uma das tarefas que Ramos se impõe. A influência do culturalismo permite ao também médico Arthur Ramos um olhar um pouco "menos míope". A adoção dos conceitos de "áreas culturais" e "aculturação" – filiação declarada à M. Herskovits – possibilita duas interessantes contribuições de Ramos para o estudo da cultura banto.[90] A diversidade de regiões e etnias cobertas pelo "guarda-chuva" banto é constatada pelo autor, embora não mereça, de sua parte, qualquer pesquisa bibliográfica, atitude bem diferente daquela tomada quando o assunto são os sudaneses.

Talvez sua contribuição mais importante, resultado da instrumentalização do conceito de aculturação, tenha sido a tentativa de compreender os movimentos de transformação e as "sobrevivências" da cultura banto através de sua várias manifestações: "religião, folclore (contos Kibungo), certos festejos populares dos Congos ou cucumbis, capoeira etc, sobrevivências linguísticas (…)".[91] Entretanto, como o resultado de sua busca de "sobrevivências" foi mais modesto do que em relação àquelas encontradas entre os sudaneses, Ramos não titubeia em afirmar:

> A ênfase dada a esses estudos da influência do quimbundo entre nós é que deu origem à suposição errada de alguns que a cultura banto é superior à sudanesa. A área de extensão da primeira é verdade que foi maior no

---

90 Arthur Cezar Ferreira Reis, "Prefácio da 3ª edição". In: Arthur Ramos, *As culturas negras no Novo Mundo*. São Paulo: Companhia Editora Nacional, 1979, p. XV.

91 Ramos, *As culturas negras no Novo Mundo*, op. cit., p. 223-235.

Brasil, porém menos intensa em valor cultural. Podemos dizer que a cultura sudanesa foi importante no sentido vertical e a banto extensão no sentido horizontal.[92]

O desinteresse de Nina Rodrigues pelos "três congos e alguns angolas" de Salvador foi tão grande que, segundo Vivaldo da Costa Lima, ele nem sequer tomou conhecimento da existência de candomblés organizados por grupos de "língua banto", "que certamente havia na Bahia de seu tempo".[93] Assim, coube a Edison Carneiro chamar a atenção para a existência dos candomblés congo-angola e, por conseguinte, reconhecer a contribuição dos povos centro-africanos na formação das práticas religiosas dos negros baianos.

Em *Negros Bantos* Edison Carneiro também reconhece a pouca atenção de Nina Rodrigues aos bantos:

> Nina Rodrigues, estudando o problema do negro no Brasil, não deu a importância merecida à contribuição do negro banto. Para ele, o problema do negro era, mais exatamente, o problema do negro sudanês, principalmente exatamente dos negros jejes e nagôs, cujos aspectos culturais ele conseguiu, antes de mais ninguém, sistematizar e estudar, com a nunca desmentida segurança que lhe é peculiar. O velho Nina não desconheceu, aliás, o negro banto (...) Negro na Bahia, para Nina Rodrigues era, apesar de tudo, negro sudanês. Os

---

92 *Idem, Ibidem*, p. 232 (grifos do autor).

93 Vivaldo da Costa Lima, "O conceito de 'nação' nos candomblés da Bahia", *op. cit.*, p. 70.

demais não tinham existência legal no quadro étnico, social e religioso da Bahia.[94]

Reconhece o esforço de Arthur Ramos para superar este limite do trabalho de Nina, mas não se satisfaz com o resultado, pois o antropólogo simplesmente registra "e isso mesmo de passagem, sobrevivências religiosas bantas facilmente identificadas".[95] Carneiro sugere então que as contribuições dos bantos para a cultura baiana foram muito maiores e significativas:

> (…) introduziram os cucumbis (a auto dos Congos), as festas do Imperador divino, o louvor a São Benedito etc., já estudados por pesquisadores vários, e – conforme resultado de minhas pesquisas pessoais, – o samba, a capoeira de angola, o batuque, as festas do boi, autos, danças de conjunto, lutas e festas populares comuns a todo recôncavo e mesmo à zona litorânea do Estado. A sua influência se entendeu, ainda, à própria religião, – até então monopólio dos negros jejes-nagô, – criando os atuais "candomblés de caboclo", tão ricos de sugestões para o estudioso da etnografia religiosa afro-brasileira.[96]

Carneiro identifica várias zonas de influência e potenciais temas de pesquisa da presença banto no Brasil. Particularmente em *Negros*

---

94 Edison Carneiro, *Religiões Negras/Negros Bantos*, *op. cit.*, p. 128.
95 *Idem, Ibidem*, p. 129.
96 *Idem, Ibidem*.

Bantos, Carneiro se concentra na investigação do campo religioso.[97] Sua contribuição etnográfica para o estudo dos candomblés congo-angola ou de caboclo, como prefere o autor, é inegável. Este valor não esconde, entretanto, uma visão limitada pela reprodução dos velhos estereótipos. Considera os negros sudaneses "em relação aos negros bantos, muito mais adiantados em cultura". Para ele os "negros bantos eram, e ainda são, atrasadíssimos em cultura", por isso, "a liturgia de influência banta no Brasil, não difere muito da jeje-nagô, de que é, mesmo, uma imitação servil".[98]

Interessante como os estereótipos da "pobreza mítica" e da "docilidade" foram mantidos e reafirmados pela literatura etnológica. A "soma" destes dois estereótipos produziu a "clássica" tese da "permeabilidade dos bantos às influências externas", explicitada nos trabalhos de Nina Rodrigues, Edison Carneiro, Arthur Ramos e Roger Bastide, só para ficar nos clássicos.[99] Nestes autores, aos povos bantos,

---

97 Nas décadas seguintes, Carneiro vai se dedicar plenamente aos estudos do "folclore banto". Resulta desta pesquisas vários títulos, dentre os quais se destacam: *Samba de umbigada*. Rio de Janeiro: Ministério da Cultura, 1961; *A sabedoria popular no Brasil*: samba, batuque, capoeira e outras danças e costumes. Coleção Brasileira de ouro, 1968; *Folguedos tradicionais*. Rio de Janeiro: Conquista, 1974; *Capoeira*. Rio de Janeiro: Campanha de Defesa do Folclore Brasileiro, 1975.

98 Carneiro, *Religiões Negras/Negros Bantos*, op. cit., p. 30, 174 e 185.

99 Bastide, *As religiões africanas no Brasil*, op. cit., vol. 2, p. 287. Não apenas Bastide, mas muitos de seus contemporâneos antropólogos e sociólogos continuaram reproduzindo estes estereótipos com foros de verdade. Ver, por exemplo, o artigo de Angelina Pollak-Eltz, "Donde provêm os negros da América do Sul". *Afro-Ásia*, 10/11, 1970, p. 99-107. Cito aqui um trecho escandalosamente preconceituoso. "Da região do Congo e de Angola muitos escravos foram deportados para o Brasil, ali chegados antes da grande invasão ioruba. De preferência os negros do Congo foram empregados

permeáveis e dóceis diante da cultura ocidental, apenas restou a magia e o sincretismo, enquanto os iorubas foram capazes de criar uma verdadeira religião.

Este fenômeno de "hierarquização étnica" não foi exclusivo do Brasil. Podemos observar o mesmo movimento em Cuba e no Haiti. No contexto cubano, temos uma sólida tradição etnográfica que opõe os cultos de origem iorubá (lucumi), considerados "superiores", aos de origem banto (congo), considerados "inferiores".[100] Com relação ao Haiti, os trabalhos de Herskovits e Métraux ajudaram a cristalizar a interpretação de que uma cultura ewe-fon sobrepôs-se a uma cultura congo mais primitiva.[101]

---

para a lavoura nos campos, sobretudo nos Estados da Bahia e Pernambuco. Os seus descendentes se encontram ainda hoje nas regiões rurais destes Estados. Nas cidades foram preferidos, para domésticos e operários, os iorubas, por serem mais inteligentes". p. 107.

100 Capone, "Entre Yoruba et Bantou", *op. cit.*, p. 70. Exemplo clássico/fundador desta tradição são os estudos de Fernando Ortiz. Ver, por exemplo: Ortiz, *Los Negros Brujos* (1906). La Habana: Editorial de Ciências Sociais, 1975.

101 M. Herskovits, *Life in a Haitian Valley (1937)*. Nova York, 1975. Uma crítica definitiva a esta interpretação pode ser encontrada em Hein Vanhee. Com base numa profunda investigação sobre a heterogeneidade da população escrava no Haiti do XVIII, o autor argumenta que, ao contrário do que afirmam os estudos anteriores, a inclusão de rituais, canções e imagens católicas nas cerimônias do Vodu foi resultado da contribuição dos negros centro-africanos, particularmente os oriundos do Reino do Congo. Seguindo esta análise, a velha fórmula da "cultura superior que se sobrepõe à inferior" se torna bastante insatisfatória. As pesquisas de Vanhee são, atualmente, um grande estímulo e sugestão para os inconformados – talvez especialmente os historiadores – com a tese da "permeabilidade dócil" dos bantos na Bahia. Hein Vanhee, *Vodou and catholic cult in Saint-Domingue/Haiti*. Texto apresentado na Conferência Bantu into Black.

Se, aparentemente, os historiadores estiveram alheios aos pressupostos inaugurais da etnografia na Bahia, não se pode negar que, de certa forma, eles também comungaram dos estereótipos acima discutidos. Caso contrário, como explicar, num contexto historiográfico sempre atento aos africanos, a ausência de estudos que focalizassem os povos originários da África Central?

Desde pelo menos a década de 1950, a escravidão negra tem sido o tema mais importante da historiografia baiana. A consolidação das pesquisas de cunho acadêmico, através da criação dos centros de ensino e investigação da Universidade Federal da Bahia e da Universidade Católica de Salvador, apenas confirmaram uma tradição que vinha se consolidando entre os pesquisadores tradicionais/diletantes ligados à instituições como o Instituto Geográfico e Histórico da Bahia.[102] A produção acadêmica, entretanto, rompeu com a perspectiva tradicional que privilegiava o estudo das elites escravistas, tão ao gosto de seus descendentes/investigadores, trazendo à tona novos sujeitos do regime vigente no país até 1888.[103]

Howard University, September 17-18, 1999. Ainda sobre os novos estudos sobre a presença centro-africana nas Américas e Caribe ver: Robert Farris Thompson, *Flash of the Spirit*. Nova York: Random House, 1983; Linda Heywood (ed.), *Central Africans and cultural transformations in American Diaspora*. Cambridge: Cambridge University Press, 2002.

102 Com relação à história das perspectivas historiográficas na Bahia consultar a instigante introdução de Kátia Queirós Mattoso, *Bahia – Século XIX. Uma província no Império*. Rio de Janeiro: Nova Fronteira, 1992, especialmente p. 23-38.

103 Alguns textos produzidos dentro desta tradição elitista/diletante tornaram-se verdadeiros clássicos da historiografia baiana. Dentre estes, vale mencionar a obra de Wanderlei de Pinho, descendente de senhores de engenho do Recôncavo e um dos mais notáveis pesquisadores da

As décadas de 1970 e 1980 foram fundamentais na renovação da historiografia baiana da escravidão, sobretudo no seu aporte documental. Assim, a afirmação de uma nova perspectiva teórico-metodológica teve por base um grande impulso da pesquisa documental. O tratamento especializado das fontes seriais, tais como inventários e testamentos; a investigação da documentação judiciária e policial; a preocupação com o inventário de periódicos, entre outros suportes, trouxeram à baila uma sociedade escravista mais complexa, contraditória e violenta do que se pensava até então.[104] Do mesmo modo, os escravos emergiram como sujeitos individuais e coletivos, construindo laços de amizade, parentesco, compadrio, ou mesmo conspirações, rebeliões e aglutinações ameaçadoras da ordem vigente.[105]

---

história social e cultural da região açucareira. Ver, entre outros, *História de um engenho do Recôncavo. Matoim, Novo Caboto, Freguesia, 1552-1944*. Rio de Janeiro: Livraria Editora Zélio Valverde S. A, 1946.

104 Mattoso, *Bahia – Século XIX*, op. cit., p. 28-35.

105 Alguns marcos fundadores desta nova historiografia baiana foram: Mattoso, *Ser Escravo no Brasil*. São Paulo, Brasiliense, 1982; a primeira edição publicada em francês é de 1979; Maria José da Silva Andrade, *A mão de obra escrava em Salvador, 1811-1860*. Salvador: Corrupio, 1975; originalmente, foi uma dissertação de Mestrado apresentada à Universidade Federal da Bahia em 1975; Maria Inês Cortes de Oliveira, *O liberto: seu mundo e os outros. Salvador, 1790-1890*. Salvador: Corrupio, 1988; originalmente, foi uma dissertação de Mestrado apresentada à Universidade Federal da Bahia em 1979; João José Reis, *Rebelião Escrava no Brasil: a história do levante dos malês (1835)*. São Paulo: Companhia das Letras, 2003; originalmente, foi uma tese de doutorado apresentada à University of Minnesota, Estados Unidos, em 1982. De certo modo, ao largo deste grupo, dois experientes pesquisadores marcaram profundamente esta e as futuras gerações interessadas no tema da escravidão na Bahia, sobretudo no que diz respeito ao tráfico. Refiro-me, notadamente, ao francês Pierre Verger e ao historiador baiano Luís Henrique Dias Tavares.

A concentração das pesquisas na cidade do Salvador e Recôncavo, sobretudo no século XIX, deram maior visibilidade aos africanos da costa ocidental, sem dúvida, os mais numerosos e os grandes protagonistas dos movimentos rebeldes na Bahia Oitocentista. Entretanto, são fartos os registros documentais dos séculos XVIII e XIX que atestam a presença de angolas, benguelas e congos na cidade de Salvador, no Recôncavo e sertões da Bahia. Estes registros, no mínimo, problematizam a insignificância numérica e, sobretudo, social e cultural dos povos da África Central na constituição da população escrava baiana.

Em termos quantitativos, novas investigações sobre o tráfico especificamente e, de modo geral, sobre as relações entre Bahia e Angola durante a vigência do trato de escravos, sobretudo nos dois últimos séculos do famigerado comércio, podem oferecer novos e surpreendentes indícios sobre o tema. Uma importante série de registros de entradas no porto de Luanda, entre os anos de 1736-1806, contabiliza um total de 781 registros de embarcações procedentes de portos estrangeiros, deste total, 301 foram oriundas da cidade da Bahia.[106] Estes dados apontam para uma relação comercial muito intensa entre as duas regiões de domínio português. Nesse sentido, Roquinaldo Ferreira chamou a atenção para a importância do comércio de tecidos gerado pelas naus das Índias para a compreensão dos laços mantidos entre Salvador e Angola no século XVIII. Navios negreiros que partiam de Salvador para Luanda saíam daquele porto carregados de

---

106 BMLu, ENV, Cód. 27. Agradeço a Roquinaldo Ferreira que gentilmente cedeu os dados por ele recolhidos na Biblioteca Municipal de Luanda. Entre os portos brasileiros, o de Salvador foi aquele que enviou o maior número de embarcações para Luanda no período em questão. Depois da cidade da Bahia vem Recife, com 257 registros de embarcações destinadas a Luanda, e o Rio de Janeiro, com 14.

fazendas asiáticas. Segundo Ferreira, este intenso movimento comercial ajuda a compreender a permanência do tráfico Angola-Salvador "numa altura em que os baianos já tinham se especializado no tráfico com a Costa da Mina".[107]

O tráfico de escravos da África Central para a Bahia no século XVIII

Na década de 1940, Luís Viana Filho identificou quatro momentos distintos do comércio de escravos negros para a Bahia. Os ciclos identificados por Viana foram periodizados segundo os locais de procedência dos cativos. É importante destacar seu pioneirismo como o primeiro autor a propor esta metodologia para o estudo do tráfico baiano. Com algumas pequenas alterações cronológicas, a mesma divisão foi adotada por Pierre Verger, anos mais tarde.[108]

O primeiro momento, chamado de ciclo da Guiné, limitou-se ao século XVI. Foi o menos importante, em termos numéricos, e o mais

---

107 Roquinado Ferreira. "Dinâmicas do comércio intracolonial: Geribitas, panos asiáticos e guerra no tráfico angolano de escravos (século XVIII)". In: João Fragoso, Maria Fernanda Bicalho e Maria de Fátima Gouvêa (orgs.), *O Antigo Regime nos Trópicos: A dinâmica Imperial Portuguesa (séculos XVI-XVIII)*. Rio de Janeiro: Civilização Brasileira, 2001, p. 352.

108 Verger, *Fluxo e Refluxo, op. cit.*, p. 7. Segundo Verger, o tráfico de escravos em direção à Bahia pode ser divido dividido em quatro períodos:
1.º – O ciclo da Guiné durante a segunda metade do século XVI;
2.º – O ciclo de Angola e Congo no século XVII;
3.º – O ciclo da Costa da Mina durante os três primeiros quartos do século XVIII;
4.º – O ciclo da Bahia do Benin entre 1770-1850, estando incluído aí o período do tráfico clandestino.

impreciso, tendo em vista uma possível identificação da origem dos cativos. O século XVII, periodização que delimita o segundo momento, foi marcado pela chegada dos grandes contingentes de escravos da África Centro-Ocidental; por esta razão, foi batizado pelo autor de ciclo de Angola. No século seguinte, foi mais intenso o tráfico entre a Bahia e a Costa da Mina. No último quartel do século XVIII e início do século XIX, os traficantes baianos se dirigiram preferencialmente para a área delimitada entre o rio Volta e o porto de Lagos, ampliando dessa maneira a extensão geográfica do tráfico, que passou a incluir também o Golfo do Benin.[109] A partir de 1815 começa o ciclo do tráfico ilegal. A proibição do tráfico ao norte do Equador impediu que os documentos oficiais mencionassem escravos procedentes daquela região. "Daí a dificuldade para uma afirmação sobre a real origem dos negros que entraram na Bahia, embora saibamos que os seus 'tumbeiros', principalmente após 1830 (...) ofereciam melhores condições para o contrabando de escravos."[110]

De modo geral, os primeiros escravos africanos desembarcados na Bahia foram identificados como "Negro da Guiné" ou "Gentio da Guiné". Segundo Oliveira,

> Mais do que um registro de procedência, estas expressões queriam significar a condição mesma do escravo na linguagem corrente na época. Seu uso se generalizava em Portugal, desde o final do século anterior quando o tráfico de escravos começou a se transformar na mais potente empresa comercial daquele país. A multiplicidade

---

109 Viana Filho, *O negro na Bahia*, op. cit., p. 31-39.

110 *Idem, Ibidem*, p. 39.

Os Rosários dos Angolas 291

cultural da África passava a ser ignorada pelos portugueses na razão direta em que o caráter de mercadoria se incorporava ao conjunto de sua população.[111]

No início dos contatos com os povos do continente africano, os portugueses se mostraram muito mais curiosos e atentos à nova diversidade humana e cultural. Relatos de viajantes, de missionários ou de funcionários da coroa encarregados de trazer informes precisos sobre as "novas descobertas" revelam um senso de observação agudo, além da consciência de que detalhes sobre o modo de vida e a visão de mundo dos povos "descobertos" eram conhecimentos fundamentais para o sucesso da empreitada comercial em avanço.[112]

Etiopia Oriental e Vária História de Cousas Notáveis do Oriente constitui-se de "várias narrativas de índole geográfica, histórica, missionária e de viagens", e foi publicada no início do século XVII, de autoria do religioso dominicano Frei João dos Santos, português natural de Évora.[113] A inspiração e o material necessário para escrever este volumoso e impressionante livro foram colhidos na viagem empreendida pelo autor às partes orientais do Império Português. De princípio, as narrativas do frade dominicano impressionam pelo empenho e desejo do autor em conhecer e divulgar um mundo africano desconhecido pela cristandade europeia. De modo particular, chama a atenção do

---

111 Oliveira, "Quem eram os 'negros da Guiné'? A origem dos africanos na Bahia", *op. cit.*, p. 37.

112 *Idem, Ibidem*, p. 38.

113 Fr. João dos Santos, *Etiópia Oriental e Vária História de Cousa Notáveis do Oriente* (1609). Lisboa: Comissão Nacional para as Comemorações dos Descobrimentos Portugueses, 1999.

leitor a riqueza de imagens e detalhes na descrição das sociedades africanas contatadas pelo autor. Os historiadores e leitores acostumados com certas imagens sobre a África e os africanos produzidas por escritores do final do século XVIII e, sobretudo, no século XIX, podem ser tomados de um certo espanto durante a leitura. Acredito que o espanto é o primeiro sinal de reconhecimento de uma outra sensibilidade, de um outro olhar. Frei João dos Santos, neste aspecto, esteve longe de ser uma exceção, pois autores como Cadamosto, Duarte Pacheco Pereira, Pigafetta e Duarte Lopes tiveram a mesma atenção sobre as populações africanas.[114]

A partir do momento em que passaram a ser elaborados pelos traficantes, os registros testemunharam uma mudança de perspectiva, qual seja, uma ausência de preocupações com as particularidades e a etnografia dos povos africanos, em detrimento de uma postura mercantil escravista em relação às chamadas "peças da Guiné".[115] Nesse momento, "negro da Guiné" passou a ser tão somente sinônimo de escravo africano. Durante o século XVI, nos engenhos de cana-de-açúcar do Recôncavo da Bahia, a diferença entre os escravos de origem africana e os escravos indígenas era marcada pelo uso de diferentes categorias de identificação: para os primeiros, utilizava-se o termo "negro da terra", e para os segundos, a denominação "negro da Guiné".[116]

---

114 Alvisi de Cadamosto, *Relations dês Voyages à la cote occidentale d'Afrique (1455-1457)*. Paris, 1895; Duarte Pacheco Pereira, *Esmeralda de Situ Orbis*. Lisboa: Edição Comemorativa do Primeiro Centenário da Sociedade de Geografia de Lisboa, 1975; Filipo Pigafeta e Duarte Lopes, *Relação do Reino do Congo e das Terras circunvizinhas*. Lisboa: Publicações Alfa, 1989.

115 Oliveira, "Quem eram os 'negros da Guiné'? A origem dos africanos na Bahia", *op. cit.*, p. 38.

116 Stuart Schwartz, *Segredos Internos: engenhos e escravos na sociedade colonial*. São Paulo: Companhia das Letras, 1995, p. 58. Ver também: Viana Filho, *O*

Os Rosários dos Angolas 293

A dificuldade em precisar a origem dos "negros da Guiné" também deriva da imprecisão geográfica do termo. No início, a Guiné designaria "o litoral da costa ocidental africana, que tinha como centro comercial a feitoria de Cacheu, subordinada às ilhas de Cabo Verde".[117] Desse modo, "escravos da Guiné" eram todos quantos fossem embarcados de qualquer dos portos da imensa região que compreendia desde o Senegal até o Orange.[118] À medida que as conquistas portuguesas foram se estendendo para o sul da costa ocidental africana, indivíduos aprisionados em regiões muito distantes da Guiné dos primeiros contatos ganharam o mesmo "rótulo" de procedência.

Nas Denunciações da Bahia (1591-1592) negros procedentes da África Centro-Ocidental são igualmente identificados como "negro da Guiné". No dia 21 de agosto de 1591 depôs: "Duarte, negro da Guiné, filho do gentio de Angola, mancebo de 20 anos, solteiro, escravo cativo do colégio da Companhia de Jesus".[119] Fica assim evidenciado que, mais que uma definição de procedência geográfica, o "negro da Guiné, durante todo o século XVII era, em primeiro lugar, sinônimo de escravo de origem africana.

O segundo ciclo do tráfico baiano foi marcado pela hegemonia da África Central, ou seja, de um intenso comércio de seres humanos com os portos de Angola e Congo. Em termos globais, a África Central foi a mais importante região exportadora de escravos para as Américas

---

negro na Bahia, op. cit., p. 71. John Monteiro, *Os negros da terra: índios e bandeirantes nas origens de São Paulo*. São Paulo: Companhia das Letras, 1994.

117 Oliveira, "Quem eram os 'negros da Guiné'? A origem dos africanos na Bahia", *op. cit.*, p. 39.

118 Viana Filho, *O negro na Bahia, op. cit.*, p. 70.

119 *Denunciações da Bahia*. São Paulo, 1925, p. 408. *Apud* Viana Filho, *O negro na Bahia, op. cit.*, p. 73.

durante toda a vigência do trato escravista.[120] Passou a ocupar esta posição já no início do século XVII. A partir da década de 1670, o Golfo do Benin chegou a suplantar a África Central em número de cativos vendidos para as Américas. Este quadro permaneceu intacto até as primeiras décadas do século XVIII. A partir de então, o Golfo do Benin tomou a posição de segundo lugar, donde permaneceu até o final do trato.[121] Segundo Lovejoy, no século XVIII, apogeu do comércio escravista, a África Central foi, isoladamente, a maior região exportadora de escravos na rota transatlântica.

> De 1600-1800, mais de 3,1 milhões de escravos foram embarcados somente a partir desta região, o que representava cerca de um terço de todos os escravos exportados da África nesses dois séculos, incluindo o comércio transatlântico e o comércio islâmico estabelecido. A porção do comércio do Atlântico que pode ser atribuída à África Centro Ocidental é correspondente maior do que um terço.[122]

Infelizmente, não tem sido possível aos estudiosos precisar, em termos numéricos, a história do tráfico para Bahia, especialmente no

---

120 Paul Lovejoy, *A escravidão na África*: uma história de suas transformações. Rio de Janeiro: Civilização Brasileira, 2002, p. 93; David Eltis; Stephen D. Behendt; David Richardson, "A participação dos países da Europa e das Américas no tráfico transatlântico de escravos: novas evidências". *Afro-Ásia*, n. 24, 2000, p. 9-50.

121 *Idem, Ibidem*, p. 94.

122 *Idem, Ibidem*, p. 98.

período anterior a 1700. Os pesquisadores têm se deparado, sobretudo, com a ausência de documentação para um estudo mais detalhado do período. Na melhor das hipóteses, algumas estimativas têm permitido uma certa visualização do processo.[123] A dificuldade em se constituir bases numéricas avalizadas, e uma série de fatores históricos desestabilizadores da economia baiana no século XVII não negam, entretanto, o primado do tráfico desde Angola e Congo no período em questão.

A fundação de Luanda em 1575 consolidou o tráfico de cativos na região:

> Nas últimas décadas do século XVI, desembarcaram anualmente no Brasil entre 10 e 15 mil cativos da Guiné, Congo e Angola. Luanda, Benguela e Cabinda desenvolveram-se como portos do tráfico negreiro no século XVI.[124]

Como vimos, se por um lado a União Ibérica (1580-1640) intensificou o comércio escravista para as Américas, por outro, prejudicou o abastecimento específico para os engenhos da Bahia e Pernambuco, em detrimento da demanda hispânica nas Américas. Com a união das coroas, Portugal ganhou um inimigo poderoso. Os Países Baixos atacaram e ocuparam importantes posições portuguesas na África e nas Américas. No particular caso baiano, além de enfrentar os holandeses com armas em punho, sofreram igualmente as consequências

---

123 Schwartz, *Segredos Internos*, op. cit., p. 280, 284. No campo das estimativas ver, principalmente: Maurício Goulart, *A escravidão africana no Brasil*. São Paulo, 1950, p. 98-104.

124 Schwartz, *Segredos Internos*, op. cit., p. 281.

da ocupação de Angola (1641-1648), tendo que enfrentar uma severa crise de abastecimento da mão de obra nos engenhos.

A "reconquista" de Angola, e a recuperação da economia açucareira, no final do século XVII, não levou a uma retomada do comércio negreiro entre estas duas regiões nos moldes antigos.[125] Neste momento a Bahia já havia fincado raízes na Costa da Mina e, do lado angolano, o tráfico para o Rio de Janeiro consolidou-se definitivamente.[126]

Apesar deste quadro, e para além do peso numérico, é inegável o fato de que, em maior ou menor quantidade, africanos "provenientes das regiões subequatoriais, embarcados através de Luanda, Cabinda e Benguela, chegariam à Bahia até o final da vigência do tráfico (1850)".[127]

A presença centro-africana, majoritária na Bahia no século XVII, foi defendida por Luís Viana Filho e avalizada em estudos posteriores.[128] No entanto, no que diz respeito aos séculos seguintes, impera a interpretação de uma hegemonia do tráfico com a Costa da Mina

---

125 Joseph Miller, "A Economia política do tráfico angolano de escravos no século XVIII". In: Selma Pantoja e José Flávio Sombra Saraiva (orgs.), *Angola e Rotas do Atlântico Sul*. Rio de Janeiro: Bertrand Russel, 1999, p. 16-18.

126 Sobre o tráfico entre Angola e Rio de Janeiro ver: Manolo Florentino, *Em costas negras: uma história do tráfico de escravos entre a África e o Rio de Janeiro*. São Paulo: Companhia das Letras, 1997, p. 37-8; Alencastro, *O trato dos viventes, op. cit.*, p. 231-238.

127 Oliveira, "Quem eram os 'negros da Guiné'?", *op. cit.*, p. 2. Sobre o assunto ver também Maria José Andrade, *A mão-de-obra escrava em Salvador, 1811-1860*. Salvador: Corrupio, 1975.

128 Viana Filho, *O negro na Bahia, op. cit.*

que acaba por menosprezar a importância de outros circuitos.[129] Não se trata de negar a existência de tal hegemonia; chamo a atenção para a consideração da permanência de um outro circuito, talvez menos importante em termos numéricos, mas igualmente significativo em termos históricos. Nesse sentido, Stuart Schwartz observou que,

> (...) conforme o momento histórico, a maioria deles [os escravos] provinha de diferentes áreas da costa da África. Isso, de fato, significa que no século XVI predominaram os povos da Senegâmbia, no XVII, os de Angola e Congo, e no XVIII, da Costa da Mina e do golfo do Benin. Contudo, apesar de mudanças nas áreas de concentração, a população escrava baiana sempre foi composta por uma mistura de povos. Mesmo no auge do tráfico no golfo do Benin, por volta de 1780-1820, quando jejes, nagôs (iorubas), tapas (nupês), haussás e outros povos "sudaneses" predominaram entre os cativos, cerca de um terço dos escravos nascidos na África provinham de povos bantos de Angola e da África central.[130]

Segundo Joseph Miller, cerca de 24% dos escravos que deixaram Luanda entre os anos de 1723-75, 1794 e 1802-26 tiveram como destino

---

129 Pierre Verger, além de minimizar a continuidade das relações entre Bahia e Angola – o que na verdade se justifica pela centralidade de suas pesquisas no tráfico com a Costa de Mina –, na caracterização e diferenciação de bantos e sudaneses, reproduz sem questionamento os estereótipos da docilidade e plasticidade dos primeiros em contraposição à rebeldia e integridade dos últimos. Verger, *Fluxo e Refluxo do Tráfico de Escravos, op. cit.*

130 Schwartz, *Segredos Internos, op. cit.*, p. 282.

a cidade da Bahia. Os dados de Miller revelam os diferentes momentos deste tráfico. Por exemplo, enquanto na década de 1720 os escravos enviados para Bahia somavam mais de 40% do total dos embarques, no início do século XIX este número caía para menos de 6% do total. Os "fluxos e refluxos" também podem ser percebidos no decorrer do século XVIII. Na década de 1740, 23% das "cabeças" embarcadas em Luanda tiveram a Bahia como destino. Na seguinte década, este número despencava para 8%.[131] Os números apresentados por Miller apontam a necessidade de estudos mais aprofundados sobre o tráfico entre Bahia e Angola. Este tema, não resta dúvida, é um dos pontos focais para as futuras pesquisas sobre os centro-africanos na Bahia.[132]

---

131 Miller, "A Economia política dos tráfico angolano de escravos no século XVIII". p. 11-67. Para discussão mais detalhada destes números ver, do mesmo autor: *Way of Death: Merchant Capitalism and Angola Slave Trade, 1739-1830*. Wisconsin: The University Wisconsin Press, 1988; "Legal Portuguese Slaving from Angola. Some Preliminary indications of volume and direction, 1760-1830. *Revue Française d'histoire d'outre Mer*, n. 226/227, 1975.

132 O Arquivo Histórico Ultramarino preserva um valioso conjunto documental para o estudo do tráfico de escravos entre Angola e Brasil no século XVIII, particularmente com a Bahia. Destaco algumas petições para envio de barcos "negreiros" da Bahia para Angola e, sobretudo, uma série de certidões e mapas, elaborados para fins de cobrança de direitos alfandegários, sobre escravos embarcados nos portos de Luanda e Benguela para o Brasil. Estes mapas, certidões e alguns relatórios discriminam os portos de destino (Rio de Janeiro, Bahia, Pernambuco etc.), os nomes dos navios, seus respectivos mestres, o número de escravos destinados a cada porto brasileiro, dentre outras informações. A partir desta documentação, decidi organizar uma série com vistas a trabalhar com mais vagar o movimento do tráfico entre Angola e Bahia. Embora não me proponha a realizar um estudo aprofundado sobre o tráfico de escravos, estes dados me parecem deveras importantes para a discussão da presença particular dos centro-

Através de dados colhidos na Feitoria Real sobre o despacho dos navios negreiros, outros autores chegaram a conclusões muito próximas às de Miller. Klein contabilizou 549 partidas de embarcações do porto de Luanda com destino ao Brasil entre as anos de 1723 e 1771. Segundo este autor, um número superior a 50% dos cativos, transportados em 282 embarcações, tiveram como destino a cidade do Rio de Janeiro; 27,3%, por meio de 158 embarcações, foram destinados à Bahia; 18,2%, em 95 embarcações rumaram para Pernambuco; 1,2% em cinco navios para o Maranhão; 1,0% em 4 navios para a colônia de Sacramento e 0,2, em apenas uma embarcação para o porto de Santos.[133]

Estes resultados são semelhantes aos de Venâncio, colhidos e processados décadas mais tarde. De uma amostra de 614 embarcações que, entre os anos de 1723 e 1794, deixaram o porto de Luanda com destino aos portos do Brasil, Venâncio constatou que: "314 dirigiram-se para o Rio de Janeiro, 168 para a Bahia, 109 para Pernambuco, 8 para Santos, 7 para o Maranhão (não são os da companhia, pois estes, como estavam isentos de fisco, não foram registrados nem na Feitoria, nem na Fazenda Real), 4 para a colônia de Sacramento".[134]

Estes números não apenas corroboraram a tese da continuidade do tráfico entre Bahia e Angola no século XVIII como sugerem novas investigações a partir da documentação local. Na década de 1940, Carlos

---

africanos na Bahia, nos séculos XVIII e XIX, AHU – Angola. Cxs: 16, 17, 18, 19, 20, 21, 22, 23, 24, 25, 26, 27, 29, 30, 31, 32, 33, 34, 35, 36, 37, 38, 39, 40, 40A, 41, 42, 43, 44, 45, 46, 47, 48, 49, 50, 51, 52, 53, 54, 55, 56, 57, 58, 60, 61, 62, 63, 64, 66, 68, 69, 70, 71, 72, 73, 74, 75.

133 Herbert Klein, "The Portuguese Slave Trade: From Angola in the eighteenth Century". *Journal of Economic History*, 32, 1972, p. 900-1.

134 José Carlos Venâncio, *A economia de Luanda e hinterland no século XVIII: um estudo de sociologia história*. Lisboa: Editorial Estampa, 1996, p. 172-3.

Ott, utilizando registros documentais de natureza diversa, inicia uma investigação sobre a origem étnica dos africanos em Salvador. Sua descoberta mais preciosa foi um livro de óbitos de escravos da Santa Casa de Misericórdia de Salvador (o Livro do Banguê). O autor examinou 25.999 registros de escravos mortos em Salvador, entre os anos de 1741-1799.[135] Em relação aos números da população de origem centro-africana, os dados levantados por Ott são bastante surpreendentes.

Origem dos escravos africanos falecidos na Cidade de Salvador (1741-1799)[136]

Sudanêses	N.º	Bantos	N.º
Jêje	1399	Angola	7992
Nagô	385	Benguela	2451
Mina	6244	Cabinda	01
Gentio da Costa	388	Congos	30
Gentio da Guiné	11	Muxicongo	02
Aussá	03	Gabão	18
Arda	01	Moçambiques	270
Benin	07	Mbunda	01
Calabar	07	São Tomé (Sic)	51
Cabo Verde	10		
Fulani	01		
Tapa	06		
Ilha do Príncipe	06		
Total	8481	Total	10816

Fonte: Livros de óbito da Santa Casa de Misericórdia de Salvador Apud Carlos Ott. Formação e Evolução Étnica da Cidade do Salvador. Salvador, Prefeitura Municipal de Salvador, p. 59-61.

---

135 Carlos B. Ott, *Formação e evolução étnica da cidade do Salvador*. Salvador: Prefeitura Municipal de Salvador, 1957, t. I., p. 59.

136 Livros de óbito da Santa Casa de Misericórdia de Salvador. *Apud* Carlos Ott, *Formação e Evolução Étnica da Cidade do Salvador, op. cit.*, p. 59-61.

Infelizmente, o autor não estabelece uma periodização por décadas e, igualmente, deixa de mencionar se os dados colhidos foram homogêneos para todo o período ou se estiveram mais circunscritos a determinados anos. Caso os dados estejam mais concentrados nas primeiras décadas, é possível sugerir que eles sejam reflexos do tráfico do século XVII, o que explicaria a maioria centro-africana, ao lado de uma marcante presença dos mina, bem como os sinais evidentes de um primeiro movimento de entrada de jejes e nagôs na Bahia. Poderiam, ao mesmo tempo, ser reveladores do crescimento do tráfico entre Luanda e Bahia, identificado por Miller na década de 1720.[137]

Numa exaustiva investigação, a partir de inventários do Recôncavo Baiano, mais especificamente das zonas fumageira – campos da Vila de Cachoeira –, e açucareira – engenhos de Santo Amaro e São Francisco do Conde –, Parés apresenta dados que indicam a superioridade numérica dos africanos ocidentais no recôncavo. A presença de populações de origem centro-africana entre os escravos baianos do Recôncavo é considerável. "A partir de 1750, em Cachoeira, a porcentagem de africanos centrais em relação aos africanos ocidentais oscilava entre 22% e 35%, enquanto em Santo Amaro e São Francisco oscilava entre 35% e 41%."[138]

Em síntese, estes números nos permitem afirmar que a importância dos centro-africanos no conjunto da população escrava de origem africana é um tema aberto a novas pesquisas na Bahia.

---

137 Joseph Miller, "A Economia política do tráfico angolano de escravos no século XVIII", *op. cit.*, p. 11-67

138 Parés, *A formação do candomblé, op. cit.*, p. 68.

A nação angola na Bahia

Nos mesmos moldes de outras identidades africanas forjadas na diáspora, a identificação angola é bastante genérica e imprecisa, tanto em termos étnicos como de procedência geográfica ou regional mais específica. Na Bahia, assim como em outras partes do Brasil, o termo angola era usado para identificar diferentes populações embarcadas para a América principalmente através de Luanda, porto e capital do mais importante enclave português na costa africana. Podia tratar-se de povos originários das imediações da costa, ou ainda, de populações escravizadas em regiões distantes do domínio português, mas integradas ao circuito do tráfico interno e atlântico.

Angola, na sua origem, não identificava necessariamente uma região ou território. Deriva do termo Ngola que, em kimbundo, era um título que designava o chefe político e militar do Ndongo. Este reino tinha como centro a área de Pungo Andongo e a bacia do Lucala.[139] Estendia-se,

> grosso modo, entre os rios Dande e Cuanza, o litoral oceânico e as terras de Matamba, a que os portugueses atribuíram a designação de 'reino de Angola' e que durante largo tempo foi dado como dependente do reino

---

139 Segundo Joseph Miller, ngola (jingola, no plural) era um pequeno pedaço de ferro, símbolo de poder e mais importante insígnia de autoridade entre as linhagens mbundu. Joseph Miller, *Poder político e parentesco. Os antigos estados mbundu em Angola*. Luanda: Arquivo Histórico Nacional de Angola, 1995, p. 63. Sobre a história do Reino do Ndongo ver: Virgílio Coelho, "A data de fundaçãodo 'Reino Ndongo'". In: *Actas do II Seminário Internacional sobre a história de Angola. Construindo o passado angolano: as fontes e a sua interpretação*. Lisboa: Comissão Nacional para as comemorações dos descobrimentos portugueses, 2000, p. 477-544.

do Congo (...). Desde o início, esse reino interessou a coroa portuguesa pelos escravos e minerais ricos, como a prata, o ferro e o cobre.[140]

A determinação da origem do termo no kimbundu não deve ignorar, entretanto, que enquanto substantivo, a palavra era conhecida em muitas línguas centro-africanas: em kikongo, em umbundu, em ngangela, em nyaneka, em algumas línguas do Gabão e em kinyarwanda (língua falada no atual Ruanda). Em kikongo, ngola tem dois significados: nome dado a um tipo de peixe, o bagre; e o de um título utilizado no antigo reino do Congo: Ngola a Nkasa era o gestor do nkasa, veneno que se dava aos condenados à morte. No antigo Congo, ngola também podia significar adivinhador, o que, de certa forma, também vincula o título a uma função de zelador da verdade e da justiça.[141]

Entretanto, na maioria das línguas centro-africanas, ngola, no seu significado mais profundo, carrega um sentido de união, junção, reunião. Em umbundu e nyaneka "ongolo" significa joelho, em ngangela, ngolo tem o mesmo significado. Em pelo menos duas línguas do Gabão, ngola significava conjunto ou reunião de pessoas, assembleia de iniciados. Isto faz crer que o título, em kimbundu, deveria signifi-

---

140 Ilídio do Amaral, *O Reino do Congo, os Mbundu (ou Ambundos), o Reino Ngola (ou de Angola) e a presença portuguesa de finais do século XV a meados do século XVI*. Lisboa: Ministério da Ciência e Tecnologia/Instituto de Investigação Científica Tropical, p. 14.

141 Vatomene Kukanda, "A procura do significado de Angola". In: *Actas do II Seminário Internacional sobre a história de Angola. Construindo o passado angolano: as fontes e a sua interpretação*, p. 288.

car, em última instância, unificador.[142] O que parece bastante coerente com a narrativa histórica da formação do Ndongo.[143]

A identificação entre o título e o território ocorreu logo nos primeiros contatos entre europeus e africanos. Nos século XVI e XVII, os portugueses denominavam o Ndongo de reino dos Ngola, ou dos Angola. Desse modo, Angola passou a denominar não apenas a área controlada pelos portugueses na costa, mas também, uma grande parte do território dos falantes do kimbundu, língua franca no antigo Ndongo.

Já no século XVII, uma série de indícios aponta para a identificação entre os angolas e os falantes do kimbundu. Num catecismo publicado em 1643, *Gentio de Angola suficientemente instruído nos mistérios da nossa Santa Fé*, o padre Francisco Paconio da Companhia de Jesus referia-se ao kimbundo como "a língua de Angola".[144]

Anos mais tarde, mais precisamente em 1697, o também jesuíta Pedro Dias fez publicar *A arte da língua d'Angola*, a primeira gramática conhecida de kimbundu. Seu manual, escrito na Bahia nas últimas décadas do século XVII, pretendia ser um instrumento para auxiliar na catequese dos escravos do Brasil.[145] Curiosamente, o padre Dias jamais pisou em terras africanas; ao que parece, o jesuíta foi instruído na "língua de angola" pelos colegas missionários na África Central, ou mesmo pelos escravos que objetivava catequizar. A publicação deste texto atesta, em primeiro lugar, a presença marcante dos escravos

---

142 *Idem, Ibidem*, p. 290-292, 295.

143 Virgílio Coelho, "A data de fundação do 'Reino Ndongo'", *op. cit.*

144 Francisco Paconio, *Gentio de Angola suficientemente instruído nos mistérios da nossa Santa Fé*. Lisboa: Domingos Lopes, 1643.

145 Pedro Dias, *A arte da Língua de Angola*. Lisboa: Oficina de Miguel Deslandes, Impressor de Sua Majestade, 1697.

falantes de kimbundu, no coração da América portuguesa no decorrer do século XVII. Seu grande contingente justificava, desse modo, o esforço de elaboração de uma gramática específica. O grande número de kimbundu-falantes na Bahia do século XVII deixou seu registro em outros testemunhos. Estudiosos do poeta satírico Gregório de Matos reconhecem que a maioria dos vocábulos africanos encontrados em sua obra tem origem no kimbundu.[146] O que vem a demonstrar que este era o idioma compartilhado pela maioria da população escrava na cidade da Bahia de então.

Finalmente, a gramática de Pedro Dias também permite afirmar que, naquele momento, o kimbundu era sinônimo de "língua de angola", o que deve ter colaborado com a construção de uma identificação entre os falantes deste idioma e a "nova identidade" angola.

Durante os séculos XVII e XVIII, e sobretudo neste último, basicamente três foram os etnônimos correntes para identificar os centro-africanos na Bahia. Na ordem, os mais numerosos foram: Angola, Benguela e Congo.[147] Estas três identificações nos remetem a três gran-

---

146 Fernando da Rocha Peres, "Negros e mulatos em Gregório de Matos". *Afro-Ásia*, 1967, p. 59-75. Peres afirma que Segismundo Spina reconheceu 14 vocábulos em kimbundu na obra de Matos: banza, calundu, camba, corcunda, cochilar, jimbo, macuta, marimbonbo, mataco, muxinga, quindim, senzala, xingar e, acrescenta mais um – quilombo – coletado por ele próprio. Spina, *A literatura no Brasil*. Rio de Janeiro, Editorial Sul Americana, 1955. Ver também: Renato Mendonça, *A influência africana no português do Brasil*. São Paulo: Companhia Editora Nacional, 1935.

147 Parés, *A formação do candomblé, op. cit.*, p. 67. Em sua pesquisa, Parés constata a recorrência dos termos angola e benguela na identificação dos centro-africanos. Acrescento o termo congo em razão de sua ocorrência em registros documentais de cunho qualitativo, como apresentarei mais adiante.

des grupos linguísticos, bem como a três diferentes regiões de embarque e/ou apresamento de cativos.

Embora os escravos embarcados através do porto de Luanda, procedentes em sua maioria do Vale do Cuanza até as terras distantes de Pungo Andango, no interior da África Central, pudessem ser também identificados como luandas, ou ainda cassanges, é certo que a maioria ganhou o rótulo de angola. A denominação cassange foi raríssima na Bahia, ao contrário do ocorrido no Rio de Janeiro, especialmente durante o século XIX. Eram identificados como cassanges os cativos que passaram pelo mercado de mesmo nome, antes de serem encaminhados à costa. Oriundos do interior da África Central, deveriam fazer parte de muitos contingentes assim identificados populações originárias do leste de Angola, inclusive os lunda-tchokwe.[148]

Os benguelas, cuja identificação era tributária ao porto de Benguela, centro político da capitania do mesmo nome e mais importante centro de tráfico de escravos do sul de Angola, parecem ter alcançado destaque na demografia da escravidão baiana em períodos específicos. Provavelmente, eram oriundos das populações de Bailundo e imediações, levados à costa por caravanas de ovimbundos do Planalto Sul de Angola e seus vizinhos.[149]

No ano de 1784, a direção da mesa da Irmandade de N. S. do Rosário da Rua de João Pereira estava dividida entre benguelas e jejes, certamente os principais grupos organizados dentro da associação.[150]

---

148 Mary Karasch, *A vida dos escravos no Rio de Janeiro 1808-1850*, op. cit., p. 56.

149 *Idem, Ibidem*, p. 57.

150 Correspondência recebida de autoridades diversas. APEB, Ouvidoria do Crime (1780-1784), Maço 176, doc. 41. Este documento foi primeiro analisado por João Reis. João José Reis, "Identidade e diversidade étnicas nas irmandades negras no tempo da escravidão". *Tempo*, 2, 3, 1997, p. 7-33.

Os Rosários dos Angolas 307

A presença dos jejes, fenômeno bastante comum nas irmandades controladas por angolas desde a segunda metade do século XVIII, e a mudança nos termos de identificação do grupo hegemônico e mais antigo – de angolas para benguelas – merece atenção e análise especiais. A proeminência dos jejes nas irmandades do Rosário revela um fenômeno demográfico já discutido neste trabalho, qual seja: a especialização do tráfico baiano de escravos na Costa da Mina a partir do final do século XVII. Por outro lado, a convivência de jejes e angolas nas irmandades estabelecidas pelos últimos, bem como a criação de entidades "exclusivas" da parte dos africanos ocidentais, demonstra a importância das associações católicas na formação da identidade coletiva deste grupo na diáspora.[151]

A denominação benguela, ao assumir o lugar antes reservado aos angolas na mesa da irmandade do Rosário da Rua de João Perereira, chama a atenção para a importância demográfica e social deste grupo entre os centro-africanos na Bahia da segunda metade do século XVIII.[152] Desse modo, o destaque dado aos benguelas parece indicar um momento específico do tráfico entre o porto de Benguela e a cidade de Salvador.

Seguindo esta pista, foi possível constatar que entre os anos de 1781-1789 foram oficialmente registradas pelas autoridades metropolitanas

---

151 Sobre a importância das confrarias na formação da identidade jeje ver: Parés, *A formação do candomblé*, op. cit., p. 82-90.

152 Segundo o compromisso da Irmandade de N. S. do Rosário da Rua de João Pereira, aprovado em Lisboa no ano de 1768, os cargos de direção da entidade deveriam ser equitativamente divididos entre angolas e crioulos. Compromisso da Irmandade de N. S. do Rosário de João Pereira, Freguesia de São Pedro, IAN/TT, Chancelarias Régias/Ordem de Cristo, livro 297, fls. 168v-178.

as saídas de 70 embarcações negreiras dos portos de Angola com destino à Bahia. Deste total, 38 procediam de Benguela, 29 de Luanda, 3 de Loango e 1 de Cabinda. É possível que este movimento tenha se iniciado na segunda metade da década de 1770. Até o ano de 1774, os navios com destino à Bahia procedentes de Benguela foram muito poucos, entretanto, no ano seguinte seu número quase se iguala ao fluxo de negreiros saídos de Luanda.[153] Estes dados indicam que mais de 50% dos escravos oriundos de Angola com destino à Bahia, na década de 1780, foram oficialmente identificados como procedentes de Benguela. É possível que esta importante presença de benguelas explique, em grande parte, a identificação precisa deste grupo na Mesa da Irmandade do Rosário de João Pereira no ano de 1784.

No ano de 1807, em Santo Amaro da Purificação, foi aberto um inquérito para apuração de uma denúncia de contrabando de pólvora feita por Manoel Uzeda Rodrigues da Silva, morador naquela vila. O denunciante foi informado da contravenção por seu escravo Antonio Congo. Antonio, por sua vez, ficou sabendo do ocorrido através de João, "malungo do escravo do denunciante e de igual nação".[154] Os congos, ainda que em menor número que os benguelas, são igualmente reconhecidos na Bahia setecentista como um grupo específico. Além dos bakongos, muitos outros grupos étnicos poderiam ser classificados nesta categoria genérica. Pois, "de acordo com o costume do

---

153 Angola, AHU, cx. 54, doc. 11.

154 Inquérito aberto a partir da denúncia de Manoel de Uzeda Rodrigues da Silva, morador nesta vila com base na participação que lhe fez um escravo seu de nome Antonio de nação Congo. Santo Amaro, junho de 1807. APEB, Maço 408, Capitães Mores – Santo Amaro, Junho/1807.

tráfico, qualquer indivíduo exportado pelos mercados ligados à vasta rede comercial do rio Zaire e seus tributários era um congo".[155]

Assim como em outras regiões brasileiras, na Bahia o etnônimo angola se tornou um termo genérico utilizado para designar diferentes grupos centro-africanos. Além dos benguelas e congos, grupos minoritários de rebolos, pombos, nganguelas, massanganos, camondongos, muxicongos, quissambas, pembas, entre outros, podem, em algum momento de suas vidas, terem se tornado simplesmente angolas.[156]

Em 1805, o Frei Bernardo Maria de Cannecatim chamou a atenção para as grandes semelhanças entre as diversas línguas faladas na África Central. A descoberta europeia de uma extensa família linguística, cinco décadas mais tarde, mais precisamente em 1860, batizada de bantu, contribuiu, de certa forma, para a compreensão de uma unidade centro-africana em torno da identidade angola na América portuguesa. Creio que é possível aventar que, em torno dos kimbundo-falantes – provavelmente os primeiros e mais numerosos grupos de escravos estabelecidos na Bahia – criou-se uma comunidade que, apesar das diferenças linguísticas, pôde perfeitamente comunicar-se, mesmo antes do domínio da língua portuguesa.[157] Como bem sugere Parés,

> No convívio da senzala e dos grupos de trabalho da cidade, a partir do reconhecimento de semelhanças lin-

---

155 Mary Karasch, *A vida dos escravos no Rio de Janeiro 1808-1850*, op. cit., p. 54.

156 Ainda que representativo de um pequeno grupo de indivíduos, Nicolau Parés encontra estes e outros etnônimos centro-africanos nos inventários do Recôncavo da Bahia, pertencentes principalmente à zona do fumo, entre os anos de 1698-1800. Parés, *A formação do candomblé*, op. cit.

157 Robert Slenes."'Malungu, ngoma vem!' África coberta e descoberta do Brasil". *Revista USP*, 12, 1991/92, p. 50.

> guísticas e comportamentais e da identificação de lugares de procedência comum ou próximos, novos grupos mais amplos foram ganhando uma autoconsciência coletiva. (...) A esse nível, é claro que o componente linguístico, a possibilidade de se entender, mesmo falando dialetos diferenciados, gerava um vínculo imediato entre certos grupos que as separava daqueles com quem a comunicação era inviável.[158]

No caso dos angolas, mais que o reconhecimento de um vocabulário comum, a comunicação entre estes indivíduos deveu-se, principalmente, graças à partilha de uma herança cultural comum. Nesse sentido, os trabalhos de Craemer, Vansina e Fox são marcos fundamentais dessa perspectiva de análise. Através do estudo de movimentos religiosos na África Central, estes autores identificaram, apesar das diferenças específicas, um conjunto de valores comuns entre as concepções religiosas em foco. Uma cultura comum, fundada num núcleo de valores ligados ao conceito de "ventura-desventura", abarca, segundo estes autores, várias áreas culturais (da parte norte de Angola e Zâmbia, até a República do Gabão e parte de Camarões, a República Democrática do Congo e a República do Congo). De acordo com esta perspectiva, o universo, em seu estado normal, está em estado de harmonia; qualquer desequilíbrio – doenças, infortúnios, desastres – são provocados por pessoas ou espíritos malévo-

---

158 Parés, *A formação do candomblé*, op. cit., p. 76-77.

los.[159] A manutenção da harmonia ou o combate aos seres malévolos, realizada por especialistas, é uma preocupação cotidiana.

Na primeira metade do século XVIII, o peregrino da América, Nuno Marques Pereira, relata sua experiência de uma noite insone num engenho do Recôncavo da Bahia. Na manhã seguinte, ao inquirir sobre os "horrendos alaridos" que não o deixaram dormir, foi esclarecido de que se tratava de um Calundu:

> Uns folguedos, ou adivinhações, me disse o morador, que dizem estes pretos que costumam fazer nas suas terras, e quando se acham juntos, também usam deles cá, para saberem várias coisas; como as doenças de que procedem, e para adivinharem algumas coisas perdidas; também para terem ventura em suas caçadas, e lavouras; e para outras muitas coisas.[160]

Praticados pela "gentilidade que [vinha] de Angola", estes calundus, segundo a explicação dada ao morador pelos praticantes, parecem enquadrar-se muito bem numa herança centro-africana fundada num núcleo de valores ligados ao complexo "ventura-

---

159 Willy Craemer; Jan Vansina; Renée Fox, "Religious movements in Central Africa: a theoretical Study", *Comparative Studies Society and History*, 18:4, 1976, p. 458-475.

160 Nuno Marques Pereira, *Compêndio narrativo do peregrino da América. Em que tratam vários discursos espirituais, e morais, com muitas advertências e documentos contra os abusos que se acham introduzidos pela malícia diabólica no Estado do Brasil.* Lisboa: Na oficina de Manoel Fernandes Costa, 1731, p. 106-107.

desventura".[161] Nesse sentido, a "gentilidade" de Angola, apesar de suas diferenças étnicas, comungava de uma identidade cultural e religiosa comuns. No processo de imposição de uma identidade genérica e "inventada" pelo tráfico, diversos movimentos internos de identificação foram sendo gestados. No caso dos angolas, a unidade linguística e cultural parece ter sido fator fundamental no processo de autoidentificação.

Desse modo, as irmandades católicas, enquanto estruturas de sociabilidade criadas no século XVII com base na genérica – e talvez naquele momento ainda difusa – identidade angola, foram fundamentais no processo de assimilação da nova identidade pelos recém-chegados. Estes indivíduos encontravam, por assim dizer, uma comunidade com a qual se identificavam em termos linguísticos, religiosos e, de um modo geral, culturais. Uma vez que passavam a fazer parte desta nova comunidade, nada mais justo que assumir também a "nova identificação". Também é provável que, pelo menos do século XVIII em diante, muitos cativos embarcados em Luanda ou noutros portos da África Central tivessem ciência das identificações genéricas circulantes no comércio de escravos.

A primazia e, posteriormente, a hegemonia dos angolas nas irmandades dedicadas ao culto do Rosário, foram frequentes na Bahia, Pernambuco, Rio de Janeiro e São Paulo. O mesmo fenômeno ocorreu, em menor escala, em Portugal, bem como em algumas regiões da América. Desse modo, as confrarias dedicadas a N. S. do Rosário tornaram-se, na diáspora africana, espaços privilegiados de criação de identidades de origem centro-africana nas Américas. Seja explicitamente, na luta pela manutenção de privilégios e exclusivismos, tal

---

[161] *Idem, Ibidem*, p. 119.

como ocorreu nas irmandades baianas e pernambucanas nos séculos XVIII e XIX, ou ainda por meio de "inocentes e festivas" ritualizações da memória centro-africana e da experiência do cativeiro americano, como no caso dos reinados e congados mineiros e paulistas.

Capítulo V

Irmãos e Irmãs do Rosário das Portas do Carmo

> Movidos pela sua muita devoção e zelo fiz[eram] uma ermida a sua própria custa para o que impetraram primeiro do Reverendo Arcebispo D. Sebastião Monteiro da Vide Licença. Se determinaram a ir as pedreiras a quebrar pedras, carregando-as aos seus ombros para o sítio donde a fundaram, e os pretos que eram oficiais, assim cativos como forros, trabalharam nela.
>
> Conde de Sabugosa, 1726

A Irmandade

A história da Irmandade de N. S. do Rosário dos Pretos das Portas do Carmo, ou da Baixa dos Sapateiros, atualmente conhecida como Irmandade do Rosário dos Pretos do Pelourinho, está diluída em vários momentos do livro.[1] Como este quinto e último capítulo está

---

1 Desde o início do século XVIII a Irmandade do Rosário dos Pretos do Pelourinho tem sua igreja própria. Em razão da localização do templo, esta irmandade teve dois outros topônimos acompanhando seu título, ainda que a igreja dos pretos nunca tenha saído do seu primeiro nicho. Primeiro foi denominada Irmandade do Rosário dos Pretos das Portas do Carmo por localizar-se na antiga rua direita das Portas do Carmo. Era antigamente chamada de rua direita das Portas do Carmo a rua que parte do Terreiro de Jesus para o Pelourinho, esquina com a Faculdade de Medicina (antigo Colégio dos Jesuítas e depois Hospital Militar), pois levava diretamente às portas do Carmo. Ainda no século XVIII também foi conhecida como

centrado na análise de uma fonte muito especial para a história desta associação, me parece importante fazer, por vezes em moldes de recapitulação, um breve panorama da história da mais importante irmandade negra da cidade da Bahia de todos os tempos.

A Irmandade do Rosário dos Pretos das Portas do Carmo conta entre as mais antigas da América Portuguesa. Segundo Edison Carneiro, no Brasil ela foi apenas antecedida pelas irmandades do Rosário do Rio de Janeiro e Belém, organizadas, respectivamente, nos idos de 1639 e 1682.[2] A irmandade das Portas do Carmo foi formalmente instituída no ano de 1685, tendo, na ocasião, seu compromisso aprovado pela autoridade eclesiástica. O antigo compromisso do século XVII sofreu sua primeira reforma em 1769, sendo aprovado por Provisão Régia em 10 de outubro de 1781.[3] Foi ereta, em data desconhecida, na antiga Sé Catedral da Bahia, onde permaneceu por vários anos.

Irmandade dos Pretos da Baixa do Sapateiro. Naquele tempo, "a rua da Baixa do Sapateiro era apenas aquele trecho compreendido entre a base da ladeira do Pelourinho e a confluência com a atual J.J. Seabra". O topônimo Pelourinho acompanhando o título da irmandade, até os dias de hoje, foi decorrente da transferência do Pelourinho das Portas de São Bento (atual praça Castro Alves) para as Portas da cidade de invocação da Senhora do Carmo. Luiz Monteiro da Costa, "A devoção de N. S. do Rosário na cidade do Salvador". *Revista do Instituto Genealógico da Bahia*, ano X, n. 10, 1958, p. 103-4. Adoto a terminologia Rosários das Portas do Carmo pois esta parece ter sido a referência mais utilizada no século XVIII.

2   Edison Carneiro, *Ladinos e Crioulos. Estudos sobre o negro no Brasil*. Rio de Janeiro: Civilização Brasileira, 1964, p. 88.

3   Misteriosamente, o compromisso de 1769 desapareceu dos arquivos nacionais e portugueses, não sendo localizado por nenhum pesquisador até a presente data. Particularmente, em minha pesquisa na Torre do Tombo e no Arquivo Histórico Ultramarino, em Lisboa, dediquei, em vão, especial atenção ao rastreamento desta preciosa fonte.

Segundo Frei Agostinho de Santa Maria, a devoção ao Rosário pelos negros na Sé Catedral surgiu em data anterior a 1604.[4]

No final do século XVII, mais precisamente em 1696, em decorrência do apelo que fizeram ao Rei, os irmãos do Rosário receberam um terreno, junto ao Castelo das Portas do Carmo, para construção de seu templo.[5] Por volta de 1703/1704 esta confraria deu início à construção de sua capela. No início do século XVIII já se tem notícia da existência de uma pequena ermida no terreno concedido à Irmandade. Na primeira década do Setecentos o templo já tinha estrutura para abrigar a sede da recém-criada freguesia do Passo.

> Em 1718, foi criada por D. Sebastião Monteiro da Vide, a nova freguesia do Passo, sendo desmembrada da Sé, e por seus paroquianos não terem ainda construído sua igreja, instalaram-se provisoriamente na capela dos negros do Rosário do Pelourinho.[6]

O que era para ser um abrigo provisório quase levou à perda definitiva do templo por parte da irmandade. Instalados na capela dos negros, os fregueses do Passo sentiram-se à vontade para aí estabelecer, definitivamente, a sede da freguesia. Desse modo, buscaram subtrair

---

4   Frei Agostinho de Santa Maria, "Santuário Mariano e História das imagens milagrosas de Nossa Senhora milagrosamente manifestadas e aparecidas em o Arcebispado da Bahia" [1722]. Separata da *Revista do Instituto Geográfico e Histórico da Bahia*, Salvador, 1949, p. 63

5   Jeferson Afonso Bacelar e Maria Conceição Barbosa de Souza, *O Rosário dos Pretos do Pelourinho*. Salvador: IPAC, 1974, p. 43 (Texto mimeo.).

6   Bacelar e Souza, *O Rosário dos Pretos do Pelourinho*, op. cit., p. 44.

dos irmãos negros do Rosário o controle da administração do templo. O conflito envolveu as mais altas autoridades civis e eclesiásticas e se arrastou por mais de trinta anos. Finalmente, por volta de 1740, os irmãos do Rosário das Portas do Carmo conseguiram recuperar o controle de seu templo.[7]

Como vimos, esta irmandade, assim como a maioria de suas congêneres, surgiu no século XVII. Neste período era incontestável o predomínio dos povos centro-africanos na população escrava baiana. Entretanto, é unânime entre os pesquisadores o reconhecimento da primazia dos angolas nesta associação, mesmo após o período de hegemonia do tráfico centro-africano. Até a segunda metade do século XIX, os angolas, juntamente com os crioulos, permaneceram na direção da Irmandade do Rosário das Portas do Carmo.[8] Este fenômeno, fundamental na compreensão da formação das identidades de "nação" na Bahia setecentista, particularmente da identidade angola, constituiu-se no eixo deste trabalho de investigação. A fonte analisada a seguir, de certa forma, traz mais inquietações do que respostas definitivas sobre a hegemonia dos angolas nas irmandades do Rosário em geral e nesta, das Portas do Carmo, em particular. Mas, sem sombra de dúvidas, enriquece muito o quadro, uma vez que traz à cena milhares de irmãos e irmãs que foram, literalmente, o corpo vivo da mais célebre irmandade de negros da cidade do Salvador.

---

7 Carlos Ott, "A Irmandade de Nossa Senhora do Rosário dos Pretos do Pelourinho", *Afro-Ásia*, n. 6-7, 1968, p. 122.

8 Sara Oliveira Farias, *Irmãos de cor, de caridade e de crença: A Irmandade do Rosário do Pelourinho na Bahia. Século XIX*. Dissertação (Mestrado em História) – Universidade Federal da Bahia, Salvador, 1997, p. 30.

O Livro de Irmãos

As pesquisas sobre irmandades no período colonial e no século XIX, salvo raras e felizes exceções, se deparam com dificuldades decorrentes da dispersão e exiguidade das fontes documentais. Além do compromisso, e de uma extensa documentação composta pela correspondência enviada e recebida de autoridades civis e eclesiásticas, as irmandades costumavam possuir vários livros para registros de natureza diversa. Esta documentação, com alguma variação, geralmente compunha-se de uma brochura que servia de ata das reuniões ordinárias e extraordinárias, do livro de assentos das entradas dos irmãos, de um para o lançamento das eleições, outro para inventário dos bens e, finalmente, um livro de receita e despesa. Apesar do grande número de livros acumulados no decorrer da existência de uma confraria, é raríssimo, nos dias de hoje, ter-se em mãos algum destes manuscritos. O desaparecimento da maioria das confrarias católicas ocasionou a dispersão e destruição da quase totalidade de seus registros internos. Acervos preservados pelas próprias associações, como o encontrado na Irmandade do Rosário dos Pretos do Pelourinho, são raros. A preservação do acervo desta irmandade explica-se, em grande medida, pela manutenção da própria associação, ativa até a atualidade.

A Irmandade do Rosário dos Pretos das Portas do Carmo guarda em seu acervo particular, entre outras tantas preciosidades, um antigo livro de registros de seus associados.[9] Embora cobrindo um período de 107 anos, mais precisamente entre 1719 e 1826, em termos quantitativos, alguns períodos são mais significativos do que outros. Sendo assim, pude verificar que a maior parte dos registros se concentra entre

---

9   Livro de Irmãos, 1722-1806, AINSRPC, cx. 7.

as décadas de 1750 e 1800.[10] Só para dar uma ideia do fato, enquanto nos anos de 1720 a 1750 a média de ingressos por década não ultrapassou 80 associados, na década de 1750 eles contaram 434, e no decênio de 1780, um total de 480 novos integrantes.

A partir de 1790 a economia baiana viveu um período de prosperidade em razão da recuperação da produção e exportação do açúcar e do desenvolvimento das culturas do tabaco e algodão.[11] É possível que a prosperidade econômica do final do século XVIII e início de século XIX tenha produzido reflexos na economia interna das irmandades. Nesse sentido, o fator econômico pode auxiliar na compreensão do grande contingente de novos associados na Irmandade do Rosário das Portas do Carmo a partir da década de 1750. Antes desse período, a economia baiana ainda sofria os efeitos da longa depressão do século XVII. A análise do livro indica que o crescimento no número de assentos ocorre no contexto de recuperação econômica da capitania. Nesta perspectiva, o aumento da demanda por cativos e a intensificação do tráfico baiano com a Costa Ocidental africana também serão variáveis determinantes na composição da irmandade, como veremos a seguir.

O Livro de Irmãos da Irmandade do Rosário das Portas do Carmo informa, geralmente, o ano de ingresso, o nome do irmão ou irmã, sua etnia e/ou cor; a condição jurídica/social – quando escravos, eventualmente,

---

10 Essa afirmação é possível, uma vez que apenas 13,85% dos registros não indicam o ano de assento/pagamento.

11 Kátia M. de Queirós Mattoso, "Os escravos na Bahia no alvorecer do século XIX: estudo de um grupo social". In: *Da Revolução dos Alfaiates à riqueza dos baianos no século XIX*. Salvador: Corrupio, 2004, p. 139. Ver também o detalhado estudo de Barickman sobre o tema, especialmente páginas 47-85. B. J. Barikman, *Um contraponto baiano: açúcar, fumo, mandioca e escravidão no Recôncavo, 1780-1860*. Rio de Janeiro: Civilização Brasileira, 2003.

o nome dos proprietários; os cargos ocupados e o controle da quitação anual dos débitos. Na verdade, observando a organização da brochura, é possível afirmar que se trata de uma compilação, talvez de forma resumida e incompleta, de antigos livros de assentos de irmãos, na certa em processo de deterioração pela ação do tempo e do clima quente e úmido da Bahia de Todos os Santos.[12] Isto explicaria a organização em ordem alfabética e as anotações no final dos registros pessoais, remetendo sempre a um livro e folha numerados, provavelmente a referência do antigo registro de onde se extraiu a informação.

Os livros de assento ou de entrada de irmãos se constituem em documentos raros e preciosos. Mantidos sempre sob a guarda da própria irmandade, não se tem notícias de cópias enviadas às autoridades, como ocorria com os compromissos – o que explica, em parte, a raridade deste tipo de fonte. Assim, poucos pesquisadores tiveram acesso a este tipo de documentação.

Afora os livros compilados pelos irmãos do Rosário das Portas do Carmo, até o presente momento tive em mãos tão somente outro livro de assentos: o da Irmandade de Nossa Senhora do Rosário do Santíssimo Coração de Maria do Monte Formoso (1832-1885), da cidade de Cachoeira, no Recôncavo baiano.[13] Mais rico em detalhes sobre a vida pessoal dos confrades do que o Livro de Irmãos do Rosário, os registros desta irmandade informam o nome do irmão, cor, origem étnica, condição jurídica – quando escravo informa também o nome do senhor –, estado civil – se casado, o nome do cônjuge –, endere-

---

12 A compilação ficou incompleta pois o livro termina com os registros de nomes com a letra "M". Por razões desconhecidas, os irmãos com as iniciais restantes do alfabeto não foram transcritos nesse livro.

13 Este documento encontra-se sob a guarda da família de um dos integrantes da irmandade, esta extinta há décadas.

ço, ano de ingresso, quantia paga na entrada, se era ou não alfabetizado, os cargos ocupados e anos respectivos, ano do falecimento e, eventualmente, causa do óbito e profissão. Infelizmente, apenas uma pequena parcela dos registros detalha todas as informações acima. Tudo leva a crer que a precisão e minúcia dependiam do escrivão em serviço e, talvez, de outras circunstâncias particulares ao momento.

Quero acreditar que a necessidade de certa padronização pode ter levado à omissão de alguns dados pessoais na organização do Livro de Irmãos da Irmandade do Rosário das Portas do Carmo. Reunir livros de várias épocas, escritos por pessoas diferentes, deve ter sido uma tarefa fastidiosa! Por outro lado, é possível que os objetivos da compilação levassem à necessária supressão de alguns dados, importantes para determinada época ou conjuntura, mas que não interessavam mais aos organizadores da nova brochura. É evidente que o objetivo primeiro dos organizadores foi realizar uma espécie de censo da irmandade através dos tempos. Salta aos olhos, igualmente, uma preocupação com o controle do pagamento dos anuais, fato que, em última instância, determinava a permanência nas fileiras da associação. Nestes termos, dados pessoais mais detalhados sobre a vida dos irmãos assentados podem ter ficado num segundo plano.

O número de registros – um total de 5.058 – é bastante expressivo; ainda que representem apenas uma parcela dos irmãos assentados – uma vez que os registros terminam na letra "M" do alfabeto –, remetem a mais ou menos cinco gerações de associados. Um censo elaborado na cidade da Bahia no ano 1775 computou 12.720 brancos (36%), 4.207 mulatos livres (12%), 3.630 negros livres (10,4%) e 14.696 escravos negros e mulatos (41,7%), totalizando 35.253 pessoas.[14] A população de cor,

---

14 João José Reis, *Rebelião Escrava no Brasil: a história do levante dos Malês de 1835*. São Paulo: Companhia das Letras, 2003, p. 22.

de todas as matizes e condições, somava 22.533 indivíduos (63,92%). Nos anos de 1780/1790, o volume de novos assentos na Irmandade do Rosário dos Pretos das Portas do Carmo esteve em torno de 430 indivíduos por década. Desse modo, os novos integrantes, somados aos antigos irmãos, podem ter chegado a representar uma parcela importante e, vale dizer, politicamente ativa da população de cor. De certa forma, estes números corroboram a tese de que esta foi uma das irmandades negras mais importantes da cidade. O que faz pensar que sua atuação ímpar, discutida no capítulo três deste livro, teve no número de irmãos congregados uma importantíssima base de sustentação.[15]

Infelizmente, no entanto, os dados referentes à etnia e/ou cor dos irmãos e irmãs estão presentes num pequeno número de registros. Mais ou menos 13% das inscrições fazem menção à identificação étnica do irmão ou irmã. Já a condição jurídica e social aparece em mais de 40% dos registros, permitindo a elaboração de um quadro mais rico. O sexo dos indivíduos é a única informação que cobre 100% dos registros. As referências aos cargos ocupados e a indicação dos nomes dos proprietários de alguns escravos alistados sugerem análises qualitativas muito interessantes, embora não tenha sido possível, neste trabalho, percorrer com mais vagar estas sugestivas pistas. Neste capítulo, pretendo apresentar e analisar alguns dados colhidos neste documento. Tendo em vista a preocupação central deste trabalho, focalizarei, sobretudo, as variáveis referentes ao sexo e à condição jurídica, em intersecção com os dados referentes à procedência étnica e cor dos irmãos e irmãs do Rosário dos Pretos das Portas do Carmo. Nesse sentido, a presença, o lugar e a importância dos centro-africanos, bem como suas relações com outros grupos étnicos ou raciais nesta tradi-

---

15 Sobre o assunto ver capítulo 3, especialmente páginas 120-129.

cional irmandade de angolas e crioulos da Bahia, emerge como um dos focos centrais deste último capítulo do livro.

As mulheres do Rosário

No início de 1811, Josefa da Silva, preta forra, natural de Angola e moradora na rua do Peso do Fumo, encontrava-se bastante doente. Por este motivo fez conhecer suas últimas vontades por meio de um testamento datado de 22 de fevereiro do mesmo ano.[16] Segundo o testamento da liberta Josefa, seus pertences de maior valor eram as escravas Antonia e Maria, ambas de nação mina. Afora estas, Josefa deixou declarado que possuía um crucifixo pequeno de ouro com três voltas de cordão, uma medalha com quatro voltas de cordão de ouro fino, dois pares de botões de ouro, um pequeno rosário, um par de sapatos com chapas de ouro, uns corais engrazados em ouro, além de alguns talheres de certo valor. Josefa era solteira e declarou não ter tido filhos.

Numa extensa pesquisa documental, centrada na cidade de Salvador durante o século XIX, Maria Inês Cortes de Oliveira constatou um baixo índice de casamentos entre as africanas libertas. Segundo a autora, a condição servil explica este fato, "visto que a maior parte dos casos de alforria só se lhes tornava possível em idade relativamente avançada, após terem tido filhos em cativeiro".[17] Josefa não gerou filhos, ou se os teve, nenhum sobreviveu, assim como Maria Francisca, outra angola

---

16 Registro do Testamento com que faleceu Josefa da Silva em vinte dois de Fevereiro de mil oitocentos e onze. APEB – Registro de Testamento, Livro 3, fl. 81v.

17 Maria Inês Cortes de Oliveira, "Viver e Morrer no meio dos seus. Nações e comunidades africanas na Bahia do século XIX". *Revista USP*, n. 28, dez.1994/fev. 1995, p. 182.

liberta, solteira, sem filhos, proprietária de seis escravas e outros bens.[18] Mais uma vez a condição servil, assim como o empenho na conquista da própria liberdade podem, igualmente, explicar a ausência de filhos na vida destas mulheres. Para muitas libertas, solteiras ou casadas, era de suma importância conseguir ter seus filhos depois de alforriadas. Não transmitir a condição escrava para seus descendentes era um sonho e, quando alcançado, motivo de orgulho para muitas mulheres negras. Segundo Oliveira, "este dado era explicitado por algumas testadoras, [dentre elas] Ana Rita da Silva Araújo, natural da Costa da África, solteira, declarou que seus três filhos, todos maiores de idade, tinham sido gerados depois que se alforriou".[19] Entretanto, "a constituição de um núcleo familiar, quer pelo casamento, quer pela união informal, era mais fácil para mulheres que conseguiam libertar-se ainda jovens".[20] Talvez Josefa e Maria Francisca só tenham alcançado a almejada liberdade no momento em que a natureza não mais lhes permitiu a experiência da maternidade.

Por ocasião do registro de suas disposições testamentárias, Josefa estava alistada em quatro irmandades: na Irmandade do Rosário da Conceição da Praia – certamente a primeira em sua preferência, uma vez que deixou manifesta a vontade de ser enterrada na sua capela –, na confraria de São Benedito do Convento de São Francisco, na do Senhor Bom Jesus da Redenção e na Irmandade do Rosário da Baixa dos Sapateiros. As preferências de Josefa confirmam uma tendên-

---

18 *Idem, Ibidem*, p. 178.

19 *Idem, Ibidem*, p. 182.

20 *Idem, Ibidem*.

cia percebida por Oliveira, em testamentos de libertos na cidade de Salvador oitocentista.[21]

No início do século XIX, a maioria dos libertos e libertas que deixou testamento estava alistada em pelo menos uma irmandade. Porém, "vários pertenciam a quatro ou cinco e alguns chegaram a pertencer a sete e mesmo oito Irmandades".[22] Se participar de uma irmandade era a garantia de solidariedade na vida e na morte, alistar-se em várias não apenas consolidava esta garantia como dava mostras de prestígio social. Esta mesma tendência foi observada entre os homens livres pobres e ricos. Solteiro e sem filhos, o comerciante português José Antonio da Silva, natural do Porto, foi enterrado em 1817, acompanhado das quatro associações das quais era membro: Ordem Terceira de São Francisco, e as irmandades do Santíssimo Sacramento, Nossa Senhora da Conceição da Praia e Senhor dos Passos.[23]

Os poucos indícios sobre a vida da preta angola Josefa da Silva nos remetem a um universo muito mais amplo. Josefa foi uma entre muitas... Assim, tal qual nossa protagonista, outras tantas pretas, forras ou escravas, angolas, jejes ou crioulas, marcaram presença nas irmandades destinadas a gente de cor.

---

21 As três irmandades mais citadas nos testamentos, tanto para homens quanto para mulheres, na primeira metade do século, foram as de São Benedito do Convento de São Francisco (35 homens e 57 mulheres); Bom Jesus da Redenção da Igreja do Corpo Santo (30 homens e 39 mulheres) e Nossa Senhora do Rosário da Baixa dos Sapateiros (26 homens e 43 mulheres).Maria Inês Cortes de Oliveira, *O liberto: seu mundo e os outros. Salvador, 1790/1890*. São Paulo: Corrupio, 1988, p. 87.

22 Oliveira, *O liberto: seu mundo e os outros*, op. cit., p. 83.

23 João José Reis, *A Morte é uma festa*. Ritos fúnebres e revolta popular no Brasil do século XIX. São Paulo, Companhia das Letras, 1991, p. 153.

Na irmandade do Rosário das Portas do Carmo, dos 5.058 indivíduos identificados no registro de novos assentos, entre os anos de 1719-1826, as mulheres eram 3.648 (72,1%), constituindo-se na grande maioria dos associados, enquanto os homens somaram 1.410, ou seja, 27,9% do total de assentos. Este dado questiona as conclusões apontadas pela extensa pesquisa de Patrícia Mulvey. Segundo esta autora, nas irmandades de cor as mulheres não constituíam maioria e, provavelmente, não representavam mais de 10% dos associados.[24]

Por outro lado, estes dados confirmam diferenças, já observadas por outros estudiosos, no padrão das adesões de homens e mulheres nas irmandades de brancos e naquelas da gente de cor. No século XVIII, as mulheres representavam 39% dos novos associados da Ordem Terceira do Carmo. O mesmo padrão pode ser observado na Ordem Terceira de São Francisco, entre os anos de 1760 e 1770: 35,2% dos novos filiados eram mulheres. Em contrapartida, as adesões femininas na Irmandade do Boqueirão dos Pardos eram bem maiores, chegando a equiparar-se com o ingresso de homens. Entre os anos de 1789 e 1807, "a média de ingresso anual contava 43 homens e 40 mulheres".[25] Fundamentada em extensa pesquisa com a documentação das antigas ordens terceiras e da Irmandade do Boqueirão dos Pardos, Martinez, entretanto, observa que, na maioria das vezes, as mulheres entravam acompanhando os maridos.[26]

---

24 Patrícia A. Mulvey, "Black bothers and sisters: memberships in the black lay brotherhoods of Colonial Brazil". *Luso-Brasilian Review*, 17, 2, 1980, p. 258.

25 João José Reis, *A Morte é uma festa, op. cit.*, p. 58

26 Socorro Targino Martinez, *Ordens Terceiras: ideologia e arquitetura*. Dissertação (Mestrado) – Universidade Federal da Bahia, Salvador, 1979, p. 82ss, 128. *Apud* Reis, *A Morte é uma festa, op. cit.*, p. 58.

A documentação disponível não permite saber se algumas mulheres que se associavam à Irmandade do Rosário ingressavam juntamente com seus maridos. Em alguns poucos registros, entretanto, aparece indicado o estado civil e/ou o nome do marido da nova associada. Clara Pereira da Silva, por exemplo, ingressou na irmandade no ano de 1762. Nada se anotou sobre sua cor, identidade étnica ou condição, mas no campo das observações, consta que era mulher do Alferes Félix Lopes.[27] Embora a discriminação do estado civil deva ter sido mais comum entre as senhoras brancas, não era exclusivo destas. No mesmo ano de 1762, Bárbara da Silva, provavelmente uma negra escrava ou liberta, entrou para as fileiras da irmandade registrando-se como mulher de Manoel, escravo do capitão Pedro Gomes Caldeira, a propósito, membro de uma das famílias mais importantes da cidade.[28] Em 1798, a crioula Luísa Pereira Nazaré, no ato de sua entrada, deixa registrada sua condição de viúva.[29]

No que diz respeito à condição jurídica, dos 1.882 indivíduos declarados escravos, 1.251 (66,5%) são mulheres.[30] Elas também são numericamente superiores na contagem dos forros: somam 266 (79,2%) contra 70 (20,8%) indivíduos do sexo masculino.

---

27 Livro de Irmãos, fl. 109v.

28 *Ibidem*, fl. 101v.

29 *Ibidem*, fl. 251v.

30 Os homens escravos somam o total de 631 (33,5%) indivíduos.

Tabela 1

Escravos e libertos na Irmandade do Rosário das Portas do Carmo (1719-1826)[31]

Condição	Mulheres		Homens		TOTAL	
	Números absolutos	%	Números absolutos	%	Números absolutos	%
Escravos	1251	66,5	631	33,5	1882	84,9
Forros	266	79,2	70	20,8	336	15,1
TOTAL	1517	68,4	701	31,6	2218	100%

A constatação de uma maioria feminina é bastante interessante, sobretudo se considerarmos que ela destoa do padrão dominante na sociedade global. Em 1781, José da Silva Lisboa, o Visconde de Cairú, afirmava que "pela vantagem mais decidida do serviço dos negros sobre o das negras, sempre o número dos escravos é triplicado a respeito das escravas: coisa esta, que perpetua o inconveniente de se não propagarem, nem se aumentarem as gerações nascentes".[32] Embora a razão de masculinidade (expressa pelo número de homens dividido pelo de mulheres e multiplicado por 100) tenha sido mais elevada nos engenhos e roças do recôncavo, este padrão se refere mais diretamente aos escravos de origem africana. Desse modo, mesmo nas regiões de produção agrícola voltada para a exportação, as percentagens apresentadas pelos novos estudos estão bem distantes daquela suposta pelo Visconde de Cairú. Analisando um relatório governamental de 1739 que listava os cativos residentes de nove engenhos confiscados da família Rocha-Pita, Stuart Schwartz calculou uma razão de

---

31 Livro de Irmãos 1722-1806, AINSRP, cx. 7.

32 José da Silva Lisboa, "Carta muito interessante do advogado da Bahia, José da Silva Lisboa, para o Dr. Domingos Vanderli, diretor do Real Jardim Botânico de Lisboa". *Revista do Instituto Geográfico e Histórico da Bahia*, 76, 1950-51, p. 116.

masculinidade de apenas 112, ainda que mais de um terço dos escravos listados fossem de origem africana.[33] As análises têm mostrado, entretanto, que as altas taxas de masculinidade podiam variar bastante de acordo com a conjuntura. Ao examinar as informações de seis engenhos baianos em 1816, o mesmo autor encontra uma razão de 275 homens para cada cem mulheres.[34] Segundo Barickman,

> o desequilíbrio entre os sexos era, em geral, maior nos engenhos do que nas fazendas de cana". As taxas de masculinidade também costumavam ser mais elevadas nas localidades e períodos de predomínio da mão de obra africana.[35]

Em Salvador, os números eram mais equilibrados; numa amostra de inventários entre 1811 e 1860, Maria José Andrade contabilizou 128 homens para cada 100 mulheres, concluindo que algo em torno de 56% dos escravos urbanos eram do sexo masculino.[36] Ainda que prevaleça uma maioria masculina, notadamente entre os escravos africanos, o crescimento da população crioula foi responsável por um certo equilíbrio entre os sexos.

Muitas mulheres ocuparam cargos na irmandade. 1439 irmãs, a maioria sem identificação da condição jurídica, mas também muitas identificadas como escravas e libertas, ocuparam cargos de juíza durante

---

33 Stuart Schwartz, *Segredos Internos: engenhos e escravos na sociedade colonial*. São Paulo: Companhia das Letras, 1995, p. 287.

34 *Idem, Ibidem*.

35 Barickman, *Um contraponto baiano*, op. cit., p. 256.

36 Maria José Andrade, *A mão-de-obra escrava em Salvador de 1811 a 1860*. São Paulo: Corrupio, 1988.

o período coberto pelos registros. Independente de serem livres, libertas ou escravas, elas poderiam ocupar os cargos de juízas, procuradoras ou mordomas, pois "não servirá de objeção a falta de liberdade, porque pela qualidade do sexo não exercitam ato de Mesa".[37]

Como já discuti em capítulo anterior, eram atribuições femininas: o cuidado com os altares, andores e imagens, e, ainda, os peditórios semanais. Além disso, elas desempenhavam um papel importante em tarefas fundamentais dentro das irmandades. Na organização da festa da padroeira, que, como vimos, era o acontecimento público de maior importância na vida da associação, a participação das juízas, mordomas e rainhas era indispensável. Também no socorro aos irmãos e irmãs doentes, a ala feminina tinha participação ativa e imprescindível.[38] Ainda que distantes das instâncias decisórias mais importantes, as mulheres não eram meros adornos no cotidiano das associações negras. Ademais, a condição de "adorno" e o distanciamento das posições de decisão também parecem não combinar muito com o lugar assumido por muitas irmãs do Rosário fora das portas da Igreja.

Se destaca, nesta perspectiva, a juíza e procuradora Ana Butrago, cujos cargos ocupou provavelmente no final do século XVIII. No ano 1818, a crioula forra Ana Maria Butrago vendeu um sobrado na Rua do Maciel e, no ano seguinte, adquiriu uma casa na Rua dos Ossos.[39] Investimentos ou simplesmente busca de novas moradas,

---

37 Compromisso da Irmandade de N. S. do Rosário dos Homens Pretos, AINSRP, cx. 1, doc. 1, cap. XVI.

38 Mulvey, "Black brothers and sisters", *op. cit.*, p. 258-59; A. J. R. Russel-Wood, "Black and Mulatto Brotherhoods in Colonial Brazil: a study in collective behavior". *HAHR*, vol. 54, n. 4, 1974, p. 584.

39 Escritura de venda do sobrado no Maciel, 28/6/1818 – livro 195, fl. 322; Escritura de doação da casa na Rua dos ossos 01/02/1819 – livro 197, fl.

o fato é que Ana Butrago era a responsável direta pelo seu patrimônio. Como era comum entre os libertos, Ana possuiu, até onde foi possível investigar, pelo menos três escravos: uma escrava que carregava seu nome e que aparece inscrita como irmã do Rosário no registro seguinte ao de sua senhora como "escrava da dita"; outra escrava de nome Maria do Nascimento e o varão Manoel Pereira Butrago.[40] Na carta de liberdade de Maria do Nascimento, registrada em cartório em 1806, a crioulinha é alforriada com a condição de servir a ex-senhora até a morte.[41] Assim como outras libertas, Ana Butrago permaneceu solteira ao longo da vida, dessa forma, a relação que estabeleceu com seus escravos Maria do Nascimento e Manoel parece ter sido próxima de uma relação filial.[42] Por amor, gratidão ou pelo reconhecimento da fidelidade das crias, no ano de 1824, Ana Butrago registrou escritura de doação da casa da Rua dos Ossos às suas crias Manoel Pereira Butrago, na ocasião já casado com Joana Maria da Conceição, e Maria do Nascimento, casada com José da Trindade.[43]

25v-26v. Sessão Judiciária, Série Autos cíveis, Livros de Notas, APEB. Agradeço a Lisa Erl Castillo estas referências documentais.

40 Livro de irmãos, fl. 41v; 20/09/1824 – livro 213, fl. 93.

41 Alforria de Maria do Nascimento – 1806, reg. em 1811--Livro 169, fl. 5. Agradeço a Lisa Erl Castillo estas referências documentais.

42 Lisa Erl Castillo não localizou a carta de alforria de Manoel Pereira Butrago. A pesquisadora, no entanto, encontrou uma série de informações sobre a vida pessoal e os negócios de Manoel nas primeiras décadas do século XX. Chama atenção os vínculos estabelecidos com Maria do Rosário, fundadora do Alaketu.

43 Escritura de doação da casa na Rua dos ossos. Agradeço a Lisa Erl Castillo estas referências documentais.

O protagonismo de Ana Maria Butrago nos negócios e, portanto, nos rumos de sua vida, não parece admitir que, na condição de juíza e procuradora da irmandade, a mesma se colocasse em posição de passividade e submissão.

Embora o ingresso de mulheres tenha sido superior ao de homens ao longo de todo o período coberto pelo livro de irmãos, a proporção entre os sexos parece ter sido mais ou menos equilibrada até a metade do século XVIII. A partir de então, o ingresso de mulheres foi expressivamente superior ao de homens. Na década de 1720, ingressaram na irmandade 35 homens e 44 mulheres; já na década de 1750, o número de novas associadas superou duas vezes o de homens, foram 289 mulheres e 143 homens. À medida que avançavam os anos, a desproporção foi se tornando mais gritante: na década de 1790, foram associadas 686 mulheres e apenas 252 homens. No primeiro decênio de 1800, as mulheres já formavam um contingente de novos associados quase quatro vezes maior que o dos homens: nestes anos, entre os 1496 novos associados, 1177 eram do sexo feminino e tão somente 319 do sexo masculino.

É importante ressaltar que 55,7% do total de novos ingressos registrados no livro de irmãos do Rosário das Portas do Carmo concentram-se na década de 1790 e no primeiro decênio de 1800. De um total de 2.434 assentos, neste período contabiliza-se 1.863 mulheres (76,54%) e 571 homens (23,46%).

Escravos e libertos

Durante o século XVIII, até meados do XIX, a Irmandade do Rosário das Portas do Carmo foi uma irmandade de escravos, isto porque 84,9% dos associados identificados segundo a condição jurídica, inscritos entre os anos de 1719-1826, viviam na condição de cativos. Esta irmandade não era uma exceção, pois parece que a maioria escrava era um fato frequente nas confrarias negras no período colonial.[44]

Em muitos registros, ao lado do nome do escravo, identifica-se seu proprietário ou proprietária. Além do aval, esta indicação sugere que o pagamento da inscrição estaria a cargo do senhor ou da senhora.[45] Alguns proprietários chegaram a alistar na irmandade dois ou mais escravos. No ano de 1803, o capitão-mor Antonio José de Freitas inscreveu na irmandade dois de seus escravos: Antonio Mina e Antonio Benguela.[46] Alguns destes escravos, especialmente mulheres, chegaram a ocupar cargos dentro da associação, como o ocorrido com Antonia, de nação angola. Escrava de José dos Santos Orta, Antonia ocupou o cargo de juíza no ano de 1800.[47] Ao que parece, não apenas os senhores brancos patrocinavam e/ou autorizavam a entrada de seus escravos na irmandade. Em 1754, Caetana, escrava do preto forro Manoel Dias, teve efetivada sua inscrição no grêmio católico. O mesmo se deu com a escrava homônima de Ana Butrago, como relatei acima. Por devoção ou por interesse, é certo que muitos senhores avalizavam a participação de seus escravos nas irmandades de cor. Do ponto de vista senhorial, "o apoio da Igreja [era essencial] para ensinar a seus trabalhadores as virtudes da paciência e da humildade, a resignação e a submissão à ordem estabelecida".[48] Acrescenta-se que contribuir com irmandades de

---

44 Mulvey, "Black brothers and sisters", *op. cit.*, p. 262.

45 *Idem, Ibidem*, p. 264.

46 Livro de Irmãos, fl. 63v.

47 *Ibidem*, fl. 61v.

48 Kátia Queirós Mattoso, *Ser escravo no Brasil*. São Paulo: Editora Brasiliense, 1982, p. 114.

escravos, além de ser uma clara afirmação de prestígio social,[49] era ato pio de grande apreço na terra e, quiçá, nos céus.

Apesar da maioria escrava, o compromisso da Irmandade do Rosário das Portas do Carmo restringia a participação dos cativos nos cargos de direção. Segundo o estatuto, "para Juízes, Procuradores, e mais irmãos da Mesa se elegerão pessoas libertas e isentas de escravidão, para que sejam prontos a exercer e satisfazer ao atos da irmandade, e vivam livre de alguma infâmia a que está sujeita a condição servil de que nascera (...)".[50] Admitia, entretanto, "que algum irmão sem embargo de sujeição seja bem procedido e o seu cativeiro suave poderá ser Irmão de Mesa, mas em nenhum caso será Juiz, Escrivão, Tesoureiro ou Procuradores; porque estes devem ser rigorosamente pessoas libertas".[51]

Apreende-se do texto que os escravos poderiam assumir apenas um dos cargos de mesa: o de consultor. Os consultores cumpriam a honrosa função de conselheiros da irmandade e, por esta razão, se esperava que fossem "pessoas prudentes, de bom juízo e conselho para tudo procederem com acerto". Além de participar das discussões e emitir seus pareceres durante as reuniões da mesa, os consultores também tinham direito a voto. Assim, ao que parece, a restrição à participação dos escravos nos cargos mais prestigiados decorria, fundamentalmente, dos limites legais impostos pelo cativeiro e não por qualquer tipo de preconceito relacionado à condição de cativo.

O debate em torno dos cargos acessíveis aos escravos não foi exclusivo da Irmandade do Rosário das Portas do Carmo. Os irmãos do

---

49 Mulvey. "Black brothers and sisters", *op. cit.*, p. 268.

50 Compromisso da Irmandade de N. S. do Rosário dos Homens Pretos, cx. 1, doc. 1, cap. XVI.

51 *Ibidem.*

Rosário dos Pretos de Camamu permitiam que o cargo de juiz, exclusivo aos homens pretos, pudesse ser ocupado por pessoas libertas ou cativas. Ao cargo de escrivão, entretanto, só teria acesso "pessoa livre de escravidão e inteiramente liberta para poder ter aceitação em Juízo e fora dela as suas assinaturas, tanto nas procurações que fizer para os negócios da Irmandade, como nos despachos dos Requerimentos que fizerem à Mesa".[52] Mais uma vez, as restrições jurídicas inerentes à condição de escravo eram apontadas como o fator preponderante para a exclusão dos cativos aos cargos de maior destaque nas confrarias negras.

Na distante freguesia de São José das Itapororocas, pertencente a Vila de Cachoeira, a mesma questão preocupou os irmãos do Rosário. Eles deixaram registrado em seu estatuto que apenas as "pessoas libertas e isentas de escravidão" poderiam ser juízes da irmandade, pois apenas nesta condição estariam aptos "a exercitarem os atos necessários".[53] Nesta irmandade cabia aos escravos apenas o cargo de mordomo, para os homens; no caso das mulheres, como não participavam da Mesa, poderiam ocupar todos os cargos indicados para ala feminina, independente da condição jurídica/social. Embora o compromisso deixe explícito a exclusão dos escravos dos demais cargos de mesa, também abre exceção para aqueles que usufruíssem de um cativeiro e sujeição mais suaves.[54]

---

52 Compromisso da Irmandade do Rosário dos Homens Pretos na Igreja de N. S. da Assunção – Matriz de Camamu, AHU, Cód. 1925, cap. VI e VII.

53 Compromisso da Irmandade da Imaculada Virgem N. S. dos Homens Pretos (N. S. do Rosário), ereta na Capela da Ssenhora Conceição e São Bento na Beira da Mata de Paramirim, Freguesia de São José das Itapororocas, IAN/TT, Chancelarias da Ordem de Cristo, D. Maria I, Livro 16, fl. 80.

54 Compromisso da Irmandade da Imaculada Virgem N. S. dos Homens Pretos (N. S. do Rosário), ereta na Capela da Sra. Conceição e São Bento na Beira da Mata de Paramirim, Freguesia de São José das Itapororocas, fl.80.

Alguns pesquisadores atribuíram grande importância ao papel desempenhado pelas irmandades negras na conquista da alforria de seus membros.[55] Temo constatar que, pelo menos na Bahia setecentista, esta questão não parece ter sido uma das principais atividades das confrarias negras.[56] Enquanto em Portugal o resgate dos irmãos cativos, fundado inclusive num privilégio régio, foi uma das bandeiras mais importantes das irmandades negras, na América portuguesa não se tem notícia de importância semelhante.[57] No entanto, quando afirmo que não teve a mesma importância, não ignoro a existência de iniciativas desta natureza na antiga colônia de Portugal nas Américas. Malgrado a inexistência de qualquer privilégio, as confrarias negras brasileiras também buscaram se beneficiar do direito de resgate dos irmãos que estariam supostamente sendo maltratados pelos seus senhores.

Como resultado de uma exaustiva pesquisa sobre os requerimentos de irmandades de Pernambuco e do Rio Janeiro enviados à Lisboa, Quintão trouxe a público dois eventos que exemplificam estes intentos.[58] No ano de 1703, a Irmandade do Rosário dos Pretos de Olinda

---

55 Entre outros ver: Antonia Quintão, *Lá vem o meu parente. As irmandades de pretos e pardos no Rio de Janeiro e em Pernambuco no século XVIII*. São Paulo: Annablume/Fapesp, 2002, p. 136.

56 Esta afirmação perde a validez para outros contextos históricos. Como bem demonstrou Antonia Quintão, as irmandades negras na cidade de São Paulo estiveram bastante envolvidas com o movimento abolicionista do final do século XIX. Antonia Quintão. *Irmandades negras: outro espaço de luta e resistência (São Paulo: 1870-1890)*. São Paulo, Annablume/Fapesp, 2002.

57 No primeiro capítulo da tese discuto a importância do privilégio régio de resgate dos irmãos cativos em Portugal.

58 A partir de um interessantíssimo conjunto de documentos sobre o assunto, Quintão montou o "quebra-cabeças" de alguns eventos que relato, de forma resumida, a seguir.

solicitou ao rei uma licença para compra da liberdade de um de seus irmãos. No documento alegou que Domingos Gomes sofria maus tratos de seu proprietário Lourenço Gomes Mourão.[59] A Irmandade de N. S. do Rosário e Resgate da Capitania do Rio de Janeiro igualmente pediu licença ao rei para resgatar "alguns irmãos cativos em algumas casas com ruim cativeiro".[60] Em 12 de janeiro de 1685 o Rei ordenou ao governador da capitania, Duarte Teixeira e Chaves, que consultasse os oficiais da Câmara e, embasado nesta consulta, emitisse um parecer sobre o requerimento dos irmãos do Rosário. O parecer do governador foi contrário a solicitação dos irmãos do Rosário. O documento enviado pela Câmara é, por sua vez, muito esclarecedor dos limites econômicos, sociais e morais deste recurso na colônia.

> A petição sobre que Vossa Majestade nos faz Mercê querer ouvir respondemos que de nenhuma maneira deve Vossa Majestade deferir nem conceder a licença que se pede em razão de que será em grande prejuízo e total ruína dos moradores desta cidade e do estado do Brasil. Porque senhor a maior parte dos cabedais dos moradores deste estado consiste em pessoas de escravos e escravas, pretos e mulatos que semeiam e fabricam os engenhos e se servem em suas casas, os quais fazem a seus moradores

---

59 Sobre a liberdade do escravo Domingos Gomes, a requerimento da Irmandade de N. S. do Rosário dos Homens Pretos da Cidade de Olinda, AHU, Cód. 257, fl. 173v., 14 de Março de 1703. *Apud* Quintão. *Lá vem o meu parente, op. cit.*, p. 137.

60 Irmandade de N. S. do Rosário e Resgate do Rio de Janeiro. ANRJ, Cód. 952, vol. 3, fl. 202. 12 de Janeiro de 1685. *Apud* Quintão, *Lá vem o meu parente, op. cit.*, p. 138.

alguns furtos, e se puderem resgatar os farão maiores, e se porão os mais deles em liberdade de que resultarão dois grandes danos a saber; em crescerem os furtos, e em brevemente fecharem os engenhos por falta de serventes.[61]

Desse modo, as marcantes diferenças entre a escravidão no Reino e na colônia explicam, em grande medida, o fracasso deste recurso na América Portuguesa. Na colônia, a escravidão era a espinha dorsal da sociedade. Por esta razão, qualquer questionamento à propriedade escravista era por demais explosivo e subversivo da ordem. Quanto mais evidente foi se tornando esta realidade, mais absurda e inútil se tornava qualquer tentativa de resgate de cativos por argumentos de cunho moral.

Em termos reais, no que diz respeito à alforria, as confrarias negras na América portuguesa coube apenas auxiliar financeiramente o irmão ou irmã que quisesse comprar sua liberdade. Por exemplo, os irmãos do Rosário da Conceição da Praia declararam em compromisso que:

> Querendo algum irmão confrade libertar-se, pedindo em mesa aos ditos irmãos de empréstimo algum dinheiro se lhe dará sobre os penhores ou fiador abonado. Aliás não dando os ditos penhores e o fiador abonado não terá a irmandade poder para lhe poder emprestar.[62]

---

61 Traslado de uns Autos que vão remetidos a S.M. sobre a liberdade dos irmãos de Nossa Senhora do Rosário e resposta que deram os oficiais da Câmara desta Cidade. IEB, Coleção Lamego, Cód. 58.17.A8. 25 de abril de 1685. *Apud* Quintão, *Lá vem meu parente*, op. cit., p. 139-140.

62 Compromisso da Virgem Santíssima Mãe de Deus N. S. do Rosário dos Pretos da Praia. AINSCP, cap. XVI.

Na Irmandade do Rosário da Rua de João Pereira, além da possibilidade do empréstimo, igualmente avalizado por fiador idôneo, os membros da confraria podiam tirar esmolas para auxiliar algum irmão que quisesse se libertar e "lhe faltasse algum dinheiro para satisfação do seu preço".[63]

Embora as irmandades não pudessem fazer muito para auxiliar na alforria dos seus membros, a presença de libertos em seus quadros, como vimos acima, era fundamental para manutenção do controle das entidades em mãos negras, dada a limitação jurídica e social da condição de escravos. Assim, é provável que o grupo que concentrasse a maioria dos libertos fosse, ao mesmo tempo, aquele que concentrava mais poder dentro da associação.

Os irmãos brancos do Rosário

Assim como entre os negros, também entre os sócios brancos as mulheres constituíram maioria. No período em questão, 45 mulheres declaradas brancas se afiliaram à Irmandade de N. S. do Rosário das Portas do Carmo. Chama a atenção a condição privilegiada deste grupo, pois 27 destas irmãs brancas ocuparam cargos de juízas. Estes números, além de revelarem a importância da devoção ao Rosário entre as senhoras brancas, também confirmam o "lugar" reservado às mulheres em geral dentro das irmandades. Juíza era o cargo mais alto e de maior importância que podia ser exercido por uma mulher, negra ou branca. As senhoras declaradas brancas que ingressaram na irmandade fizeram, portanto, parte de um seleto grupo de irmãs, mas

---

63 Compromisso da Irmandade do Rosário dos Homens Pretos da Freguesia de São Pedro, 1767, IAN/TT, Chancelarias Antigas – Ordem de Cristo, Livro 297, fls. 177-177v.

como as irmãs negras, estiveram afastadas da mesa diretora, pelo menos oficialmente. Talvez isso possa explicar, em parte, a flexibilidade para o ingresso destas senhoras, além, é claro, das gordas esmolas que poderiam acrescer aos cofres da irmandade.

Como contraponto, no período em estudo, dos 12 homens declarados brancos nos registros da irmandade, apenas 2 ocuparam o cargo de juiz: José Luís do Amaral, em 1785, e Benedito Álvares, em 1808.[64] É importante ressalvar que ambos foram juízes de devoção, ou seja, não participavam da mesa diretora, mas tão somente da organização e patrocínio da festa da padroeira. O juizado de devoção era geralmente mais aberto e visava, sobretudo, o aumento de arrecadação para festa, daí a facilidade e, porque não dizer, a boa recepção oferecida aos brancos. Sem declaração de cor, mas provavelmente brancos, também foram juízes de devoção o Padre João Lobato (1796) e o Reverendo Cônego Manoel Brandão (1793).[65]

As irmandades negras geralmente registravam em compromisso a preferência e, por vezes, a exclusividade do cargo de juiz da associação aos irmãos negros. Aos homens brancos, geralmente, estavam reservados os cargos de escrivão, tesoureiro e procurador, por motivos já explicitados no capítulo três. Ainda assim, talvez esta restrição não tenha impedido que alguns brancos ocupassem o cargo de juiz. Ingresso no ano de 1779, o Padre Agostinho de Santa Mônica foi juiz da irmandade.[66] O Sargento-mor Manoel de Souza, irmão desde 1786, foi, por sua vez, juiz e consultor.[67] Entretanto, a presença de sacerdotes

---

64 Livro de Irmãos, fls. 202v e fl. 110v.

65 *Ibidem*, fls. 215v e fl. 275v.

66 *Ibidem*, fl. 58v.

67 *Ibidem*, fl. 263v.

e militares em cargos de mesa, notadamente quando não aparece nenhum registro de sua cor, não é um indicativo seguro da presença de brancos nos cargos estatutariamente reservados aos negros.

Mulvey atenta para o fato de que alguns sacerdotes inscritos nas irmandades de cor poderiam mesmo ser negros ou mulatos. Apesar do requisito de "limpeza de sangue", que impedia escravos, filhos ilegítimos, pessoas fisicamente deformadas, judeus, mouros, mouriscos, heréticos ou qualquer outra "raça contaminada" de ordenar-se padre, através de dispensas especiais algumas exceções foram abertas.[68] Este fenômeno pode ser exemplificado através das histórias de vida do candidato ao sacerdócio Domingos Lemos Gonçalves e do padre André Couto.

Em 25 de setembro de 1745, Domingos Lemos Gonçalves, natural de Minas Gerais, Bispado do Rio de Janeiro, candidato ao sacerdócio no Bispado de Luanda, foi "dispensado nos defeitos da ilegitimidade e descendência de pretos". Filho natural, por parte de pai, e de uma preta forra do gentio de Angola, Domingos teve a dispensa justificada pelo seu desejo de "subir à perfeição do estado sacerdotal" e também pela crítica falta de sacerdotes naquele bispado africano. Domingos, nascido no Brasil e filho de uma mulher natural do Reino de Angola, forra à época da sentença, retornou à terra de sua mãe e aí preparou-se para o sacerdócio.[69] No ano de 1779, D. Maria I, respondendo aos apelos desesperados do Bispo de Angola, Frei Luís da Anunciação Azevedo, diante da lastimável situação dos assuntos religiosos em seu bispado, enviou 22 missionários para as terras daquele reino. Entre estes religiosos estava o padre secular André do Couto Godinho, "ho-

---

68 Mulvey, "Black brothers and sisters", *op. cit.*, p. 266.
69 Provisões Antigas, s/n, fls. 95-97. Arquivo do Bispado de Luanda.

mem preto, natural do Brasil, formando em cânones e de conhecida virtude". Segundo sua apresentação às autoridades angolanas, o padre André Couto estava ali de livre e espontânea vontade, pois manifestava "ardentes desejos de ir à missão no Congo".[70]

A importância das corporações militares de homens de cor é um tema tão rico quanto inexplorado pela historiografia brasileira. Juntamente com as confrarias, elas foram efetivos canais de expressão e integração da população negra no período colonial. Pode-se dizer que estas duas instituições aglutinaram "a elite" dos homens de cor na América portuguesa. As relações informais ou formais entre as irmandades de negros e os regimentos militares de homens de cor foram sugeridas por alguns pesquisadores.[71] Embora pouco significativo em termos numéricos, a presença de militares destes regimentos dentro das associações católicas negras, sobretudo quando assumiam cargos de direção, deve ter significado muito em termos sociais. Contabilizei nos registros da irmandade o ingresso de dois ajudantes, seis alferes, 12 capitães, um sargento e um sargento-mor. De um total de 22 militares, nove ocuparam os mais altos cargos de direção.

Neste caso, é bastante provável que o Capitão João da Silva Lisboa, procurador da Irmandade do Rosário das Portas do Carmo em 1809, o Alferes Lucas de Paiva Rosa, ingresso no ano de 1806, assumindo posteriormente o cargo de consultor, e o Capitão José de Oliveira Abreu, irmão desde 1784 e juiz em 1804, fossem, ao mesmo tempo, integrantes de alguma das corporações de homens de cor da cida-

---

70 Angola. Cxs. 62/63, doc. 97, AHU.

71 A. J. R. Russell-Wood, *The black man in slavery and freedom in Colonial Brazil*. Nova York: St. Martin's Press, 1982, p. 157; Mulvey, "Black brothers and sisters", *op. cit.*, p. 264.

de da Bahia.[72] No final do século XVIII, a cidade era guarnecida por quatro regimentos de tropas urbanas. Os homens pardos da cidade contavam com um regimento próprio, ainda que de segunda linha – Regimento de Artilharia Auxiliar de Pardos –, formado por 575 homens. O Terço de Henrique Dias, por sua vez, era composto por 603 pretos libertos.[73]

O livro de irmãos não permite tirar qualquer inferência mais definitiva com respeito à identificação de cor ou etnia das mesas diretoras da associação. Por exemplo, dos 38 homens que, segundo os registros, assumiram o cargo de juiz em um determinado período, apenas um é identificado como forro; para a grande maioria não há nenhuma indicação de condição jurídica ou etnia/cor.[74] A ausência deste registro impossibilita saber, através dos assentos, qual o grupo que realmente controlava a direção da irmandade. De acordo com o compromisso de 1820, apesar da maioria jeje, eram os angolas e crioulos os grupos hegemônicos dentro da associação.

Angolas, crioulos e jejes

Nesta tradicional irmandade dirigida por angolas e crioulos, os centro-africanos não constituíam a maioria dos irmãos inscritos entre os anos de 1719-1826. Neste período os jejes estiveram presentes em maior número, seguidos pelos crioulos e angolas, como podemos observar na tabela que segue:

---

72 Livro de Irmãos, fls. 219v, 254v, 204v.

73 István Jancsó, *Na Bahia contra o império: história do ensaio de sedição de 1798*. São Paulo/Salvador: Hucitec/UFBA, 1996, p. 97.

74 Livro de Irmãos, fl. 127v.

Tabela 2

Grupos Étnicos na Irmandade do Rosário das Portas do Carmo (1719-1826)[75]

Grupos Étnicos Identificados	Números absolutos	%
África Central		
Angola	123	18,8
Benguela	28	4,3
Congo	01	0,15
Moçambique	04	0,6
TOTAL	156	23,8
África Ocidental		
Jeje	214	32,7
Mina	66	10,1
Nagô	14	2,1
Costa Afra (*)	01	0,15
Parda Mina	01	0,15
TOTAL	296	45,2
Crioulo		
Total	202	31
TOTAL	654	100

(*) Costa da África

Num universo de 654 indivíduos, identificados segundo o grupo étnico, os jejes somam 214 (32,72%), os crioulos 202 (30,89%) e os angolas 123 (18,81%). Bacelar e Souza apresentam dados que avançam para um período posterior e chegam a conclusões semelhantes. Em um livro de entrada de irmãos no período de 1798-1865[76] contabilizam

---

75 Livro de Irmãos 1722-1806.

76 Segundo os autores, este livro encontrava-se no Arquivo da Igreja do Rosário do Pelourinho. Três décadas mais tarde não consegui localizar este documento no mesmo arquivo. Tendo em vista a umidade e má conservação do local onde se encontra alojado o acervo documental, bem como a falta de segurança do mesmo, é possível que este e outros documentos igualmente preciosos tenham se perdido para a posteridade.

um total de 1.505 membros; destes, somente consta a origem ou nação de 255 indivíduos, assim distribuídos:

Tabela 3

Grupos Étnicos na Irmandade do Rosário das Portas do Carmo (1798-1865)[77]

Nação ou Origem	Números absolutos	%
Angola	35	13,73
Crioulo	84	32,94
Jeje	97	38,04
Mina	16	6,27
Benguela	09	3,53
Da Costa	04	1,57
Moçambique	01	0,39
Nagô	09	3,53
TOTAL	255	100

Em comparação com a primeira tabela, chama atenção a diminuição na porcentagem de angolas e o crescimento na de jejes. Este fenômeno reflete, com certeza, o contexto do tráfico africano para Bahia que, desde as primeiras décadas do século XVIII, voltava-se cada vez mais para os portos da África Ocidental, em detrimento da África Central. Desse modo, a maioria jeje apresentada em ambas tabelas é apenas expressão de um contexto mais amplo.[78]

No século XVIII baiano, angolas e jejes formavam as comunidades africanas mais importantes em termos numéricos e culturais. Pelo menos é isso que deixa transparecer o texto do compromisso da Irmandade de São Benedito colocada na capela de N. S. do Rosário da Freguesia de Itapagipe. Esta confraria costumava eleger três juízes, "um crioulo, ou-

---

77 Bacelar e Souza, *O Rosário dos Pretos do Pelourinho*, op. cit., p. 17.

78 Luís Nicolau Parés, *A formação do candomblé. História e Ritual da nação jeje na Bahia*. Campinas: Editora da Unicamp, 2006, p. 68.

tro Angola ou Gege e outro pardo".[79] Em outras palavras, a comunidade africana poderia ser representada por um ou outro grupo.

Angolas e jejes dividiam espaços também nos engenhos e nas plantações de tabaco do Recôncavo. No período de 1750 a 1800, os povos da África Central somavam 32,6% da população escrava africana da zona do açúcar, enquanto os da África Ocidental (Minas) constituíam 67,9%. Para o mesmo período, o autor encontrou proporções semelhantes na zona do tabaco: os centro-africanos representavam 32,7% da população africana, e os minas 67,1%.[80] Estes números revelam, na verdade, uma intensa convivência entre centro-africanos e povos da África Ocidental no recôncavo da Bahia. Nuno Marques Pereira, em passagem pela região nas primeiras décadas do século XVIII, é informado de que os calundus praticados pelos negros eram realizados pela "gentilidade que v[inha] de Angola e da Costa da Mina".[81]

A convivência de angolas e jejes nas irmandades baianas não foi restrita ao Rosário das Portas do Carmo. Discuto longamente, no capítulo 3, as alianças entre "os naturais da Costa da Mina e de Luanda" nas irmandades do Senhor Bom Jesus da Redenção, na capela do Corpo Santo e do Senhor Bom Jesus da Ressurreição dos Pretos Naturais de

---

79 Compromisso da Irmandade do Glorioso Senhor São Benedito colocada na capela de Nossa Senhora do Rosário, filial a Matriz de Nossa Senhora da Penha de França de Itapagipe, feito no ano de 1800, AHU, Cód. 1929, cap. 1

80 Parés, *A formação do candomblé*, op. cit. Especialmente o capítulo 2.

81 Nuno Marques Pereira, *Compêndio Narrativo do peregrino da América. Em que tratam vários discursos espirituais, e morais, com muitas advertências e documentos contra os abusos que se acham introduzidos pela malícia diabólica no Estado do Brasil*. Lisboa: Oficina de Manoel Fernandes Costa, 1731, p. 119.

Barra Fora, ereta na Igreja da Companhia de Jesus em 1783.[82] Levando em conta o período em que foram instituídas estas irmandades – ambas na segunda metade do Setecentos –, é provável que a maioria dos africanos identificada como oriunda da Costa da Mina fossem na verdade jejes. No caso das irmandades do Senhor da Redenção e do Senhor da Ressurreição, a aliança angola/jeje era nitidamente uma aliança de africanos, ainda que os crioulos não fossem totalmente excluídos na última. Desse modo, o fator de união parece ter sido as "discórdias" existentes entre os africanos e os crioulos ou pretos nacionais.

Ainda no final do século XVIII, há outro exemplo de convivência harmoniosa de centro-africanos e jejes. Na Irmandade do Rosário de João Pereira, jejes e benguelas dividiram os poderes na Mesa diretora. Neste caso, a aliança africana parece ter se fortalecido no enfrentamento com os brancos pelo controle da entidade. No ano de 1784, o padre Joaquim Álvares, escrivão da Irmandade do Rosário da Rua de João Pereira, denuncia que os mesários da dita irmandade planejavam "a exclusão" dos brancos e mesmo dos pardos da disputa pelos cargos de tesoureiro e escrivão.[83] Segundo a denúncia, embora o compromisso não impedisse o acesso dos pretos, o "costume" e a preocupação com o "bom governo dos cabedais e esmolas da irmandade" vinha reservando estes cargos aos brancos. Parece que estamos diante de mais uma batalha pelo controle da direção de uma confraria de negros.

---

82 Compromisso da Irmandade do Senhor Bom Jesus das Necessidades e Redenção, na Capela do Corpo Santo, IAN/TT, Chancelarias da Ordem de Cristo, D. Maria I, Livro 5, fls. 51v-60; Compromisso da Irmandade do Senhor Bom Jesus da Ressurreição dos Pretos Naturais de Barra Fora, ereta na Igreja de Santo Ignácio na cidade da Bahia, 1783, IAN/TT, Chancelarias da Ordem de Cristo, D. Maria I, Livro 17, fls. 70v.-82.

83 Ouvidoria do Crime: 1780-1784, Maço 176, doc. 41. APEB.

Os irmãos mesários da Irmandade do Rosário dos Pretos do Pelourinho, apesar da intensa e crescente convivência com os jejes desde as primeiras décadas do século XVIII, como ficou atestado acima, não foram tão flexíveis quanto seus congêneres da Rua João Pereira. Fazendo jus à sua primazia, até a segunda metade do século XIX, os angolas e crioulos continuaram na direção do Rosário das Portas do Carmo. No ano de 1820, os estatutos desta irmandade mantinham o monopólio de angolas e crioulos na diretoria. Segundo Sara Farias, o desaparecimento da restrição estatutária não significou uma mudança na prática até pelo menos o ano de 1871.[84]

No entanto, o livro de irmãos pouco ajuda na constatação do poder dos angolas dentro da entidade. Em primeiro lugar, em contraposição à atenção dada às informações sobre os cargos femininos, para os cargos masculinos são muito reduzidas. Além disso, mais raros ainda são as indicações de origem e/ou cor, bem como a condição dos ocupantes dos cargos diretivos. Ao longo de todo o período identificamos 37 juízes, 22 procuradores, três tesoureiros, dois escrivães e oito consultores. Destes, a condição jurídica é mencionada apenas em dois registros, o do juiz Domingos, inscrito em 1798 como forro, e do consultor José Alvarez Saraiva, igualmente liberto, inscrito em 1761. Para completar o quadro, dos 123 angolas inscritos na Irmandade entre os anos de 1719-1826, 88 (71,5%) eram escravos, 33 (26.8%) não foram identificados e apenas duas mulheres (1,6%) eram libertas.

---

84 Sara Oliveira Farias, *Irmãos de cor, de caridade e de crença: A Irmandade do Rosário do Pelourinho na Bahia. Século XIX*, op. cit.

Tabela 4

Irmãos do Rosário distribuídos segundo sexo, condição e grupos étnicos[85]

África Central	Mulheres		Homens		TOTAL	
Angola	Números Absolutos	%	Números Absolutos	%	Números Absolutos	%%
Escravos	37	42	51	58	88	71,54
Forros	02	100	-	0	02	1,63
Não identificados	16	48,5	17	51,5	33	26,83
TOTAL	55	44,7	68	55,3	123	100
Benguela						
Escravos	04	26,7	11	73,3	15	53,6
Forros	-	-	-	-	-	-
Não identificados	05	38,46	08	61,54	13	46,4
TOTAL	09	32,14	19	67,85	28	100

África Ocidental	Mulheres		Homens		TOTAL	
Jeje	Números absolutos	%	Números absolutos	%	Números absolutos	
Escravos	74	58,7	52	41,3	126	58,9
Forros	15	65,2	8	34,8	23	10,7
Não identificados	48	73,9	17	26,2	65	30,4
TOTAL	137	64,0	77	36,0	214	100
Mina						
Escravos	18	42,9	24	57,1	42	63,64
Forros	-	-	01	100	01	1,52
Não identificados	9	39,1	14	60,9	23	34,85
TOTAL	27	41	39	59	66	100
Nagô						
Escravos	3	37,5	5	62,5	8	57,14
Forros	-	-	1	100	1	7,14
Não identificados	3	60	2	40	5	35,71
TOTAL	6	42,9	8	57,1	14	100

Brasil	Mulheres		Homens		TOTAL	
Crioulos	Números absolutos	%	Números absolutos	%	Números absolutos	%
Escravos	49	72,06	19	27,94	68	33,66
Forros	57	82,6	12	17,4	69	34,16
Não identificados	46	70,8	19	29,2	65	32,18
TOTAL	152	75,25	50	24,75	202	100

---

85 Livro de Irmãos 1722-1806, AINSRP, cx. 7.

A presença dos libertos era fundamental para a autonomia das irmandades negras.[86] Quando alfabetizados podiam mesmo assumir postos antes reservados aos brancos, como os de escrivão e tesoureiro. Na irmandade do Rosário das Portas do Carmo, a maior concentração de libertos ficava entre os crioulos. Eram 12 homens e 57 mulheres somando 69 indivíduos, ou seja, 71,88% do total de 96 libertos identificados segundo a identidade étnica ou cor.[87] Depois dos jejes, os crioulos formavam o grupo mais numeroso dentro da irmandade. Este fato talvez explique a proeminência do grupo na direção da irmandade, juntamente com os angolas.

Embora os crioulos concentrassem o maior número de libertos, 72,06% destes membros eram mulheres, ou seja, não ocupavam cargos de direção. De todas as formas, tomando como suporte outros registros documentais, podemos inferir destes dados que os crioulos constituíam um grupo expressivo, também politicamente, dentro da irmandade. Talvez o mais expressivo, uma vez que os jejes estavam formalmente excluídos das mais altas instâncias de poder.

Mas como explicar a hegemonia angola/crioulo tão marcante na história desta entidade, dada esta lacuna nos registros? Antes disso, precede outra interrogação: por que razão os registros raramente identificam cor e/ou origem étnica dos ocupantes dos cargos de Mesa?

Ainda que mais da metade dos registros de entrada (55,7%) estejam concentrados nas décadas de 1790 e 1800, chama a atenção o fato de uma proporção ainda maior, algo em torno de 85% das identificações

---

86 Russell-Wood, *The black man in slavery and freedom in Colonial Brazil, op. cit.*, p. 140

87 Além das identidades africanas e dos crioulos, identifiquei também os libertos classificados como pardos, pretos e cabras, totalizando assim 161 indivíduos, entre homens e mulheres.

étnicas, também se concentrar nas décadas de 1780, 1790 e 1800. Desse modo, ainda que o livro de registros de irmãos cubra um período de mais de cem anos, ele nos possibilita um vislumbre da composição étnica da irmandade apenas nas três décadas finais dos assentos. Dos 123 angolas inscritos na irmandade, 103 (83,74%) estão registrados nestes anos. Entre os benguelas a proporção é ainda maior: 96,43%, ou seja, 27 do total de 28 inscritos. De um total de 214 jejes assentados, 185 (86,45%) foram registrados neste período. Proporção semelhante encontrei entre os minas: 57 (86,36%) dos 66 irmãos assentados. Também entre os crioulos a mesma regra impera: 167 (82,27%) de um total de 203 pretos nacionais.

Este fato sugere algumas especulações. Primeiramente, é possível que o registro da origem e/ou cor tenha sido ignorado pelos escribas responsáveis pela transcrição dos antigos livros, já que como foi observado no início do texto, o Livro de Irmãos não é uma fonte produzida numa única época ou por um único indivíduo. Trata-se, bem mais, de uma compilação de antigos livros de assento.

Outra possibilidade, particularmente a que mais me agrada, é sugerir que, nos períodos mais remotos, a identificação da origem dos novos irmãos talvez não tenha sido uma grande preocupação para a Mesa diretora da Irmandade, porque vivia-se um cenário muito mais homogêneo em termos de grupos africanos. Tendo em vista a precedência dos angolas na formação das primeiras irmandades na Bahia e a superioridade numérica deste grupo na população escrava baiana, até princípios do século XVIII, é evidente que a maioria ingressa era de centro-africanos e seus descendentes crioulos. A entrada em massa de jejes nas confrarias antes exclusivas de angolas pode ter despertado na diretoria, dessa irmandade em particular, a preocupação em contabilizar os recém-chegados como forma de "prevenir" futuras investidas deste grupo nos cargos de mando. Nesse sentido, a necessidade de circunscrever um espaço fez emergir a preocupação com a explicitação da identidade própria e dos possíveis concorrentes/aliados. A presença dos jejes na Mesa da Irmandade do Rosário de João Pereira, no ano de 1784, demonstra que este grupo, à medida que foi crescendo numericamente, não apenas buscou assumir, mas chegou a conquistar posições de comando dentro das irmandades criadas e primeiramente dirigidas por angolas e crioulos. Talvez este tenha sido o temor dos diretores da Irmandade das Portas do Carmo.

Esta mesma interpretação também esclarece porque, à exceção de uma mulher, todos os angolas assentados no período foram identificados como escravos. Os velhos angolas, provavelmente ocupantes de alguns dos cargos mais destacados da irmandade, haviam sido inscritos num período em que a preocupação com a identificação não era corrente. O mesmo vale para os crioulos que, tradicionalmente, dividiam com os angolas a direção da Irmandade.

Uma hipótese é de que estes crioulos seriam filhos e netos das primeiras gerações de centro-africanos desembarcadas na Bahia. Uma primeira identificação com a herança dos pais pode ter se tornado, com o decorrer do tempo, mais uma marca de sua identidade particular. Talvez, uma posição de defesa em relação às grandes levas de africanos ocidentais, que desde as primeiras décadas do século XVIII tomavam a cidade da Bahia. A participação, e mais, a direção de irmandades particulares propiciou a este grupo a elaboração de uma forte marca de identidade, além da afirmação do domínio de códigos fundamentais da sociedade colonial.

No final do Setecentos, Vilhena chama a atenção à rivalidade entre os crioulos "e os que são de diversas nações de que se compõem a escravatura vindas das costas da África" na cidade de Salvador.[88] É possível conjeturar, então, que estaríamos diante de uma rivalidade particular entre crioulos brasileiros, filhos das primeiras gerações de angolas, e os recém-chegados africanos da Costa Ocidental. Desse modo, a aliança entre angolas e crioulos iria além da herança dos ancestrais. Tratava-se, no contexto do final do século XVIII, de afirmação do grupo diante de numerosos grupos de africanos ocidentais.

Na perspectiva do debate em torno da crioulização, a aliança angolas/crioulos nas irmandades do Rosário na Bahia talvez tenha, de uma parte, facilitado o processo de crioulização ou ladinização dos africanos. Mas, por outro lado, a longevidade e persistência da aliança, num contexto onde os africanos angolas eram franca minoria, também sugere um processo de africanização dos crioulos.[89]

Os irmãos e irmãs do Rosário, que emergem do Livro de Irmãos, nos remetem a um complexo universo de formação de identidades negras no Setecentos baiano. Tenho a convicção que, neste capítulo final, dei alguns passos iniciais neste mundo, todavia, pouco explorado.

---

88 Luís dos Santos Vilhena, *A Bahia no século XVIII (1802)*. Salvador: Editora Itapuã, 1969, vol. 1, p. 134.

89 Para o debate em torna da crioulização ver: Luís Nicolau Parés, "O processo de crioulização no Recôncavo Baiano (1750-1800)". *Afro-Ásia*, 33, 2005, p. 87-132

Considerações Finais

A identificação dos africanos e seus descendentes com a Senhora do Rosário não foi um fenômeno particular à Bahia. Ao contrário, foi construída numa dimensão atlântica. Nascida em terras europeias durante o século XIII, a devoção ao Rosário emergiu num contexto de combate às heresias modernas. Após quase dois séculos de esquecimento, foi reavivada no século XV, sendo então associada à vitória dos católicos contra os turcos na batalha de Lepanto, embate que "reabriu" o Mar Mediterrâneo aos europeus. Desde então, a Senhora do Rosário foi escolhida como padroeira das novas conquistas espirituais, tornando-se uma das principais invocações do movimento de conquista e conversão dos povos gentios.[1] Com essa bandeira, foi adotada por todas as ordens religiosas expansionistas, deixando de ser "exclusiva" dos dominicanos, seus primeiros divulgadores.

No final do século XV, a devoção ao Rosário já havia se tornado muito popular em Portugal. Essa popularidade foi atestada pelas

---

1 Juliana Beatriz Almeida de Souza, "Viagens do Rosário entre a Velha Cristandade e o Além-Mar". *Estudos Afro-Asiáticos*, ano 23, 2, 2001, p. 382, 385.

muitas igrejas das quais foi orago, e por sua condição de padroeira de vários segmentos profissionais. Data do mesmo período a chegada, em números cada vez mais expressivos, de africanos nas terras portuguesas, especialmente em Lisboa e noutras cidades portuárias. Aos poucos, o culto ao Rosário foi sendo identificado com a população negra de escravos e libertos.

No século XVIII, esta associação havia se tornado indiscutível. A grande maioria de irmandades de negros de Lisboa e das demais partes do Reino era dedicada à N. S. do Rosário.[2] É possível que uma das razões principais que levaram os negros a ingressarem nas irmandades da Senhora do Rosário tenha sido a abertura destas a todos os indivíduos, independente de qualidade, estado ou condição.[3] Mas, se num primeiro momento, a devoção foi uma imposição catequética e as irmandades sob essa invocação a única alternativa de associação da população negra, aos poucos, o espaço reservado transformou-se num espaço reconhecido. As irmandades negras em Portugal, independente da invocação, foram os mais importantes centros de defesa, proteção e apoio jurídico para os escravos e libertos africanos e seus descendentes. A precedência e a popularidade do Rosário contribuiu para a identificação desta invocação como um espaço privilegiado para a defesa dos interesses da população negra.

---

2 Frei Agostinho de Santa Maria, *Santuário Mariano e História das Imagens Milagrosas de Nossa Senhora, e das milagrosamente aparecidas, em graça dos Pregadores & devotos da mesma Senhora*. Lisboa: Na Oficina de Antonio Pedroso Galrão, 1707; Antonio Brásio, *Os Pretos em Portugal*. Lisboa: Agência Geral das Colônias, 1944, p. 99-104; Didier Lahon, *O negro no coração do Império. Uma memória a resgatar – Séculos XV – XIX*. Lisboa: Secretariado Coordenador dos Programas Multicultarais – Ministério da Educação, 1999, p. 70.

3 Lahon, *O negro no coração do Império, op. cit.*, p. 59-60

Em Angola, a devoção ao Rosário foi estimulada por várias congregações religiosas. Entretanto, foram os capuchinhos e jesuítas os mais importantes propagadores deste culto; isto se explica, em grande parte, porque foram estas as ordens mais importantes no trabalho missionário levado a cabo na região. A catequese jesuíta, de maneira particular, foi responsável pela propagação da devoção ao rosário entre os escravos e forros vinculados às suas propriedades e instituições de ensino. No final do século XVIII, a igreja do colégio dos jesuítas de Luanda abrigava, em uma capela particular, uma confraria do Rosário formada por negros escravos e libertos.[4] Os capuchinhos, menos citadinos e mais desbravadores que os soldados da Companhia, levaram a devoção aos distantes sertões de Angola. Em 1663, com autorização de D. Ana de Souza, a rainha Nzinga, Antonio de Gaeta fundou uma confraria de N. S. do Rosário na igreja de Santa Maria de Matamba.[5]

Nas irmandades de Luanda ou nos distantes sertões de Angola, as devoções católicas foram vivenciadas e interpretadas de forma muito particular. Essas particularidades criaram novas experiências religiosas. Objetos sagrados do cristianismo foram incorporados aos cultos locais assumindo assim novas configurações. Por outro lado, a integração dos centro-africanos à nova ordem política e econômica resultante da conquista portuguesa foi tamanha que, mesmo os habitantes dos interiores mais distantes tinham noções, mais ou menos elaboradas, do lugar social ocupado pela religião católica no império português. Assim, o catolicismo foi reconhecido tanto pelos seus poderes sobrenaturais quanto pelas suas vinculações políticas.

---

4 Antonio de Oliveira Cadornega, *História Geral das Guerras Angolanas* [1680]. Lisboa: Agência Geral do Ultramar, 1972, p. 26.

5 Antonio de Gaeta, *La Maravigliosa Conversione alla Fede di Cristi della Regina Singa e Del Suo Regno di Matamba*. Napoli: Per Giacinto Passaro, 1669, p. 387

Essas experiências não ficaram circunscritas à Europa e África, singraram o oceano Atlântico chegando até as Américas. Circularam na forma de catecismos, gramáticas, objetos sagrados e, sobretudo, na bagagem e na experiência cotidiana de homens e mulheres negros. Acredito que os sacerdotes negros cumpriram um papel muito importante nesta história.

No ano de 1779, D. Maria I, respondendo aos apelos desesperados do Bispo de Angola, Frei Luís da Anunciação Azevedo, diante da lastimável situação dos assuntos religiosos em seu bispado, enviou 22 missionários para as terras daquele reino. Entre estes religiosos estava o padre secular André do Couto Godinho, "homem preto, natural do Brasil, formando em cânones e de conhecida virtude". Segundo sua apresentação às autoridades angolanas, o padre André Couto estava ali de livre e espontânea vontade, pois manifestava "ardentes desejos de ir à missão no Congo".[6]

Mas não foram apenas os homens de cor letrados que cumpriram um papel importante na circulação de ideias e experiências. As histórias de homens e mulheres, que na condição de escravos ou libertos atravessaram o oceano Atlântico em várias direções, demonstram que a experiência negra na diáspora tinha, ao mesmo tempo, vários referencias territoriais e algumas referências comuns. Quero crer que as irmandades e devoções negras foram um desses referenciais comuns.

No ano de 1772, a irmandade de Jesus Maria José dos Homens Pretos do convento de Jesus de Lisboa apresentou uma petição ao desembargador do Paço, reivindicando que o irmão Vicente Correia e sua família, escravos de Félix Coutinho de Azevedo, não fossem

---

6 Relação dos eclesiásticos que chegaram ao Reino de Angola por missionários no ano de 1779, AHU, Angola, cxs. 62/63, doc. 97.

vendidos para o Pará ou Maranhão.[7] O pedido da irmandade foi negado e, portanto, é muito provável que Vicente e sua família tenham sido embarcados para o Brasil. Aqui chegando, é possível que ele tenha buscado o amparo em uma outra irmandade. Vicente havia aprendido em Lisboa, apesar da derrota no impedimento de sua venda para o Brasil, o valor da participação em uma irmandade. Em 1803, três mulheres, escravas de Manoel Pinheiro fazem o trajeto inverso ao de Vicente e sua família. Segundo o requerimento da irmandade de Nossa Senhora do Rosário dos Homens Pretos do Real Convento do Salvador da Mata de Lisboa, "elas são vítimas de cruéis castigos e uma delas nem sequer foi batizada". É possível que estas recém-chegadas ainda não estivessem alistadas na irmandade. Por conta própria, ou encaminhadas por alguém, elas buscaram um lugar, certamente "familiar", para defesa de seus interesses.[8]

Na América portuguesa, os vínculos entre os angolas e as irmandades do Rosário podem ser justificados pela precedência inicial deste grupo em relação aos demais grupos africanos. No século XVII, momento de fundação e organização da maioria das irmandades do Rosário na cidade da Bahia, os centro-africanos formavam o grupo mais numeroso. Entretanto, este fator é insuficiente para explicar a

---

[7] Parecer do Corregedor do Civil da cidade escusando a petição. Lisboa, 8 de julho de 1772. Encaminhado a Irmandade em 24 de julho de 1772. Anexos: Requerimento da irmandade; resposta do procurador de Félix Coutinho ao requerimento da Irmandade; cópia de uma petição da Irmandade do Rosário do Convento de São Domingos pedindo confirmação do e parecer desfavorável do Desembargo do Paço. ANTT, Desembargo do Paço, Maço 1016 – doc. 17.

[8] Requerimento da irmandade de Nossa Senhora do Rosário dos homens pretos do Real Convento do Salvador da Mata de Lisboa. ANTT. Desembargo do Paço. Maço 1693 – doc. 15. 1803.

identificação entre os angolas e as confrarias do Rosário ao longo dos séculos, sobretudo nos momentos em que passaram a ser um contingente minoritário no tráfico e, posteriormente, na população cativa. Entretanto, a importância das confrarias do Rosário na constituição da identidade angola na Bahia não se explica tão somente pela precedência, mas também por uma experiência muito particular do catolicismo, como afirmo algumas linhas acima. Mais uma vez, ressalvo que esta herança particular do catolicismo foi vivenciada num contexto dinâmico marcado pela escravidão. Neste universo, através dos embates envolvendo outros grupos africanos, autoridades civis e eclesiásticas e irmandades de gente de várias tonalidades, foi nascendo uma identidade angola, ao mesmo tempo africana e americana.

Sendo assim, a história das irmandades dedicadas ao culto do Rosário de Nossa Senhora permite dar uma ampla visibilidade a um grupo de africanos outrora de pouca relevância na historiografia da escravidão na Bahia. Mas, para além desse fato, a associação em confrarias católicas – e particularmente naquelas dedicadas à virgem do Rosário – foi um elemento fundamental na constituição da identidade angola na Bahia. A prática de um catolicismo, primeiro africanizado e posteriormente negro, parece ter sido uma das marcas mais importantes desta identidade diaspórica.

Acredito que esta hipótese pode auxiliar na compreensão de outro espaço de construção da identidade angola. Refiro-me aos candomblés de tradição congo-angola e de caboclo, que, segundo os estudiosos da várias épocas, tem no sincretismo com a religião católica uma de suas marcas distintivas.[9]

---

9 Edison Carneiro, *Religiões negras/Negros Bantos*. Rio de Janeiro/Brasília: Editora Civilização Brasileira/INL, 1981.

Pouco se sabe sobre a história da formação dos candomblés congo-angola na Bahia. Ainda que estes sejam, mesmo nos dias de hoje, os mais numerosos e populares. Nestes espaços, de forma muito particular, cultivou-se uma memória centro-africana, apesar de toda marginalidade imposta pelos estudiosos do tema desde o início do século XX. A história desta memória ainda está para ser contada. Uma necessária revisão do lugar das tradições centro-africanas na formação dos cultos afro-baianos pode colaborar para uma melhor compreensão da história do candomblé baiano, em suas diferentes vertentes e, ao mesmo tempo, lançar novas questões na investigação da religiosidade popular afro-baiana.

Tabelas

1 – Freguesias da cidade do Salvador – Século XVIII.

2 – Irmandades de pretos na cidade do Salvador – Século XVIII.

3 – Irmandades de São Benedito no Arcebispado da Bahia – Século XVIII.

4 – Irmandades do Rosário no Arcebispado da Bahia – Século XVIIII

5 – Origem dos africanos falecidos na cidade de Salvador.

6 – Escravos e libertos na Irmandade do Rosário das Portas do Carmo (1719-1826)

7 – Grupos étnicos na Irmandade do Rosário das Portas do Carmo (1719-1826)

8 – Grupos étnicos na Irmandade do Rosário das Portas do Carmo (1798-1865)

9 – Irmãos do Rosário distribuídos segundo sexo, condição e grupos étnicos (1719-1826)...211-212

Abreviaturas

ABL – Arquivo do Bispado de Luanda
AHNA – Arquivo Histórico Nacional de Angola
AHU – Arquivo Histórico Ultramarino
AINSRPC – Arquivo da Igreja de N. S. do Rosário das Portas do Carmo
APEB – Arquivo Público do Estado da Bahia
BME – Biblioteca Municipal de Évora
BML – Biblioteca Municipal de Luanda
BNL – Biblioteca Nacional de Lisboa
BML – Biblioteca Municipal de Luanda
BN-RJ – Biblioteca Nacional do Rio de Janeiro
IAN/TT – Instituto dos Arquivos Nacionais/Torre do Tombo

Cx. – caixa
Cód. – códice
Doc. – documento
Fl. – folha

Fontes e Bibliografia

Fontes Primárias

Fontes Manuscritas

Arquivo do Bispado de Luanda
Provisões Antigas 1743-45, s/n.
Provisões e ofícios: 1743-46, n. 9
Provisões e mandados: 1743-1838, n. 10
Provisões e sentenças: 1745-46, s/n.
Provisões e ofícios: 1752-67, n. 11
Provisões e mandados: 1782-1834, n. 12
Provisões e ofícios: 1784-1799, n. 13
Provisões e pastorais: 1797-1826, n. 15

Arquivo Histórico Nacional de Angola
Ofícios para o Reino
Códs.: 2, 4, 6.

Bandos e Editais
Códs.: 314 e 315.

Ofícios do Interior
Códs.: 79, 82, 85, 89, 90, 152, 256, 258, 322, 366, 3018.

Biblioteca Municipal de Luanda
Cód. 27

Arquivo Público do Estado da Bahia
Sessão Colonial e Provincial
Maço 614-2 – 1684
Registros de correspondência expedida para o Rei – 132 (1725/1761)

Ouvidoria do Crime: 1780-1784, Maço 176, doc. 41.

Registro de Testamento, Livro 3, fls. 81v-82v.

Arquivo da Igreja de N. S. do Rosário dos Pretos do Pelourinho
Cx. 1 – Série compromissos
Cx. 7 – Série Societários

Biblioteca Nacional do Rio de Janeiro
Manuscritos, II – 33, 22, 43;
Manuscritos, II – 33, 32, 12.

Arquivo Histórico Ultramarino
Angola: cx. 16, doc. 17; cx. 37, doc. 50; cx.28, doc. 3; cx. 31, doc. 7; cx. 49, doc. 4; cx. 51, doc. 19; cx. 52, doc. 2; cxs. 62/63, doc. 97.

Bahia – Avulsos: cx. 26, doc. 2420; cx. 33, doc. 2978; cx. 41, doc. 3724; cx. 50, doc. 4440; cx. 54, doc 11; cx. 60, doc. 1727; cx. 71, doc. 12235 (cota antiga); cx. 89, doc. 7272; cx. 101, doc. 7972; cx. 103, doc. 8164; cx. 106, doc. 48 (cota antiga); cx. 107, doc, 8391; cx. 144, doc. 11048; cx. 150, doc. 11521; cx. 200, doc. 14452; cx. 148, doc. 11395.

Códs.: 21, 23, 1662, 1666, 1925, 1929, 1931, 1958.

Biblioteca Nacional de Lisboa
Reservados:
Cód. 8554 – Informação do Reino do Congo. Frei Raimundo de Diacomano, missionário capuchinho Italiano da Província de Toscana, 1798.

Cód. 8123 – Apontamentos das cousas d'Angola tirados de duas cartas q' o padre Francisco Gouvêa da Companhia de Jesus escreveu a seu superior sobre o remédio daquelas almas e de toda aquela província. (Século XVIII).

Mss. 170 – Memórias e documentos para a história das irmandades e confrarias da cidade de Lisboa.

Cód. 145 – História dos mosteiros, conventos e casas religiosas de Lisboa. Sem título.
Parece ter sido composta pelos anos de 1704 a 1708.

Cód. 13029 – Compromisso da Irmandade do Glorioso São Benedito, ereta na Freguesia de N. S. da Penha de Itapagipe, cidade da Baía, 1777.

Biblioteca Pública de Évora
Cód. CXVI – 2-15, n. 16
Instituto dos Arquivos Nacionais/Torre do Tombo
Desembargo do Paço
Maço 215, doc. 3; Maço 1016, doc. 17; Maço 1006, doc. 31; Maço 1345, doc. 19; Maço 1345, doc. 19; Maço 1079, doc. 7; Maço 2091, doc. 29.

Chancelarias da Ordem de Cristo, D. Maria I
Livro 5, fls. 51v-60;
Livro 14, fls. 33v-41/fls. 41-51v;
Livro 15, fls. 162v-168;
Livro 16, fls. 79-82;

Livro 17, fls. 70v.-82.

Chancelarias Antigas – Ordem de Cristo
Livro 280, fls. 324-327/fls. 349v-353;
Livro 283, fls. 110-115/fls. 116, 117/fls. 163-167/fls. 167-173;
Livro 292, fls. 343v-347;
Livro 293, fls. 49-52v/fls. 119-123/fls. 290v.-294;
Livro 297, fls. 58-63/fls. 89v – 102/fls. 138-140v./fls. 141-143/fls. 143-145v/fls. 149-151/fls. 166-168v/fls. 168v-178/fls. 223-223v/fls. 224-226/fls. 228-230v./fls. 251-254;
Livro 301, fls. 106-111v;
Livro 306, fls. 16-22.

Conventos – Província de Portugal, São Francisco do Porto
Confraria de N. S. do Rosário e São Benedito
Livro 3 – 1781
Livro 9

Feitos Findos/Justificações Ultramarinas
Maço 16, doc. 9;
Maço 29, doc. 1.

Fontes Impressas

A Inclita Virgem Santa Ifigênia, Princesa do Reino da Núbia, Religiosa Carmelita, De cor Preta. Lisboa, século XVIII.

Antonil, André João. *Cultura e Opulência do Brasil* [1711]. Belo Horizonte/São Paulo: Editora Itatiaia/Edusp, 1982.

Arnizáu, José Joaquim de Almeida e. *Memória topográfica, histórica, comercial e política da Vila de Cachoeira da Província da Bahia* [1861]. Salvador: Fundação Maria América Cruz/Instituto Histórico e Geográfico da Bahia/Fundação Cultural do Estado da Bahia, 1998.

Arquivos de Angola. Luanda. Museu de Angola. Segunda Série, 1943-49, vol. 1-6, n. 1-26.

Arquivos de Angola. Luanda. Conselho Superior de Estatística. Primeira Série 1933-39, vol. 1-5, n. 1-56.

AVEZAC. *Afrique. Esquisse Générale de l' Afrique et Afrique Ancieanne*. Paris: Firm Didot Frerès Editeurs, 1840.

BARBOSA, Ignácio Machado. *História crítico-cronológica da instituição da festa, procissão e oficio do Corpo Santíssimo de Cristo no Venerável Sacramento da Eucaristia*. Lisboa: Oficina de Francisco Luiz Ameno, 1769.

BLUTEAU, Pe. d. Raphael. *Vocabulário portuguez e latino*. Coimbra: Collegio das Artes da Companhia de Jesus, 1712 (Ed. fac-simile, CD-Rom, Rio de Janeiro, UERJ, s.d.).

Botica preciosa e tesouro precioso da Lapa. Em que se acham todos os remédios para o corpo, para alma e para vida. Lisboa, 1754.

BRÁSIO, Antônio (org.). *Momumenta Missionária Africana*: *África ocidental*. Primeira Série – Vol. 1-11. Lisboa: Agência Geral do Ultramar, 1952. Segunda Série – Vol. 12-14. Lisboa: Academia Portuguesa de História, 1981/1984.

CADAMOSTO, Alvisi de. *Relations dês Voyages à la cote occidentale d'Afrique (1455-1457)*. Paris, 1895.

CADORNEGA, Antonio de Oliveira. *História Geral das Guerras Angolanas* [1680]. Lisboa: Agência Geral do Ultramar, 1972.

CAVAZZI, Padre João António de Montecúccolo. *Descrição Histórica dos três reinos do Congo, Matamba e Angola* [1687]. Lisboa: Junta de Investigação do Ultramar, 1965.

Constituições Primeiras do Arcebispado da Bahia [1707]. São Paulo: Tipografia 2 de Dezembro de Antônio Louzada Antunes, 1853.

CORRÊA, Elias Alexandre da Silva. *História de Angola* [1787-1799]. Lisboa, 1937.

DIAS, Fr. Nicolau. *Livro do Rosário de Nossa Senhora* (Lisboa: Na Casa de Francisco Correa, [1573]). Lisboa: Biblioteca Nacional, 1982. Edição fac-similada da 1ª edição.

DIAS, Pedro. *A Arte da Língua D'Angola*. Lisboa: Oficina de Miguel Deslandes, Impressor de Sua Majestade, 1697.

Documentos Históricos – Biblioteca Nacional do Rio de Janeiro. Vol. XCIV, p. 28-30. Coleção Carvalho 15, 4, 16.

GAETA, Antonio de. *La Maravigliosa Conversione alla Fede di Cristi della Regina Singa e Del Suo Regno di Matamba*. Napoli: Per Giacinto Passaro, 1669.

JABOATÃO, Frei Antonio Santa Maria. *Novo Orbe Seráfico Brasílico ou Crônica dos Frades Menores da Província do Brasil* [1761]. Rio de Janeiro: Tipografia Brasiliense de Maximiliano Gomes, 1859.

LISBOA, José da Silva. "Carta muito interessante do advogado José da Silva Lisboa, para o Dr. Domingos Vanderli, Diretor do Real Jardim Botânico de Lisboa" [1781]. *Revista do Instituto Geográfico e Histórico da Bahia*, 76, 1950/51, p. 99-125.

MATOS, Gregório de. *Obras Completas de Gregório de Matos*. Salvador: Editora Janaina, 1970.

O Glorioso Santo Elesbão, Imperador da Etiopia Alta, Religioso Carmelita, Preto na Cor. Lisboa, século XVIII.

OLIVEIRA, Cristovam Rodrigues. *Sumário que brevemente se contem algumas coisas assim Eclesiásticas, como Seculares, que há na cidade de Lisboa (1551)*. Lisboa: Oficina de Miguel Rodrigues, 1760.

OLIVEIRA, L. da S. P. *Privilégios da nobreza e fidalguia de Portugal*. Lisboa: Nova Oficina de João Rodrigues Neves, 1806.

Pacconio, Francisco. *Gentio de Angola suficientemente instruído nos mystérios de nossa Santa Fé*. Obra póstuma. Lisboa: Lopes Rosa, 1644.

Pereira, Duarte Pacheco. *Esmeralda de Situ Orbis*. Lisboa: Edição Comemorativa do Primeiro Centenário da Sociedade de Geografia de Lisboa, 1975.

Pereira, Nuno Marques. *Compêndio Narrativo do Peregrino da América, em que tratam vários discursos espirituais, e Morais, com muitas advertências, e documentos contra os abusos, que se acham introduzidos pela malícia diabólica no Estado do Brasil*. Lisboa: Oficina de Manoel Fernandes Costa, 1731.

Pigafeta, Filipo; Lopes, Duarte. *Relação do Reino do Congo e das Terras circunvizinhas*. Lisboa: Publicações Alfa, 1989.

Pina, Rui de. *Relação do Reino do Congo* [1492]. Lisboa: Comissão Nacional para as Comemorações dos descobrimentos portugueses, Imprensa Nacional/Casa da Moeda, 1992.

Ruders, Carl Israel. *Viagem em Portugal, 1798-1802*. Lisboa: Biblioteca Nacional, 1981.

Santa Anna, José Pereira de. *Os dous atlantes de Ethiopia. Santo Elesbão, Emperador XLVII da Abessina, Advogado dos perigos do mar, e Santa Ifigênia, Princeza da Núbia, Advogada dos incêndios dos edificios, Ambos Carmelitas*. Tomo Primeiro Que trata da história do Atlante Primeiro. Lisboa Occidental: Na Off. De Antonio Predozo Galram, 1745.

_____. *Segundo Atlante de Ethiopia Santa Ifigênia, Princeza do Reyno da Núbia; Religiosa Carmelita, Advogada contra os incêndios*. Tomo Segundo Que trata da história do Atlante Segundo. Lisboa Occidental: Na Off. De Antonio Predozo Galram, 1738.

Santa Maria, Frei Agostinho de. "Santuário Mariano e História das imagens milagrosas de Nossa Senhora milagrosamente manifestadas e aparecidas em o Arcebispado da Bahia" [1722]. Separata da *Revista do Instituto Histórico e Geográfico da Bahia*, 1949.

Santa Maria, Frei Agostinho de. *Santuário Mariano e História das Imagens Milagrosas de Nossa Senhora, e das milagrosamente aparecidas, em graça dos Pregadores & devotos da mesma Senhora*. Lisboa: Na Oficina de Antonio Pedroso Galrão, 1707.

Santos, Fr. João dos. *Etiópia Oriental e Vária História de Cousa Notáveis do Oriente* [1609]. Lisboa: Comissão Nacional para as Comemorações dos Descobrimentos Portugueses, 1999.

Spix e Martius. *Viagem pelo Brasil (1817-1820)*. São Paulo/Rio de Janeiro: Edições Melhoramentos/Instituto Nacionald do Livro, 1976.

Vide, D. Sebastião Monteiro da. "Notícias do Arcebispado da Bahia para suplicar a Sua Magestade. Em favor do culto divino e salvação das almas, 1712". *Revista do Instituto Histórico e Geográfico Brasileiro*, 54, 1891, p. 323-364.

Vilhena, Luís dos Santos. *A Bahia no século XVIII* (Recopilação de Notícias Soteropolitanas e Brasílicas). [1802]. 3 vol. Salvador: Editora Itapuã, 1969.

Walsh, R. *Notícias do Brasil (1828-1829)*. Belo Horizonte/São Paulo: Itatiaia/Edusp, 1985.

Bibliografia

Actas do II Seminário Internacional sobre a História de Angola. Construindo o passado angolano: as fontes e sua interpretação. Luanda, 1997.

Aguiar, Marcos Magalhães de. "Festas e rituais de inversão hierárquica nas irmandades negras de Minas Colonial". In: Jancsó, István; Kantor, Iris (orgs.). *Festa, Cultura e Sociabilidade na América Portuguesa*. São Paulo: Edusp/Imprensa Oficial, 2001, p. 361-93.

_____. *Vila Rica dos confrades. A sociabilidade confrarial entre negros e mulatos no século XVIII*. Dissertação (Mestrado) – USP, São Paulo, 1993.

ALBUQUERQUE, Alfredo Felner de. *Angola. Apontamentos sobre a colonização dos planaltos e litoral do sul de Angola, extraído de documentos históricos*. Lisboa: Agência Geral das Colônias, 1940.

ALENCASTRO, Luís Filipe. *O trato dos viventes. Formação do Brasil no Atlântico Sul*. São Paulo: Companhia das Letras, 2000.

ALGRANTI, Leila Mezan. *O Feitor ausente. Estudos sobre a escravidão urbana no Rio de Janeiro (1808-1822)*. Petrópolis: Vozes, 1988.

ALMEIDA, Carlos José Duarte. *A representação do africano na literatura missionária sobre o Reino do Kongo e Angola (Meados do século XVI a meados do século XVII)*. Dissertação (Mestrado em História dos descobrimentos e da expansão portuguesa) – Universidade Nova de Lisboa, Lisboa, 1997.

ALMEIDA, Jacialda Vieira de Sousa. *Celebrando a diferença: irmandades de pardos na Bahia dos séculos XVIII e XIX*. Monografia (Especialização em História da Bahia) – UEFS, Feira de Santana, 2004.

ALMEIDA, Marcos Antônio. *Mudança de Hábito: papel e atuação do Convento de São Francisco em Salvador (1779-1825)*. Dissertação (Mestrado em Teologia Dogmática) – Faculdade de Teologia Nossa Senhora de Assunção, São Paulo, 1994.

AMARAL, Ilídio do. "Descrição de Luanda oitocentista, vista através de uma planta do ano de 1755". *Garcia de Orta*, vol. 9, 3, 1961, p. 409-420.

_____. *O Reino do Congo, os Mbundu (ou Ambundos), o Reino dos "Ngola" (ou de Angola) e a presença portuguesa, de finais do século XV a meados do século XVI*. Lisboa: Instituto de Investigação Científica Tropical, 1996.

ANDRADE, Carlos Drummond de. *Passeios na ilha. Divagações sobre a vida literária e outras matérias*. Rio de Janeiro: Edições das Organizações Simões, 1952.

ANDRADE, Maria José. *A mão-de-obra escrava em Salvador, 1811-1860*. Salvador: Corrupio, 1975.

Arquivo de Angola. Roteiro Topográfico dos Códices. Luanda: Instituto de Investigação Científica de Angola, 1966.

AZEVEDO, Thales de. *Povoamento da Cidade do Salvador*. Salvador: Editora Itapuã, 1969.

BACELAR, Jeferson; SOUZA, Maria Conceição Barbosa de. *O Rosário dos Pretos do Pelourinho*. Salvador: Fundação do Patrimônio Artístico e Cultural da Bahia, 1974.

BARTH, Frederic. "Grupos étnicos e suas fronteiras". In: POUTIGNAT; STREIFF-FENART. *Teorias da Etnicidade*. São Paulo: Editora da Unesp, 1998.

BASTIDE, Roger. *As Américas Negras*. São Paulo: DIFEL/Edusp, 1974.

_____. *As religiões africanas no Brasil. Contribuição a uma sociologia das interpretações de civilizações*. São Paulo: Editora Pioneira/Edusp, 1971.

BERLIM, Ira. "From creole to african: atlantic creoles and origins of african-american society in Mailand North America". *The Willian and Mary Quartely*, vol. 52, n. 3, 1996, p. 251-288.

BIRMINGHAM, David. *Central Africa*. Cambridge: Cambridge University Press, 1977.

BORGES, Célia Aparecida Resende Maia. *Devoção branca de homens negros: As irmandades do Rosário em Minas Gerais no século XVIII*. Tese (Doutorado) – Universidade Federal Fluminense, Niterói, 1998.

BOSCHI, Caio. *Os leigos e o poder. Irmandades leigas e política colonizadora em Minas Gerais*. São Paulo: Editora Ática, 1986.

BOXER, Charles. *A Igreja e a expansão ibérica*. Lisboa: Edições 70, 1989.

_____. *O Império Marítimo Português 1415-1825*. São Paulo: Companhia das Letras, 2002.

_____. *Salvador Correia de Sá e a luta pelo Brasil e Angola (1602-1686)*. São Paulo: Companhia Editora Nacional, 1973.

Brásio, Antonio. "Descrição dos governos dos Ilm.ºs e Exm.ºs Sr.ºs Antonio de Vasconcelos e D. Francisco Innocêncio de Sousa Coutinho". *Studia*, 41/42, 1979, p. 205-25.

_____. "Embaixada do Congo a Roma em 1514?." *Studia*, 32, jun. 1971, p. 51-87.

_____. *Os Pretos em Portugal*. Lisboa: Agência Geral das Colônias, 1944.

Butler, Alban. *A vida dos santos*. Petrópolis: Vozes, 1984.

Campos, Silva. "Procissões Tradicionais da Bahia". Salvador: *Anais do Arquivo Público da Bahia*, vol. 27, 1941.

Capone, Stephania. "Entre Yoruba et Bantou: l'influence des stéréotypes raciaux dans les études afro-américaines". *Cahiers d´études africaines,* 40, n. 1, 157, 2000, p. 55-77.

Cardozo, Manoel da Silveira. "As irmandades da antiga Bahia". *Revista de História,* n. 47, 1973, p. 235-61.

Carneiro, Edison. *Ladinos e Crioulos. Estudos sobre o Negro no Brasil*. Rio de Janeiro: Civilização Brasileira, 1964.

_____. *Religiões Negras/Negros Bantos*. Rio de Janeiro/Brasília: Civilização Brasileira/INL, 1981.

Carvalho, Marcus Joaquim M. de. "O quilombo de malunguinho. O Rei das Matas de Pernambuco". In: Reis, João José; Santos, Flávio Gomes dos (orgs.). *Liberdade por um fio. História dos quilombos no Brasil*. São Paulo: Companhia das Letras, 1996, p. 407-32.

Castro, Yêda Pessoa de; Castro, Guilherme de Souza. "Culturas Africanas nas Américas: um esboço de pesquisa conjunta da localização dos empréstimos". *Afro-Ásia*, n. 13, 1990, p. 27-50.

Coelho, Virgílio. "A data de fundação do 'Reino Ndongo'". In: *Actas do II Seminário Internacional sobre a história de Angola. Construindo o passado angolano: as fontes e a sua interpretação*. Lisboa: Comissão Nacional para as comemorações dos descobrimentos portugueses, 2000, p. 477-544.

Consorte, Josildeth Gomes. "Em torno de um Manifesto de ialorixás baianas contra o sincretismo". In: Bacelar, Jeferson; Cardoso, Carlos (orgs.). *Faces da tradição afro-brasileira*. Rio de Janeiro: Pallas, 1999.

Costa, Luís Monteiro. "A devoção de N. S. do Rosário na cidade do Salvador". *Revista do Instituto Genealógico*, n. 10, 1959, p. 95-117.

_____. "A devoção de N. S. do Rosário na cidade do Salvador". *Revista do Instituto Genealógico*, n. 11, 1959, p. 155-77.

Couto, Carlos. *Os Capitães-Mores em Angola no Século XVIII*. Luanda: Instituto de Investigação Científica de Luanda, 1972.

Craemer, Willy; Vansina, Jan; Fox, Renée. "Religious movements in Central Africa: a theoretical Study". *Comparative Studies Society and History*, vol. 18, n. 4, 1976, p. 458-75.

Curto, José C.; Gervais, Raymond R. "A dinâmica demográfica de Luanda no contexto do tráfico de escravos do Atlântico Sul, 1781-1844". *Topoi*, n. 4, 2002, p. 85-138.

Dantas, Beatriz Góis. *Vovó Nagô, Papai Branco. Usos e abusos da África no Brasil*. Rio de Janeiro: Graal, 1998.

Delacampgne, C. *L'Invention du racisme.: Antiqué et Moyen Age*. Paris: Fayard, 1983.

Delgado, Ralph. "O governo de Sousa Coutinho em Angola". *Studia*, n. 6, 1960, p. 19-56; 7, 1961, p. 49-86; 10, 1962, p. 7-28.

Dias, Jill. "Novas identidades africanas em Angola no contexto do comércio atlântico". In: Bastos, Cristina; Almeida, Miguel Vale de;

FELDMAN-BIANCO, Bela (orgs.). *Trânsitos coloniais: diálogos críticos luso-brasileiros*. Lisboa: Editora Imprensa de Ciências Sociais, 2002, p. 293-320.

ELTIS, David; BEHENDT, Stephen D.; RICHARDSON, David. "A participação dos países da Europa e das Américas no tráfico transatlântico de escravos: novas evidências". *Afro-Ásia*, n. 24, 2000, p. 9-50.

EUGÊNIO, Alisson. "Tensões entre os visitadores eclesiásticos e as irmandades negras no século XVIII mineiro". *Revista Brasileira de História*, vol 22, n. 14, 2002, p. 33-46.

FARIAS, Sara Oliveira. *"Irmãos de cor, de caridade e de crença"*: a Irmandade do Rosário do Pelourinho na Bahia do século XIX. Dissertação (Mestrado) – Universidade Federal da Bahia, Salvador, 1997.

FERLINI, Vera Lucia Amaral. "Folguedos, feiras e feriados: aspectos socioeconômicos das festas no mundo dos engenhos". In: JANCSÓ, István; KANTOR, Iris (orgs.). *Festa, Cultura e Sociabilidade na América Portuguesa*. São Paulo: Edusp/Imprensa Oficial, 2001, p. 449-63.

FERREIRA, Roquinaldo. "Dinâmicas do comércio intracolonial: Geribitas, panos asiáticos e guerra no tráfico angolano de escravos (século XVIII)". In: FRAGOSO, João *et al*. *O Antigo Regime nos Trópicos: A dinâmica Imperial Portuguesa (séculos XVI-XVIII)*. Rio de Janeiro: Civilização Brasileira, 2001, p. 339-78.

FERRETI, Sérgio Figueiredo. *Repensando o sincretismo*. São Paulo/São Luís: Edusp/Fapema, 1995.

FLORENTINO, Manolo. *Em costas negras. Uma história do tráfico de escravos entre a África e o Rio de Janeiro*. São Paulo: Companhia das Letras, 1997.

FONSECA, Jorge. "Senhores e escravos no Algarve (1580-1700)". *Anais do Município de Faro*, n. 26, 1996, p. 151-76.

_____. *Escravos em Évora no século XVI*. Évora: Câmara Municipal de Évora, 1997.

FURTADO, Júnia. *Chica da Silva e o contratador de diamantes. O outro lado do mito*. São Paulo: Companhia das Letras, 2003.

GABRIEL, Manuel Nunes. *Angola. Cinco séculos de cristianismo*. Braga: Livraria e Editora PX, s/d.

_____. *Os Jesuítas na Primeira Evangelização de Angola*. Lisboa: Conferência Episcopal Portuguesa, s/d.

_____. *Padrões da Fé. As Igrejas Antigas de Angola*. Luanda: Edição da Arquidiocese de Luanda, 1981.

GOMES, Flávio dos Santos. *Histórias de quilombolas Mocambos e comunidades de senzala no Rio de Janeiro – século XIX*. Rio de Janeiro: Imprensa Nacional, 1995.

GOMES, Flávio; SOARES, Carlos Eugênio Libano. "Com o pé sobre um vulcão: africanos minas, identidades e repressão antiafricana no Rio de Janeiro (1830-1840)", *Estudos Afro-Asiáticos*, ano 26, n. 2, 2001, p. 1-44.

GOULART, Maurício. *A escravidão africana no Brasil*. São Paulo, 1950.

GRAY, Richard. *Black Christians and White Missionaries*. New Haven/ Londres: Yale University Press, 1990.

GRUZINSKI, Serge. *O Pensamento Mestiço*. São Paulo: Companhia das Letras, 2002.

GUASTELA, Salvatore. *Santo Antonio de Categeró: sinal profético do empenho pelos pobres*. São Paulo: Paulus, 1986.

GUIMARÃES, Isabel Sá. *As Misericórdias portuguesas de D. Manuel I a Pombal*. Lisboa: Livros Horizonte, 2001.

HERSKOVITS, M. *Life in a Haitian Valley (1937)*. Nova York, 1975.

HEYWOOD, Linda M. "Portuguese into African: The Eighteenth-Century Central African Background to Atlantic Creole Cultures". In: HEYWOOD, Linda M. (ed.). *Central Africans and Cultural*

Transformations in the American Diaspora. Cambridge: Cambridge University Press, 2002, p. 91-113.

Hilton, Anne. *The kingdom of Kongo*. Oxford: Oxford University Press, 1985.

Horta, José da Silva. "Africanos e Portugueses na documentação inquisitorial de Luanda e Mbanza Kongo". In: *Actas do Seminário. Encontro de Povos e Culturas em Angola*. Lisboa: Comissão Nacional para as comemorações dos descobrimentos portugueses, 1997.

Jancsó, István. *Na Bahia contra o Império. História do ensaio de sedição em 1798*. São Paulo/Salvador: Hucitec/UFBA, 1996.

Karasch, Mary C. *A vida dos escravos no Rio de Janeiro 1808-1850*. São Paulo: Companhia das Letras, 2000.

Kiddy, Elisabeth. "Congados, Calunga, Candombe: Our Lady of the Rosary in Minas Gerais, Brazil". *Luso-Brasilien Review*, vol. 37, n. 1, 2000, p. 47-61.

_____. "Who is the King of Congo". In: Heywood, Linda M. (ed.). *Central Africans and cultural transformations in American Diaspora*. Cambridge: Cambridge University Press, 2002, p. 153-82.

Klein, Herbert. "The Portuguese Slave Trade: From Angola in the eighteenth Century". *Journal of Economic History*, n. 32, 1972, p. 894-918.

Kukanda, Vatomene. "A procura do significado de Angola". In: *Actas do II Seminário Internacional sobre a história de Angola. Construindo o passado angolano: as fontes e a sua interpretação*. Lisboa: Comissão Nacional para as comemorações dos descobrimentos portugueses, 2000, p. 281-96.

Lahon, Didier. "Irmandades de escravos e forros". In: *Os Negros em Portugal*. Catálogo da exposição. Lisboa: Comissão Nacional para as Comemorações dos Descobrimentos, 1999.

_____. *Esclavage et Confréries Noires au Portugal durant l'Ancien Régime (1441-1830)*. These (pour l'obtention du grade de Docteur de L' ehess) – Ecole Des Hautes Etudes En Sciences Sociales, Paris, 2001.

_____. *O negro no coração do Império. Uma memória a resgatar – Séculos XV-XIX*. Lisboa: Secretariado Coordenador dos Programas Multicultarais – Ministério da Educação, 1999.

LANDES, Ruth. *A cidade das mulheres*. Rio de Janeiro: Editora da UFRJ, 2002.

LAPA, José Roberto do Amaral. *A Bahia e a Carreira da Índia*. São Paulo/Campinas: Hucitec/Editora da Unicamp, 2000.

LARA, Silvia Hunold. "A escravidão africana na historiografia luso-brasileira: balanço e perspectivas". In: ARRUDA, J. Jobson; FONSECA, Luís Adão da (orgs.). *Brasil-Portugal: História, agenda para o milênio*. Bauru: Edusc/Fapesp/ICCTI, 2001, p. 387-404.

_____. "Significados cruzados: um reinado de congos na Bahia setecentista". In: CUNHA, Clementina Pereira (org.). *Carnavais e outras frestas. Ensaios de História Social da Cultura*. Campinas: Editora da Unicamp, Cecult, 2002.

_____. "Uma embaixada africana na América portuguesa". In: JANCSÓ, István; KANTOR, Iris (orgs.). *Festa, Cultura e Sociabilidade na América Portuguesa*. São Paulo: Edusp/Imprensa Oficial, 2001, p. 151-65.

_____. *Fragmentos Setecentistas: Escravidão, Cultura e Poder na América Portuguesa*. Tese (Livre Docência) – Unicamp, Campinas, 2004.

LEITE, Serafim Leite. "Padre Pedro Dias, autor da A Arte da Língua D'Angola, apóstolo dos negros do Brasil". *Portugal em África*, n. 6, 1947, p. 9-10.

LIMA, Carlos A. M. "Em certa corporação: politizando convivências em irmandades negras no Brasil escravista (1700-1850)". *História: Questões e Debates*, n. 30, 1999, p. 1-38.

LIMA, Lamartine Andrade. "Roteiro de Nina Rodrigues". *Ensaios/ Pesquisas*, 2, 1984.

LIMA, Vivaldo da Costa. "O conceito de 'nação' nos candomblés da Bahia". *Afro-Ásia*, n. 12, 1976, p. 65-90.

_____. *Família de santo nos candomblés jeje-nagô da Bahia*. Salvador: Universidade Federal da Bahia, 1971.

LOVEJOY, Paul. "Identidade e miragem da etnicidade. A jornada de Mahommah Gardo Baquaqua para as Américas". *Afro-Ásia*, 27, 2002, p. 9-39.

_____. *A escravidão na África. Uma história de suas transformações*. Rio de Janeiro: Civilização Brasileira, 2002.

MAC CORD, Marcelo. "*O Rosário dos Homens Pretos de Santo Antonio*": *Alianças e conflitos na história social do Recife, 1848-1873*. Dissertação (Mestrado) – Unicamp, Campinas, 2001.

MACGAFFEY, Wyatt. "Dialogues of the deaf: europeans on the Atlantic coast of África". In: SCHWARTZ, Stuart. *Implicit understadings. Observing, reporting, and reflecting on the encounters between Europeans and other peoples in the Early Modern Era*. Cambridge: Cambridge University Press, 1994.

MACHADO, Mônica Tovo Soares. *Angola no período pombalino: o governo de Dom Francisco Inocência de Sousa Coutinho, 1764-1772*. Dissertação (Mestrado em História) – USP, São Paulo, 1998.

MADURO, Carlos Alberto Seixas. *Sermonário Mariano de Vieira: Maria Rosa Mística*. Dissertação (Mestrado em Literatura Portuguesa) – Universidade Católica, Braga, 1998.

MATORY, James L. "The English Professors of Brazil: On the diasporic roots of the Yorubá Nation". *Comparative Studies and History*, vol. 41, n. 1, jan. 1999, p. 77, 84-85.

_____. "Jeje: repensando nações e transnacionalismo". *Mana – Estudos de Antropologia Social*, vol. 5, n. 1, 1999, p. 57-89.

MATOSO, Kátia de Queirós. *Bahia Século XIX. Uma Província no Império*. Rio de Janeiro: Nova Fronteira, 1992.

_____. *Ser escravo no Brasil*. São Paulo: Editora Brasiliense, 1982.

MATTOS, Hebe. "A escravidão moderna no quadro do Império Português: O Antigo Regime em perspectiva atlântica". In: FRAGOSO, João et al (orgs.). *O Antigo Regime nos trópicos: a dinâmica imperial portuguesa (séculos XVI-XVIII)*. Rio de Janeiro: Civilização Brasileira, 2001, p. 141-62.

MELLO E SOUZA, Laura de. *O Diabo na Terra de Santa Cruz*. São Paulo: Companhia das Letras, 1995.

MELLO E SOUZA, Marina de. *Reis Negros no Brasil Escravista, História da Festa de Coroação do Rei Congo*, Belo Horizonte: Editora da UFMG, 2002.

MENDONÇA, Renato. A influência africana no português do Brasil. 4ª ed. Rio de Janeiro: Civilização brasileira, 1972.

MILLER, Joseph (org.). *Slavery and Slaving in World History: A Bibliography, 1900-1991*. Nova York: M. E. Sharpe, 1998.

_____. "A Economia política do tráfico angolano de escravos no século XVIII". In: PANTOJA, Selma; SARAIVA, José Flávio Sombra. (orgs.). *Angola e Rotas do Atlântico Sul*. Rio de Janeiro: Bertrand Russel, 1999, p. 11-67.

_____. "Legal Portuguese Slaving from Angola. Some Preliminary indications of volume and direction, 1760-1830". *Revue Française d'histoire d'outre Mer*, 62, 1-2, n. 226/227, 1975, p. 135-176.

_____. *Poder político e parentesco. Os antigos estados mbundu em Angola*. Luanda: Arquivo Histórico Nacional de Angola, 1995.

_____. *Way of Death: Merchant Capitalism and Angola Slave Trade, 1739-1830*. Wisconsin: The University Wisconsin Press, 1988.

MINTZ, Sidney W.; PRICE, Richard. *O Nascimento da Cultura Afro-Americana. Uma perspectiva antropológica*. Rio de Janeiro: Editora Pallas/Centro de Estudos Afro-Brasileiros da Universidade Cândido Mendes, 2003.

MONTEIRO, John. *Os negros da terra. Índios e bandeirantes nas origens de São Paulo*. São Paulo: Companhia das Letras, 1994.

MORABITO, Vittorio. "San Benedetto il Moro, da Palermo, protettore degli africani di Siviglia, della penisola ibérica e d'América latina". In: QUEIJA, Berta Ares; STELLA, Alessandro. *Negros, mulatos, zambaigos. Derroteros africanos em los mundos ibéricos*. Sevilla: Escuela de Estudios Hipano-Americanos, 2000.

MULVEY, Patrícia A. "Black brothers and sisters: memberships in the black lay brotherhoods of Colonial Brazil". *Luso-Brasilian Review*, vol. 17, n. 2, 1980, p. 253-79.

_____. *The black lay brotherhoods of Colonial Brazil: a History*. Tese (Doutorado) – University of New York, Nova York, 1976.

OLIVEIRA, Anderson José Machado de. *"Os Santos Pretos Carmelitas": o culto aos santos, catequese e devoção negra no Brasil colonial*. Tese (Doutorado) – Universidade Federal Fluminense, Niterói, 2002.

OLIVEIRA, Maria Inês Cortes de. "Quem eram os 'negros da Guiné'? A origem dos africanos na Bahia". *Afro-Ásia*, n. 19/20, p. 9-36.

_____. "Viver e morrer no meio dos seus. Nações e comunidades africanas na Bahia no século XIX". *Revista USP*, n. 28, 1995/96, p. 174-93.

_____. *O liberto: seu mundo e os outros. Salvador, 1790-1890*. Salvador: Corrupio, 1988.

OLIVEIRA, Miguel de. *História Eclesiástica de Portugal*. Lisboa: União Gráfica, 1940.

ORTIZ, Fernando. *Los Negros Brujos* (1906). La Habana: Editorial de Ciências Sociales, 1975.

OTT, Carlos. "A Irmandade do Rosário dos Pretos do Pelourinho". *Afro-Ásia*, n. 6, 7, 1968, p. 83-90.

_____. *Formação e evolução étnica da cidade do Salvador*. Salvador: Prefeitura Municipal de Salvador, 1957.

_____. *O povoamento do Recôncavo pelos Engenhos (1536-1888)*. Salvador: Bigraf, 1996.

PAIVA, José Pedro. "Etiqueta e cerimônias públicas na esfera da Igreja (séculos XVII-XVIII)". In: JANCSÓ, István; KANTOR, Iris (orgs.). *Festa, Cultura e Sociabilidade na América Portuguesa*. São Paulo: Edusp/Imprensa Oficial, 2001, p. 75-94.

PANTOJA, Selma. "Inquisição, Degredo e Mestiçagem em Angola no século XVIII". *Revista Portuguesa de Ciência das Religiões*, Lisboa, vol. 01, 2005, p. 117-136.

PARÉS, Luís Nicolau. *A formação do candomblé. História e ritual da nação jeje na Bahia*. Campinas: Editora da Unicamp, 2006.

_____."O processo de crioulização no Recôncavo Baiano (1750-1800)". *Afro-Ásia*, 33, 2005, p. 70-101.

PENTEADO, Pedro. "As confrarias portuguesas na época moderna: problemas, resultados e tendências de investigação". Separata de *Lusitânia Sacra*, 2ª série, 1995, p. 15-52.

PERES, Fernando da Rocha. "Negros e Mulatos em Gregório de Matos". *Afro-Ásia*, n. 4, 1967, p. 59-75.

PIMENTEL, Maria do Rosário. "El Rei do Congo em Portugal e no Brasil. Da realidade à ficção". In: PIMENTEL, Maria do Rosário (org.).

Portugal e Brasil no Advento do Mundo Moderno. Lisboa: Colibri, 2001, p. 371-92.

Pinho, José Ricardo Moreno. *Escravos, quilombolas ou meeiros? Escravidão e cultura política no Médio São Francisco.* Dissertação (Mestrado) – Universidade Federal da Bahia, Salvador, 2001.

Pinho, Wanderley de. *História de um engenho do Recôncavo. Matoim, Novo Caboto, Freguesia, 1552-1944.* Rio de Janeiro: Livraria Editora Zélio Valverde S. A, 1946.

Pinto, Tânia Maria de Jesus. *Os negros cristãos católicos e o culto aos santos na Bahia Colonial.* Dissertação (Mestrado) – Universidade Federal da Bahia, Salvador, 2000.

Pollak-Eltz, Angelina. "Donde provêm os negros da América do Sul". *Afro-Ásia*, n. 10/11, 1970, p. 99-107.

Pondé, Maria do Carmo. "A capelinha dos Quinze Mistérios e a Devoção ao Rosário entre os pretos". *Anais do Arquivo Público da Bahia*, n. 29, 1946, p. 313-24.

Quintão, Antonia Aparecida. *Lá vem parente. As irmandades de pretos e pardos no Rio de Janeiro e em Pernambuco (século XVIII).* São Paulo: Annablume/Fapesp, 2002.

Rafael, Vicente. "Confession, Conversion, and reciprocity in early Tagalog Colonial Society". *Comparative Studies in Society and History*, n. 29, 1986.

Ramos, Arthur. *A aculturação negra no Brasil.* São Paulo: Companhia Editora Nacional, 1942.

_____. *As culturas negras no Novo Mundo.* São Paulo: Companhia Editora Nacional, 1979.

_____. *O negro brasileiro. Etnografia religiosa e psicanálise.* Recife: Fundação Joaquim Nabuco/Editora Massangana, 1988.

REIS, João José. "Identidade e diversidade étnicas nas irmandades negras no tempo da escravidão". *Tempo*, vol. 2, n. 3, 1997, p. 7-33.

_____. "Magia jeje na Bahia: A invasão do Calundu do Pasto da Cachoeira, 1785". *Revista de História*, vol. 8, n. 16, 1988, p. 57-81.

_____. *A Morte é uma festa. Ritos fúnebres e revolta popular no Brasil do século XIX*. São Paulo: Companhia das Letras, 1991.

_____. *Rebelião escrava no Brasil. A História do levante dos Malês em 1835*. São Paulo: Companhia das Letras, 2003.

RIBEIRO, Darci. *O Povo brasileiro. A formação e o sentido do Brasil*. São Paulo: Companhia das Letras, 1996.

RODRIGUES, Raimundo Nina. *O animismo fetichista dos negros baianos*. Rio de Janeiro: Civilização Brasileira, 1935.

_____, Raimundo Nina. Os africanos no Brasil. São Paulo/Brasília: Companhia Editora Nacional/Ed. UnB, 1980.

RUBERT, Arlindo. *A Igreja no Brasil: expansão territorial e absolutismo estatal (1700-1822)*. Santa Maria: Palloti, 1988.

RUSSELL-WOOD, A. J. R. "Black and Mulatto brotherhoods in colonial Brazil". *Hispanic American Historical Review*, vol. 54, n. 4, 1974, p. 567-602.

_____. "Technology and Society: The impact of Gold Mining on the institution of slavery in Portuguese America". *Journal of Economic History*, vol. 37, n. 1, 1977, p. 59-83.

_____. "Vassalo e soberano: apelos extrajudiciais de africanos e de indivíduos de origem africana na América portuguesa". In: SILVA, Maria Beatriz Nizza da (org.). *Cultura portuguesa na terra de Santa Cruz*. Lisboa: Editorial Estampa, 1995, p. 215-33.

_____. *Fidalgos e Filantropos. A Santa Casa de Misericórdia da Bahia, 1550-1755*. Brasília: Editora da Universidade de Brasília, 1981.

_____. *The black man in slavery and freedom in Colonial Brazil*. Nova York: St. Martin's Press, 1982.

SÁNCHEZ, Martha Escalona Sánchez. "Matanzas colonial e los cabildos congos". *Actas VII Taller Internacional de África en el Caribe "Ortiz – Lachatañeré"*. Centro Cultural Africano "Fernando Ortiz". Santiago de Cuba de 08 a 11 de abril de 2003, p. 143-148.

SANTOS, Corcino Medeiros dos. "A Bahia no comércio português da Costa da Mina e a concorrência estrangeira". In: SILVA, Maria Beatriz Nizza da (org.). *Brasil. Colonização e Escravidão*. Rio de Janeiro: Nova Fronteira, 2000, p. 221-38.

SANTOS, Eduardo dos. *As religiões de Angola*. Lisboa: Junta de Investigações do Ultramar, 1969.

SAUNDERS, A. C. de C. M. *História Social dos escravos e libertos negros em Portugal (1441-1555)*. Lisboa: Imprensa Nacional – Casa da Moeda, 1982.

SCARANO, Julita. "Bebida alcoólica na sociedade colonial". In: JANCSÓ, István e KANTOR, Íris. *Festa, Cultura e Sociabilidade na América Portuguesa*. São Paulo: Edusp/Imprensa Oficial, 2001, p. 467-83.

_____. *Devoção e Escravidão. A Irmandade de N. S. do Rosário dos Pretos do Distrito Diamantino no Século XVIII*. São Paulo: Editora Nacional, 1978.

SCHWARCZ, Lilia M. *O espetáculo das raças. Cientistas, instituições e questão racial no Brasil (1870-1930)*. São Paulo: Companhia das Letras, 1990.

SCHWARTZ, Stuart. *Segredos Internos. Engenhos e escravos na sociedade colonial*. São Paulo: Companhia das Letras, 1995.

SEIBERT, Gerhard. *Camaradas, clientes e compadres. Colonialismo, socialismo e democratização em São Tomé e Príncipe*. Lisboa: Vega, 2001.

SILVA, Cândido da Costa e. *Os Segadores e a Messe. O clero oitocentista na Bahia*. Salvador: Edufba, 2000.

SILVA, Leonardo Dantas da. "A instituição do Rei do Congo e sua presença nos maracatus". In: SILVA, Leonardo Dantas da (org.). *Estudos sobre a escravidão negra*. Recife: FUNDAJ/Editora Massangana, 1988, vol. 2, p. 13-53.

SILVA, Luiz Geraldo. "'Sementes da sedição': Etnia, revolta escrava e controle social na América Portuguesa (1808-1817)". *Afro-Ásia*, n. 25-26, 2001, p. 9-60.

SILVA, Maria Beatriz Nizza da (coord.). *Dicionário da história da colonização portuguesa no Brasil*. Lisboa: Verbo, 1994.

SILVEIRA, Renato da. "Os selvagens e a massa. Papel do racismo científico na montagem da hegemonia ocidental". *Afro-Ásia*, n. 23, 1999, p. 87-144.

_____. "Sobre o exclusivismo e outros ismos das irmandades negras na Bahia Colonial". Texto inédito apresentado na Linha de Pesquisa "Escravidão e Liberdade" do Programa de Pós Graduação em História da UFBA, 2004.

SLENES, Robert. "'Malungu, ngoma vem!' África coberta e descoberta no Brasil". *Revista USP*, n. 12, 1991-92, p. 48-67.

SOARES, Mariza de Carvalho. "Mina, Angola e Guiné: nomes d`África no Rio de Janeiro setecentista". *Tempo*, 6, 1998, p. 73-93.

_____. "O Império de Santo Elesbão na cidade do Rio de Janeiro, no século XVIII". *Topoi*, n. 4, mar. 2002, p. 59-83.

_____. *Devotos da cor. Identidade étnica, religiosidade e escravidão no Rio de Janeiro, século XVIII*. Rio de Janeiro, Civilização Brasileira, 2000.

SOUSA JÚNIOR, Vilson Caetano de. *Orixás. Santos e Festas: Encontros e desencontros do sincretismo afro-católico na cidade de Salvador*. Salvador: EDUNEB, 2003.

SOUSA, Fr. Luís de. *História de São Domingos*. Porto: Lello e Irmão Editores, 1977.

Souza, Juliana Beatriz Almeida de. "Viagens do Rosário entre a Velha Cristandade e o Além-Mar". *Estudos Afro-Asiáticos*, ano 23, 2, 2001, p. 379-95.

Sweet, James. *Recreating Africa. Culture, Kinship, and Religion in the África-Portuguese World, 1441-1770*. Chapel Hill/Londres: The University of North Carolina Press, 2003.

Thompson, Robert Farris. *Flash of the Spirit*. Nova York: Random House, 1983.

Thornton, John. "On the trail of Voodoo: African Christianity in Africa in the Americas". *The Americas*, vol. 44, n. 3, 1988, p. 261-278.

_____. *Africa and Africans in the Making of the Atlantic World, 1400-1800*. Cambridge: Cambridge University Press, 1988.

_____.*The Kongolese Saint Anthony, Dona Beatriz Kimpa Vita and the Antonian Movement, 1684-1706*. Cambridge: Cambridge University Press, 1998.

Tinhorão, José Ramos. *Os Negros em Portugal. Uma presença silenciosa*. Lisboa: Editorial Caminho, 1997.

Vainfas, Ronaldo (dir.). *Dicionário do Brasil colonial: 1500-1808*. Rio de Janeiro: Objetiva, 2000.

_____; Mello e Souza, Marina de. "Catolicismo e poder no tempo do tráfico: o reino do Congo da conversão coroada ao movimento Antoniano, século XV-XVIII". *Tempo*, n. 6, 1998, p. 95-118.

Vanhee, Hein. *Vodou and catholic cult in Saint-Domingue/Haiti*. Texto apresentado na Conferência Bantu into Black. Howard University, September 17-18, 1999.

Venâncio, José Carlos. *A economia de Luanda e Hinterland no seculo XVIII: um estudo de sociologia histórica*. Lisboa: Editorial Estampa, 1996.

Venerável Ordem Terceira do Rosário de Nossa Senhora às Portas do Carmo – Pelourinho, Irmandade de Homens Pretos. Devoção do Glorioso Santo Antonio de Categeró, s/d.

VERGER. Pierre. *Fluxo e Refluxo do tráfico de escravos entre o Golfo de Benin e a Bahia de Todos os Santos.* São Paulo: Corrupio, 1987.

_____. *Notícias da Bahia – 1850.* São Paulo: Corrupio, 1981.

_____. *Orixás: Deuses na África e no Novo Mundo.* São Paulo: Corrupio, 1981.

_____."Procissões e Carnaval no Brasil". *Ensaios/Pesquisas*, n. 5, 1980.

VIANA FILHO, Luís. *O Negro na Bahia. Um ensaio clássico sobre a escravidão.* Rio de Janeiro: Nova Fronteira, 1988.

YERUSHALMI, Y. H. "L'Antisemitisme racial est-il apparu au XXe siècle? De la limpieza de sangre espagnole au nazisme: continuités et ruptures". *Esprit*, mar. 1993, p. 5-35.

Agradecimentos

Ao longo da pesquisa que deu origem a este livro, fui contemplada com duas bolsas concedidas pela Capes (Coordenadoria de Pesquisa e Ensino Superior), em particular, a bolsa de estágio no exterior permitiu a realização da pesquisa nos arquivos estrangeiros. Sou igualmente grata à Fundação de Amparo à Pesquisa do Estado de São Paulo (Fapesp), que concedeu apoio financeiro para publicação do livro. A licença concedida pela Universidade Estadual de Feira de Santana, bem como a compreensão dos colegas do Departamento de Ciências Humanas e Filosofia, foram decisivas para o sucesso da empreitada.

Silvia Lara orientou a tese que deu origem a este livro. E, devo confessar, essa convivência foi um privilégio à parte. Suas leituras sempre críticas e propositivas, nossas longas reuniões de orientação em Campinas, as conversas por telefone em vários finais de semana, e seu particular interesse pelo tema foram fundamentais para a elaboração deste livro. Sua disposição para o debate estimulou-me a inteligência e capacidade de argumentação. Sua generosidade intelectual enriqueceu minhas questões e abordagens. Silvia Lara me ensinou muito sobre a profissão do historiador e, mais ainda, sobre o compromisso e a responsabilidade do professor. Compartilho com Silvia todos os méritos desse trabalho e, ao mesmo tempo, eximo-a de responsabilidade sobre possíveis equívocos.

Robert Slenes direcionou meus olhos para os angolas da Bahia. Sua generosidade intelectual e seus comentários certeiros e instigantes foram lições imprescindíveis. Slenes, ao lado de Maria Cristina Wissembach, Marina de Mello e Souza e Nicolau Parés constituíram a banca de defesa da tese. As leituras cuidadosas feitas por estes professores promoveram um instigante debate sobre minha proposta de investigação. Foram muitas suas contribuições. Espero ter conseguido elaborar corretamente algumas das muitas sugestões apontadas.

Robert Rowland foi meu orientador durante a temporada de pesquisas em Portugal. Sua disponibilidade, atenção e generosidade jamais serão esquecidas. No Centro de Estudos Africanos do Instituto de Investigação Científica Tropical pude contar com a generosidade de muitos pesquisadores: Gerhard Seibert, Augusto Nascimento, Carlos Almeida e Ainda Freudenthal. A saudosa professora Jill Dias foi fundamental no planejamento da investigação das fontes sobre a história de Angola. Os historiadores angolanos João Alexandre e Emanuel Esteves me ofereceram informações valiosíssimas sobre os acervos de Luanda. É preciso mencionar que graças a estes colegas tive hospedagem, condições de deslocamento e orientações básicas de "como sobreviver em Luanda".

Adel Sidarus apresentou-me o acervo da Biblioteca Municipal de Évora, além de gentilmente oferecer-me hospedagem no período em que lá estive. Ainda em Évora, tive a satisfação de conhecer Jorge Fonseca, atento pesquisador da escravidão em Portugal. Fonseca indicou-me referências preciosas sobre as confrarias negras em Portugal, especialmente no Alentejo e Algarve.

Recebi de Didier Lahon um roteiro de pesquisa sobre as irmandades negras nos arquivos portugueses. Economizei muito tempo de consulta a catálogos e fichários com esse roteiro e, ao mesmo tempo, ganhei muitas novas questões de investigação com a leitura de seus textos e suas generosas observações.

José Curto indicou-me fontes relevantes para a história de Angola nos arquivos portugueses, além de convencer-me, a partir de indicações documentais precisas, da importância do Arquivo do Bispado de Luanda para minha investigação.

Em Luanda, a assistência da historiadora Rosa Cruz e Silva, à época diretora do Arquivo Nacional de Angola, foi fundamental, desde a tramitação burocrática para o visto de entrada no país, passando pela intermediação institucional com as autoridades eclesiásticas de Angola, até as estimulantes discussões sobre as fontes e as possibilidades da investigação. Impossível não mencionar as valiosíssimas indicações da experiente pesquisadora Conceição Neto. A presteza e seriedade do Sr. Mateus foram fundamentais para a realização da pesquisa no Arquivo Nacional de Angola. Ele é muito mais do que um funcionário exemplar, é o fichário vivo do arquivo. Obtive informações valiosas sobre a história da igreja em Angola, bem como sugestões de fontes e bibliografia com o Cônego Antero Beji; Padre Vicente Rafael, mais antigo pároco de Luanda; Padre Rocha Ferreira, superior da Casa de Formação dos Padres Espiritanos na cidade de Luanda; e Antonio Mbuko, superior do Seminário dos Capuchinhos na mesma cidade. Quero agradecer, com especial deferência, à D. Damião António Franklin, arcebispo de Luanda, por permitir a consulta ao arquivo da arquidiocese. Roquinaldo Ferreira, generosamente, cedeu dados de suas pesquisas na Biblioteca Pública de Luanda e no Arquivo da Torre do Tombo, além disso, orientou-me no "oceano de Códices" do Arquivo Histórico Nacional de Angola.

É imprescindível agradecer aos funcionários dos arquivos portugueses que com eficiência, profissionalismo e muito respeito pelos pesquisadores brasileiros, tornaram possível este trabalho de investigação. Meus respeitos e minha gratidão a todos.

A consulta ao precioso acervo da Irmandade do Rosário dos Pretos do Pelourinho só foi possível graças ao apoio do prior Januário Terêncio Gomes e seu vice-prior Júlio César Soares da Silva (1999-2002).

O convívio com os colegas da Linha de Pesquisa Escravidão e Liberdade do Programa de Pós-Graduação em História da Universidade Federal da Bahia tem sido um privilegio. Creio que, não haveria melhor espaço para amadurecer um trabalho de pesquisa no âmbito da historiografia da escravidão na Bahia. Agradeço especialmente a João José Reis, por suas leituras, sempre críticas e propositivas, e por sua amizade. Gabriela Reis Sampaio, além de interlocutora atenta, foi uma amiga de todas as horas. Wlamyra Albuquerque, companheira de muitos projetos, pelas sugestões, pelas parcerias. Lisa Erl Castillo, me presenteou com tantas fontes e indicações sugestivas que fico devendo a ela outro livro. Renato da Silveira, por suas lições sobre os angolas e suas irmandades.

Laura Alvarez foi uma leitora atenta e entusiasmada do trabalho, desde a sua gestação.

Itamarati Lima foi amigo e interlocutor privilegiado na cidade de Campinas. Não bastasse isso tudo, também foi responsável pela minha redescoberta dos "espíritos" bantos.

Lara de Melo dos Santos encarou o difícil trabalho de transcrição com profissionalismo e muita responsabilidade, minha gratidão é imensa.

Maria da Conceição da Costa e Silva, em meio a tantos afazeres, dedicou parte de seu precioso tempo também auxiliando nas transcrições.

Cândido da Costa e Silva foi, acima de tudo, um incentivador! Sempre disponível, vezes sem conta esclareceu-me dúvidas sobre a história da igreja na Bahia, da qual é um erudito conhecedor.

Este livro também é tributário de horas mais antigas. Dos tempos da PUC-SP são muitos os colegas e amigos com quem venho compartilhando, ao longo dos últimos 20 anos, interesses de pesquisa e projetos políticos. Por tudo isso, e especialmente pela amizade inabalável, minha gratidão sincera à Regina Padovan.

Ao meu querido irmão Leandro e minha grande família, o que inclui os que já não estão mais entre nós, minha gratidão pela torcida permanente e pelas memoráveis histórias dos pretos de Angola e dos tempos do cativeiro. Histórias que contavam casos de gente que sabia "despertar" prováveis defuntos e enganar onças ao se fingir de morta, me ensinaram muito sobre o tema deste livro.

Jesus e Laurinda, meus pais, têm sido o meu porto seguro. Com confiança e serenidade, desde há muito vêm embarcando nos meus sonhos e projetos. Difícil encontrar palavras para agradecer a vida e o amor incondicional. Com eles divido o resultado deste trabalho.

Clemente, que nos momentos mais difíceis, foi generoso, dedicado e companheiro, para além de suas próprias forças.

Akin, pelo sorriso iluminado, pelos reclames, pelos inúmeros porquês, e especialmente por me resgatar diariamente ao mundo dos vivos.

Esta obra foi impressa em Santa Catarina no inverno de 2011 pela Nova Letra Gráfica & Editora. No texto foi utilizada a fonte Palatino Linotype, em corpo 10 com entrelinha de 16,5 pontos.